지혜로운 유대인의

자녀교육 10계

실용적인 0-12세 자녀교육법

지혜로운 유대인의
자녀교육 10계

쉬커푸 편저 | 박미진 옮김

모든 부모를 위한 자녀교육의 바이블!

소리 지르지 않고 체벌하지 않고도
자녀와 완벽한 관계를 이루게 해주는 황금 법칙 75가지!

정진 Life

교육이 자녀의 미래를 아름답게 한다

유대민족은 5,000여 년의 유구한 역사를 지닌 민족입니다. 역사적으로 그들은 다른 민족의 노예가 되고 차별대우를 받으며 정처 없이 떠돌아다녔습니다. 현재 그들의 수는 세계 인구의 1%에도 미치지 못합니다. 하지만 유대민족은 세계 문명에 지대한 공헌을 하였고 경제, 과학기술, 사상, 문화, 교육 등 모든 영역에서 상당히 중요한 위치를 차지하고 있습니다.

유대인이 전 세계에 미치는 영향력이 그렇게 큰 이유는 무엇일까요? 유대인이 그 정도로 대단한 이유는 무엇일까요? 전문가들은 그들이 자녀교육을 무엇보다 중시하는 데 그 근본 원인이 있다고 하나같이 입을 모읍니다.

유대민족이 가진 가장 훌륭한 전통은 바로 자녀교육을 중요하게 여기는 것입니다. 그들은 지식 탐구, 교우관계, 사회생활, 자기 수양 등 각 분야에서 탁월한 문화적 소양을 갖추고 있습니다. 그리고 경건하게 학문을 추구하는 자세와 엄격한 생활을 통해 얻은 지혜를 자녀들에게 고스란히 물려주지요. 그들은 지식과 지혜가 그 어떤 부와 재산보다 소중하다고 여깁니다.

이렇듯 교육을 중시해 왔기에, 그들은 세상 어느 곳을 떠돌든 물 만난 고기처럼 자신의 사업을 펼칠 수 있었습니다. 유대인은 훌륭한 자녀교육이 민족의 희망이라고 믿으며, 부모의 조기교육 없이는 어떤 성공도 이루어지지 않는다고 생각합니다. 독창적인 자녀교육이 유대민족의 성공비결인 셈이지요.

그럼 우리 자신을 돌아볼까요? 우리는 누구나 자기 아이가 대단한 사람이 되기를 기대합니다. 자기 아이가 누구보다 우수한 인재가 되기를 간절히 바라고 있을 겁니다. 그러니 자기 아이가 남들보다 늦게 싹을 틔우고 천천히 열매를 맺는 것은 용납할 수가 없지요. 남들과 조금 다른 것도 이해할 수 없고요. 하지만 부모의 과도한 기대는 자녀에게 스트레스를 가중시키고, 건강하지 못한 행동, 심리적인 문제를 일으킵니다.

요즘 부모들은 자녀를 지나치게 보호하거나 간섭하기도 하고, 과도한 욕심에 너무 일찍부터 방향을 정해 놓기도 합니다. 간혹 이와는 반대로 아이가 자유롭게 자기 생각을 표현하고 스스로 결정하게 하는 부모도 있습니다만, 그러다가 자기 아이의 표현 욕구를 너무 과대평가하는 바람에 생각지도 못한 역효과가 나기도 하지요. 아이를 최대한 구속하지 않는 태도는 좋습니다. 그러나 이런 경우에도 부모의 객관적인 지도가 없어서는 안 되겠지요.

이 시대 부모들의 자녀교육에는 많은 문제가 있습니다. 아이를 덮어놓고 감싸는 것도, 반대로 아무 지도도 하지 않고 내버려두는 것도 아이의 성장에 도움이 되지 않습니다. 부모들은 자녀교육을 어떻게 해야 할지 판단을 내리지 못해 이리저리 방황하고 있지요. 부모들의 이런 문제를 어떻게 해결할 수 있을까요? 잠언과도 같은 유대인 부모의 교육방식을 열심히 배우고 깨닫는 것이 도움이 될 수도 있습니다.

그래서 저는 이 책을 쓰는 데 온 힘을 쏟았습니다. 유대인의 자녀교육 속에서 그 진수를 추리고 추려 열 가지 성공철학을 뽑아냈습니다. 전편에 걸쳐 딱딱한 이론 설명은 배제하고 처음부터 끝까지 흥미로운 유대인 자녀교육 이야기를 실었습니다. 그 이야기에는 구체적이면서도 명쾌하게 그들의 교육철학이 담겨 있습니다. 사례와 이론의 적절한 결합으로 읽는 재미가 더해지는 것은 물론 유대인 자녀교육의 핵심 내용을 생동감 있고 더욱 깊이 있게 이해할 수 있을 것입니다.

유대인 교육법은 이미 전 세계의 수많은 가정에서 효과를 거뒀으며, 오랜 기간에 걸친 실천과 경험을 통해 가장 효과적이며 환영받는 교육법의 하나로 자리 잡았습니다. 많은 부모들이 이 책을 읽고 자녀교육에 관해 완전히 새로운 인식을 하게 될 것이라고 믿습니다.

이 세상 모든 부모들이 자녀를 뛰어난 인재로 길러낼 수 있기를 기원합니다.

- 쉬커푸

차례

PART 3 지식을 숭상하라: 지혜는 황금보다 귀하다

PART 4 독립심: 유대인 자녀들의 생존법칙

PART 5 성격 교육: 참된 인격이 아이큐보다 중요하다

PART 8 건강 교육: 건강한 몸은 행복의 시작

PART 9 금융지수(FQ) 교육: 유대인의 탁월한 선견지명

PART 10 즐기는 삶: 유대인의 행복 비결

PART 1

스승을 존경하고, 교육을 중시하라:
교육은 유대민족의 희망

유대인은 역경을 딛고 살아남은 민족입니다.
그들은 민족을 위기로부터 구하고 자신들의 문화를
지킬 수 있는 유일한 방법이 교육이라고 믿어왔습니다.
"교육 없이는 미래도 없다."
유대인의 가슴속에 교육은 '제2의 하느님'입니다.
지금 유대인이 눈부신 성공을 거둔 것도
바로 이런 생각 덕분이지요.

01

유대인에게 교육은 언제나 1순위

교육 없이는 미래도 없다.
이스라엘 개국의 아버지 벤구리온

유대민족은 온갖 고난을 겪으면서도 끈질기게 살아남았다. 그들은 그 어떤 힘든 상황에도 굴하지 않고 오늘날 대단한 성취를 이루어냈다. 지금 유대인 중에는 엄청난 부를 쌓은 사업가, 위대한 학자, 과학기술의 권위자가 셀 수 없을 만큼 많다. 이는 지식을 높이 받들고 교육을 무엇보다 중시한 그들의 교육이념과 깊은 관련이 있다.

유대인에게 교육은 세상에서 가장 중요한 가치다.

"교육 없이는 미래도 없다."

이 말은 이스라엘 개국의 아버지라 불리는 다비드 벤구리온의 명언이자, 유대인의 가슴속 깊이 새겨진 공통된 의식이다. 그들은 교육을 '제2의 하느님'이라고 여길 만큼 신성시한다.

유대인은 교육의 중요성을 입으로만 주장하는 것이 아니라 몸소 행동으로 실천한다. 그래서 그들이 재산을 기부할 때 가장 먼저 고려하는 방법이 바로 학교 건립이다. 이스라엘의 대학들은 장학금이나 연구기금을 외국에 있는 유대인 사업가들로부터 지원받고 있다. 이스라엘 최고의 명문 대학인 히브리 대학교, 텔아비브 대학교, 테크니온 이스라엘 공과대학교는 대학 이사회를 구성하는 이사 중 절반 이상이 외국인이며, 특히 미국 국적의 유대인이 다수를 차지한다. 후세 교육을 향한 유대인의 적극적인 지지와 아낌없는 지원은 실로 경이로울 정도다.

또한, 정부의 노력과 투자 또한 이에 뒤지지 않는다. 이스라엘 정부는 '교육을 향한 투자야말로 가장 장기적인 안목의 투자이며 가장 경제적인 투자다.'라고 굳게 믿고 있다. 그 생각은 이스라엘의 건국 초창기부터 여실히 드러났다.

> 1948년, 이스라엘이 건국되었다. 전쟁의 포화가 채 가라앉기도 전에 이스라엘의 초대 교육부 장관이 그의 비서를 불렀다.
> "자, 우리끼리 교육법안의 초안을 잡아보자고. 3~15세 아이들은 무조건 무상교육을 받도록 해야 하네."
> "무상이오?"
> 비서는 깜짝 놀랐다. 그도 그럴 것이 이스라엘은 아직 전쟁중이었고, 비용도 전부 미국으로부터 지원받고 있었다. 또한, 당시 교육부 전체 구성원이 장관과 비서, 두 사람뿐인 데다 사무실에는 낡은 타자기 한 대만 달랑 놓여 있을 뿐이었다.

장관이 결연하게 대답했다.

"그래! 무상으로! 우리는 사방이 적이야……. 그러니 반드시 훌륭한 인재를 키워내야만 하네. 그래야 수십 배나 되는 적을 상대할 수 있지."

장관은 결의에 찬 목소리로 이야기를 이어갔다.

"역사박물관도 하나 세워야지. 3,000년 전에 우리의 성전이 로마인에 의해 무너져 내린 비극, 제2차 세계대전 중에 유대인이 학살당한 일을 아이들에게 다 알려줘야 하네. 독가스실, 해골, 우리가 흘린 피와 히틀러까지 말일세. 그리고 이 세상에서 우리가 우리 자신을 지킬 수 있는 유일한 곳이 바로 여기, 이 땅이라는 걸 알려줘야 해. 이 땅은 우리들의 것이고 달리 갈 곳이 없다는 걸!"

두 사람은 악조건 속에서 낡은 타자기 한 대를 사용해 이스라엘 '의무교육법'을 작성했다. 다음해, 이 법안은 이스라엘 의회에서 만장일치로 통과되었다.

그 뒤 이스라엘의 역대 지도자들은 훌륭한 인재를 길러내는 사명을 민족의 생존과 직결된 근본문제로 여겼다. 교육으로 나라를 세우고 과학으로 나라를 지키는 것은 이스라엘을 개국한 그날부터 꾸준히 추구해야 할 목표가 되었다. 인재를 양성해 선진적이고 모범적인 사회를 이루지 못한다면 이스라엘은 국제적으로 존중받지 못할 것이며 타국을 떠도는 유대인들을 돌아오게 할 수도 없다. 그렇다면 이스라엘에게 미래는 존재할 수 없다.

그렇게 이스라엘은 개국과 동시에 교육을 최우선 과제로 두었고, 교육법의 초안을 급히 마련하여 1953년에 '국가 교육법', 1969년에 '학교 심사법' 등을 공포하였다. 이러한 일련의 법 제정을 통해 이스라엘의 교육이 확립되었고 독특한 교육제도가 완성되었다.

노력하면 보상이 돌아온다는 굳은 의지로 행한 교육 분야의 투자는 그 열매를 주렁주렁 맺게 되었다. 유대인을 필두로 한 이스라엘 국민의 전체 문맹률은 5% 남짓이었고, 학위를 받은 사람은 전 인구의 20%에 이르렀다. 평균 353명 중 한 명이 박사이고, 4,500명 중 한 명이 교수 또는 부교수다. 그리고 전 세계 노벨상 수상자의 면면을 살펴보면, 세계 인구의 1%에 불과한 유대인이 전체 노벨상 수상자의 20%를 차지하는 사실을 알 수 있다.

유대 민족에게 교육은 살아남기 위한 뿌리다. 교육이 없었다면 지금의 눈부신 업적을 이룰 수 없었을 것이다. 물론 교육은 어느 시대에나 성공으로 통하는 길이었지만, 요즘 사회는 교육 수준과 소득 수준 간의 연관성이 예전보다 더욱 깊어졌다. 그렇기에 교육을 중시하고 최우선으로 삼는 유대인의 정신을 본받아 사회발전의 근본이 교육에 있음을 가슴 깊이 새겨야 한다.

02

학교 - 유대민족의 희망이 숨 쉬는 곳

학교가 있는 한, 유대민족은 존재한다.

이스라엘의 위대한 교육가 요하난 벤 자카이

유대인들은 민족을 위기에서 구하고 자신들의 문화를 지켜 나갈 유일한 방법이 교육이라고 수천 년 동안 믿어왔다. 그래서 학교는 유대인들의 가슴속에 아주 중요하게 자리 잡고 있다. 지금 인구 900만의 이스라엘에는 히브리 대학교, 텔아비브 대학교, 테크니온 이스라엘 공과대학교, 하이파 대학교, 네게브 벤구리온 대학교, 바르일란 대학교 등 세계 일류 대학의 반열에 오른 대학이 여섯 군데나 있다.

유대인들을 학교 건립을 무척이나 중시한다. 평소 '지식=재산'이라 여기는 가치관이 확립되어 있을 뿐 아니라, 학교를 유대민족의 생명수가 솟는 우물에 빗댈 정도로 중요하게 생각하기 때문이다. 랍비이자 이스라엘의 위대한 교육가 요하난 벤 자카이는 이렇게 말했다. "학교가 있는 한, 유대민족은 존재한다."

서기 68년, 로마군이 예루살렘을 포위하자, 성벽 안에 있던 유대인들은 절체절명의 위기에 빠졌다. 긴박한 상황에서도 위대한 랍비 요하난은 평화로운 방식으로 이 위기를 극복해 나가야 한다고 생각했다. 그러나 비둘기파(온건파)인 그는 매파(강경파)에 의해 옴짝달싹도 할 수가 없는 상황이었다.

결국 요하난은 한 가지 방법을 생각해 냈다. 자신이 죽었다고 거짓 소문을 낸 것이다. 그를 신봉하는 사람들은 요하난을 관에 들어가게 했다. 그리고 매장해야 한다는 핑계를 대고 매파의 손아귀에서 벗어나게 한 후, 곧바로 로마군이 주둔한 진지까지 찾아갔다.

요하난은 사령관인 베스파시아누스의 눈을 똑바로 보며 이야기했다.

"장군께서는 머지않아 로마제국의 황제가 되실 겁니다."

결연하게 말하는 요하난의 모습에 베스파시아누스는 사뭇 기뻐하며 물었다.

"나를 찾아온 목적이 무엇이냐?"

요하난이 대답했다.

"제 청을 하나만 들어주십시오. 제발 랍비 여남은 명이 모일 수 있는 학교 하나만 남겨주십시오. 그리고 그곳을 영원히 부수지 말아주십시오."

그러자 베스파시아누스가 고개를 끄덕였다.

"내가 예루살렘에 입성하게 되면 네 소원을 들어주지."

훗날 로마 황제가 죽고, 베스파시아누스는 제국에 가장 큰 공헌을 한 장군의 자격으로 제위에 올랐다. 그리고 로마군이 예루살렘의 주민들을 학살할 당시, 베스파시아누스는 요하난과 한 약속을 굳게 지켰다. 덕분에 랍비들이 모일 수 있는 학교 한 곳이 살아남았고, 유대 경전을 공부하는 곳의 명맥을 잇게 되었다.

요하난이 위험을 무릅쓰고 적장을 찾아간 것은 학살을 피하기 어려운 예루살렘의 운명을 알았기 때문이다. 민족이 살아남을 희망을 지키기 위해 그는 자신의 목숨을 걸고 학교를 지켜냈다. 그리고 학교에 모인 십여 명의 지혜로운 랍비들은 유대민족 고유의 지식과 전통을 지켜냈다.

학교를 지켜낸 그들의 선견지명에서 엿볼 수 있듯, 유대인들은 언제나 학교 교육에 큰 열망을 품어왔다. 이스라엘이 막 건국되었을 때도 학교 건설은 국가의 중요한 계획 중 하나였고, 단 몇 년 만에 각 분야의 다양한 학교가 생겨났다.

유대인들은 학교가 인재를 양성하는 곳일 뿐만 아니라 민족공동체를 유지하고 보호하는 중요한 수단이라고 생각한다. 후대 사람들이 유대인의 핏줄과 민족정신을 고스란히 이어나가려면 학교의 정규교육이 필수적이라고 생각하는 것이다. 이는 이스라엘처럼 작디 작은 나라에서 전 세계를 이끄는 첨단기술 농업, 일류 군사공업이 발달하고 유대민족이 전 세계에 영향력을 행사할 수 있게 된 이유일 것이다.

교육은 어느 민족에게나 훌륭한 지혜의 보고이며, 학교는 학생들이 문화를 배우고 계승하는 곳이다. 이제는 모든 나라가 교육을 백년대계로 보고 중시하기 때문에 교육수준도 나날이 높아지고 우수한 학교들도 많이 생겨난다. 학교가 단순히 지식만 배우는 곳이 아니라, 인간의 도리를 깨우치는 곳이 된 것이다.

국가가 이스라엘처럼 교육을 중시하고 학교 건립에 힘써야 하듯이, 집안의 가장은 유대인처럼 가정교육을 중시하고 아이의 아름다운 품성을 길러주는 데 힘써야 한다. 밝고 긍정적인 본성이 꽃을 피우도록 잘 보살피고, 열심히 배우려는 아이에게는 그 의지를 더욱 북돋아주어야 한다. 그래야 아이를 걸출한 인재로 길러낼 수 있다.

03

현명한 엄마는 유대인 가정의 꿈

엄마는 아이의 첫 선생님이다.
엄마의 말과 행동은 아이의 일생에 큰 영향을 미친다.
《누마닌트》

유대인이 배우자를 고르는 조건 중에서 학식은 매우 중요한 조건이다. 유대인 남성들은 예로부터 학식 있는 사람의 똑똑하고 현명한 딸과 결혼해야 혹시 자신에게 무슨 일이 생기더라도 자식들이 배움을 계속해 나가고 가업을 물려받을 수 있다고 생각했다. 그래서 지금도 교사를 직업으로 하는 여성은 유대인 남성들에게 가장 이상적인 배우자감이다.

자신의 가정에 선생님이 있기를 바라는 유대인의 소망은 유대인 엄마의 역할과 무관하지 않다. 유대인 가정에서 엄마들 대다수는 전업주부이며 그들의 가장 중요한 책임은 바로 가정교육이다. 아이를 교육할 책임을 다른 사람에게 맡기는 것은 유대인 엄마들로서는 그야말로 불가사의한 일이다. 그들의 문화에서 이는 도저히 용납될 수 없는 일이기 때문이다. 그래서 앞서 언급한 것처럼 유대인이 배우자에게 기대하는 조건 중에 가장 중요한 조건은 박학다식과 지혜로움이다. 유대인들은 이렇게 말한다.

> 유대인 남자는 배우자를 찾을 때 외모를 보지 않고 집안 배경을 본다. 우아하고 아름다운 겉모습은 껍데기이고 가식일 뿐이다. 신을 진심으로 경외하는 여인만이 참으로 아름답다 할 수 있다. 유대인은 학자의 딸과 결혼하기 위해서라면 모든 가산을 내놓아도 아까워하지 않는다. 학자의 딸을 얻지 못하면 큰 인물의 딸도 괜찮다. 큰 인물의 딸을 얻지 못하면 정치 지도자의 딸도 좋다. 정치 지도자의 딸을 얻지 못하면 자선가의 딸도 좋다. 자선가의 딸을 얻지 못하면 교사의 딸이 좋다.

이렇듯 유대인은 지혜로운 여성과 결혼하기를 바란다. 그래야 아이들을 훌륭하게 키울 수 있기 때문이다. 그들은 가정교육에서 어머니의 역할이 무엇보다도 중요하다고 생각한다. 어머니의 역할 중에서도 가장 중요한 것 세 가지는 다음과 같다.

1. 원칙주의자

유대인 엄마는 아이들을 끔찍이도 사랑하지만, 한편으로는 원칙을 철저히 고수한다. 예를 들어 식사 시간에 제때 식탁으로 오지 않는 아이가 있다면 엄마는 그 아이를 굶겨서라도 어떻게 행동해야 할지 스스로 깨닫게 한다. 아이에게 사랑이 필요할 때는 누구보다 넘치는 사랑을 주지만, 원칙을 바로 세워야 하는 순간에는 힘과 끈기를 발휘해 아이가 좋은 습관을 기를 수 있도록 한다. 이는 우리가 배워야 할 좋은 본보기다.

2. 교육자

유대인 엄마들은 본인이 아이 교육을 도맡아 해야 한다는 걸 알고 있다. 많은 유대인 가정에서 선생님 엄마를 바라는 것도 바로 그런 이유일 것이다. "내가 왜 아이를 가르쳐야 하나?" 하고 의문을 제기하는 유대인 엄마는 없다. 게다가 모든 유대인 엄마가 자신의 아이를 어떻게 교육해야 할지 분명히 알고 있다.

3. 동반자

유대인 엄마들은 유아기에 엄마가 함께한 아이는 정서적으로 평생 안정감을 가질 수 있다고 믿는다. 특히 아이가 0~3세일 때는 엄마와의 관계에서 형성되는 안정감이 필수적이다. 3~6세에는 아빠와의 관계를 통해서 그것이 가능한데, 아빠는 외부세계와의 관계를 주로 맡기 때문이다. 유대인 엄마는 이 점을 잘 이해하고 있기에 아이와 엄마가 유대감을 형성하는 교육을 중요하게 생각한다.

그 밖에도 유대인 엄마는 아이의 독서습관 형성에 많은 노력을 기울인다. 일례로 유대인 가정에서는 아이가 처음 책을 접할 때, 책에 꿀을 발라서 배움이란 달콤한 것이라고 인식시킨다. 또 유대인 가정에는 늘 커다란 책장이 있고, 모든 방의 침대 머리맡에는 기본적으로 책이 놓여 있다. "내 모든 재산이 불타 없어진다 해도 책만은 그럴 수 없다."라는 격언이 있을 정도이다. 유대민족이 지혜의 상징인 책을 얼마나 귀하게 여기는지 알 수 있다.

지금까지 유대민족의 가정교육이 얼마나 뿌리 깊고 신실한지, 엄마의 노력이 얼마나 정성스러운지 살펴보았다. 모든 유대인 엄마들은 알고 있다. 자신이 엄마가 된 첫날부터 아이를 사랑하고 보호하는 원칙주의자, 교육자, 동반자가 되어야 한다는 사실을.

04

조기교육에 공들이는 유대인

아이는 젖을 뗄 때부터 교육받아야 한다.
- 유대 격언

유대인은 아이의 조기교육에 특히 공을 들인다. 이는 "세 살 버릇 여든까지 간다.", "자식을 잘못 가르치는 것은 부모의 책임이다."라는 우리의 생각과도 통한다. 유대인 부모들은 유아기 가정에서의 교육이 아이의 일생에 지극히 중요한 작용을 하며 이는 곧 성장과 성공의 기초가 된다고 생각한다.

유대 격언에 이런 것들이 있다.

"옹알이하는 아이에게 제일 먼저 가르칠 말은 '모세가 우리에게 율법을 명령하였으니 곧 야곱의 총회의 기업이로다.'이다."

"아이는 젖을 뗄 때부터 교육받아야 한다."

유대인이 아이의 조기교육에 얼마나 신경 쓰는지 알 수 있는 격언들이다.

바로 이런 교육이념 덕분에 아인슈타인, 록펠러, 아먼드 해머 등 걸출한 인물들이 탄생할 수 있었다. 그들의 눈부신 성취는 모두 부모의 조기교육 덕택이었다.

아인슈타인은 4살이 되어도 말을 하지 못했고, 사람들은 그가 저능아가 아닌지 의심했다. 그러나 전기 기술자였던 아버지는 아들에 대한 믿음을 잃지 않았고, 아인슈타인의 지능을 개발하기 위해 온갖 방법을 다 동원했다. 한번은 아버지가 아인슈타인에게 나무 블록을 쌓아 집 짓는 방법을 알려주었다. 어린 아인슈타인은 힘들게 겨우 한 층을 쌓았다. 그러자 아버지는 다시 한번 더 해보라고 칭찬과 격려를 아끼지 않았다. 그렇게 아버지의 응원 속에 아인슈타인은 블록을 14층이나 쌓았다.

학교에 들어간 아인슈타인은 여전히 별 볼 일 없는 아이였다. 선생님마저 아무것도 못하는 무능한 아이라고 딱 잘라 말할 정도였다. 모두의 비웃음 속에서 아인슈타인은 좌절했고, 학교에 가길 거부했다. 선생님과 친구들을 만나는 것이 두려웠기 때문이다. 그러나 아버지는 여전히 든든한 버팀목이 되어주었다.

"나는 네가 멍청하다고 생각하지 않는단다. 다른 아이들이 하는 걸 너도 다 할 수 있어. 뛰어나게 잘하지는 못할 수도 있지만, 사실 그건 별로 큰 차이도 아니야. 그런데 네가 하는 일 중에 다른 아이들이 절대 못하는 것도 있잖니. 네가 그애들만큼 못하는 건 네 생각이 달라서 그래. 아버지는 네가 누구보다 잘

하는 일이 분명히 있을 거라고 믿는다."

아버지의 응원에 아인슈타인은 힘을 낼 수 있었다. 그리고 끊임없이 감정적인 교류를 나눈 아버지의 정성, 음악적인 영향을 준 어머니의 노력, 수학적 영감을 준 숙부의 가르침 속에서 아인슈타인은 남들과는 다른 사고력과 풍부한 상상력을 길렀고, 결국 위대한 과학자로 성장하였다.

유대민족에서 위대한 인물이 많이 배출된 것은 유대인 가정 특유의 조기교육과 깊은 관계가 있다. 유대인은 조기교육이 아이의 일생을 결정짓는다고 생각한다. 그래서 아주 어린 유아기부터 가정교육을 시작한다. 교육이 선행되어야 단체생활 적응력이나 언어능력 등에서 앞서 나갈 수 있다고 믿기 때문이다.

유대인 아이들은 세 살이 되면 사설 학당과 같은 곳에서 히브리어를 배운다. 글자를 읽게 되면 히브리어로 쓰인 책으로 글씨 쓰는 법을 배운다. 학당에서는 아이에게 기도문과 율법 등을 통째로 외우게 한다. 문장의 의미를 이해하기보다는 읽고 완전히 외우고 암송하는 것을 목표로 한다. 이 시기에 기억력의 기초를 미리 쌓아두지 않으면 나중에 다른 지식을 공부하기 힘들다고 생각하기 때문이다.

유대인은 어려서부터 지식을 습득하는 교육을 중시하는 동시에 일상생활에서의 교육 또한 무척이나 중요하게 생각한다. 예를 들어 시간개념을 공부하는 아이가 "몇 시예요?"라는 물으면 유대인 부모는 “몇 시쯤 됐어.”라고 모호하게 대답하지 않는다. 꼭 몇 시 몇 분 몇 초라고 일러준다. 유대인 부모들은 그렇게 정확하고 꼼꼼하게 대답함으로써 아이들이 시간개념을 더 정확하게 이해하고 응용할 수 있다고 생각한다.

전 세계의 많은 나라에 역사적 사건이나 승리를 경축하는 기념일과 명절이 있다. 유대인에게 가장 큰 명절은 ‘유월절’이다. 이는 유대인의 선조들이 이집트의 노예 생활에서 벗어나게 된 것을 기념하는 날이다. 이날 유대인들은 아이들에게 발효되지 않아 딱딱한 빵과 쓴 나물을 먹게 한다. 그리고 유대민족이 이집트에서 겪었던 수난의 역사를 설명해 주는 시간을 가진다.

각 가정에서 이루어지는 이런 조기교육은 유대인 자녀의 학습과 생활에 든든한 기반이 된다. 취학 전 가정교육을 통해서 아이는 삶의 기본적인 지식을 쌓을 뿐만 아니라 다양한 분야에서 쓰일 종합적인 능력을 키운다. 어릴 때부터 배우는 걸 좋아하고 스스로 지식을 탐구하며 건강한 생활습관을 가진 아이로 성장하는 것이다. 아이들이 성공의 길로 접어들 수 있도록, 우리 부모들 역시 아이의 조기교육에 열과 성을 아끼지 말아야 할 것이다.

05

'말보다는 몸으로' 가르치는 유대인

아이 앞에서는 행동을 조심하라.
당신의 모든 행동이 기억 속에 각인되어 아이의 미래를 결정한다.
- 유대 잠언

유대인은 가정교육의 이념을 아이에게 몸소 행동으로 보여주는 방식을 중요하게 여긴다. 내 아이가 어떤 사람이 되길 바라기 전에 부모가 솔선수범해서 그런 사람이 되어야 한다고 생각하기 때문이다. 또, 아이는 부모에게 한두 마디 말을 들었을 때보다 직접 부딪치고 경험했을 때 더 많은 것을 보고 깨우친다.

유대인은 아이가 인격을 형성하는 데 유아기보다 더 중요한 시기는 없다고 생각한다. 그런데 유아기의 아이가 보고 배우기 가장 좋은 대상은 다름 아닌 부모이며, 부모의 언행은 앞으로 아이가 인생을 살아가는 태도에 가장 큰 영향을 미치게 된다. 그러므로 부모는 아이에게 좋은 본보기가 되어야 하고, 매사에 모범을 보여야 한다. 일상생활 속에서 부모가 보여주는 본보기 교육이야말로 은연중에 아이를 성장, 발전시키는 특효약이기 때문이다.

엄마 눈에 셜리는 언제나 말 잘 듣는 아이지만, 가끔은 짜증을 낼 때도 있다. 물론 그럴 때도 엄마가 지적하면 곧바로 자신의 잘못을 뉘우치곤 했다.

그런데 요 며칠 셜리가 이웃 어른에게 말을 할 때면 왠지 모르게 버릇없이 구는 것이 아닌가. 게다가 친구에게 자꾸만 "너하고 안 놀아!" 하고 소리를 질러댔다.

엄마는 이런 셜리의 모습을 보고, 예의 없이 굴면 안 된다고 주의를 주었다. 그리고 최근 셜리의 아빠가 집 인테리어 때문에 스트레스를 많이 받아서 기분이 별로였으며 가끔 아이들에게 큰 소리로 야단을 쳤던 사실을 떠올렸다. 셜리가 그런 아빠의 모습을 무의식중에 따라하게 된 것이다. 이 사실을 깨달은 순간, 엄마는 셜리를 물들인 나쁜 환경을 근본적으로 바꾸어야겠다고 생각했다. 그래서 모든 가족에게 지금부터 누군가를 탓하거나 크게 소리치지 말고 늘 서로를 이해하고 너그럽게 받아들이자고 당부했다. 특히 아이 앞에서는 인내심을 더 발휘해야 한다고 강조했다.

시간이 지나고, 그래도 가끔 떼쓰는 셜리 때문에 아빠가 화를 내기도 했지만, 엄마는 그럴 때마다 얼른 달려가 두 사람 사이의 갈등을 누그러뜨렸다. 그런 엄마의 노력으로 즐겁고 평온한 일상을 보내게 된 셜리는 이제 이웃 어른들을 만나면 "할아버지, 할머니, 안녕하세요." 하고 큰 소리로 인사를 나누는 예의 바른 아이가 되었다. 물론 셜리 가족도 예전보다 훨씬 자주 웃음꽃을 피우게 되었다.

아이들의 모방능력은 생각보다 훨씬 강하다. 아이는 부모의 '거울'이라는 말도 있지 않은가. 톨스토이도 이런 말을 했다. "모든, 혹은 99%의 자녀교육은 전부 본보기, 즉 부모 자신의 생활이 바르고 온전한지에서부터 나온다."

유대인들은 부모의 말투와 행동거지, 태도 등이 아이의 행동과 성격 형성에 깊은 뿌리가 된다는 것을 일찍이 알았다. 아이가 태어나서 처음 만나는 선생님이 바로 부모이니, 보고 배우는 데 부모가 지대한 영향을 미치는 것은 당연한 일이다. 그러므로 아이에게 나쁜 습관이 있다고 해서 무턱대고 아이를 탓해서는 안 된다. 부모가 무슨 잘못된 행동을 했는지, 혹은 무엇을 잘못 가르친 게 아닌지 우선 자신을 돌아보아야 한다.

유대인은 아이에게 무언가를 가르칠 때, 단순히 말로만 어떤 일이나 이치를 이해하라고 강요하지 않고 실천 교육을 통해 직접 몸으로 체득하고 깨우치게 한다.

영국의 저명한 경제학자 데이비드 리카도는 유대인이다. 데이비드는 아홉 살 때 상점 진열장에서 신발 한 켤레를 보고 마음에 쏙 들었고, 부모님께 그 신발을 사달라고 졸랐다. 그러나 아버지는 이 신발은 네가 신을 수 없다며 신발을 사주지 않겠다고 했다. 데이비드는 울며불며 계속해서 고집을 피웠다. 그러자 아버지는 한 가지를 약속하면 신발을 사주겠다고 했다. 신발을 사면 반드시 신겠다는 약속이었다.

신발을 신어본 데이비드는 그제야 그 신발이 나무로 만들어졌다는 사실을 알게 되었다. 신발을 신고 거리를 걷자 따각따각 소리가 났고, 지나가던 사람들이 모두 가던 길을 멈추고 고개를 돌려 데이비드를 쳐다보았다. 특별하고 멋진 신발을 신고 뽐내고 싶었던 데이비드는 원하는 신발을 신었지만, 발이 아프고 부끄럽기만 했다. 그 신발을 벗을 수만 있다면 어떤 대가도 치를 수 있을 것 같았다.

하지만 데이비드에게는 갈아 신을 다른 신발이 없었다. 결국 그는 길거리에서 남의 이목을 끌 소리가 나지 않도록 최대한 조심조심 걸어야만 했다. 그게 얼마나 힘들고 고통스러웠는지는 아무도 모를 것이다.

이 일이 있고 난 뒤, 데이비드 리카도는 부모님의 말씀을 거역하지도, 쓸데없는 욕심을 부리지도 않게 되었다. 이 일은 훗날 그가 성장하는 데 큰 영향을 준 사건이었다.

실천으로 가르침을 전하는 유대인의 교육이념은 말로 하는 교육보다 그 영향력이 훨씬 강하다. 유대인들은 평소 아이의 장단점을 잘 관찰하고, 아이에게 필요한 긍정적인 자극을 제공하는 것이 부모의 중요한 책무라고 생각한다.

또한, 부모 자신의 건전한 언어습관, 마음가짐, 몸가짐을 아이에게 물려주는 것, 그리고 아이 스스로 경험을 통해서 지식을 터득하고 좋은 품성을 기르도록 옆에서 돕는 것 역시 부모의 책임이라고 생각한다.

06

누구든 나의 스승으로

성공하는 방법은 복제할 수 없다.
누구에게나 다른 환경과 기회가 주어지기 때문이다.
그러나 진정으로 성공한 대다수의 사람들에게는 공통점이 있다.
주위에서 자신의 귀감을 찾아 배우고 그들의 경험을 참고한다는 것이다.
- 유대 잠언

교육을 중시하고 스승을 존중하는 유대민족의 교육적 전통은 우리가 배워야 할 덕목이다. 유대인 부모들은 아이의 훌륭한 학습 태도를 위해 성실하게 공부하려는 의지뿐만 아니라 다른 사람을 보고 배우는 겸허한 마음을 길러주기 위해 노력한다. 사람은 누구나 장점과 보고 배울 만한 부분을 갖고 있기 때문이다. 유대인들은 주위의 누구든 자신의 스승이 될 수 있다고 믿는다.

미국의 제3대 대통령 토머스 제퍼슨은 명문가의 후손이었다. 17세가 되었을 때, 제퍼슨은 윌리엄 앤드 메리 대학교에서 공부했다. 학업 성적은 매우 우수했고, 특히 역사와 언어에 소질이 있었다. 동시에 그는 농업기술, 수학과 건축학 등에도 깊은 관심을 보였고, 나중에는 고전적인 양식에 자신만의 독특한 개성을 불어넣은 '몬티첼로'라는 저택을 직접 설계하고 건축하기도 했다. 이 저택은 당시 미국 최고의 건축이라는 평을 들었다.

높은 신분을 물려받은 제퍼슨은 당당한 풍채에 생기 넘치는 눈빛, 활달한 말투로 사람들을 사로잡았다. 그는 바이올린 연주에 능해서 백악관에 여러 명사를 초청해 함께 클래식 음악을 연주하곤 했다. 명사들과 그와 같은 사교적인 모임을 갖는 것은 제퍼슨이 정치적 지지를 얻는 데 큰 도움이 되었다.

다른 한편으로 제퍼슨은 각계각층의 인사들과 자유롭게 왕래하며 사회 엘리트층이나 상류층 사람들이 끼리끼리 어울리는 악습을 타파하기도 했다. 이것은 당시로서는 파격적인 행동이었다. 그의 친한 벗 중에는 저명한 인물들도 많았지만, 평범한 고용인, 정원사, 농민, 가난한 수공업자들도 있었다.

제퍼슨은 다양한 이들과 만나고 대화하며 언제든 주저하지 않고 그들로부터 배웠다. 누구에게나 반짝반짝 빛나는 보석 같은 장점이 있다는 걸 알았던 것이다.

자신보다 못하다고 생각할 수 있는 사람에게 묻고 배우기를 망설이지 않고 주위 사람의 삶을 관심 있게 지켜본 제퍼슨은 민중들이 어떤 생각을 하는지, 무엇을 가장 필요로 하는지를 다른 지도자들보다 훨씬 더 잘 간파할 수가 있었다. 이것이 바로 그가 위대한 인물로 평가받는 이유일 것이다.

학문이든 사람 됨됨이든, 나보다 낫고 잘난 사람이 있으면 부지런히 배워야 한다.

'이 사람들보다야 내가 잘났지.'

'저런 인간들의 이야기는 들어봤자 소용없어.'

이런 것은 잘못된 생각이다. 학문이 대단히 광범위하고 종합적인 내용을 포함하고 있듯이, 한 사람 안에는 그 사람 고유의 뛰어난 점과 부족한 점이 모두 들어 있게 마련이다. 따라서 우리는 그 사람의 장점은 본받고 단점은 보완하는 취사선택을 할 수 있다.

링컨은 미국인이 가장 존경하는 대통령이다. 그가 좋은 가정환경에서 우수한 교육을 받았을 거라고 생각하는 사람도 있겠지만, 사실은 전혀 그렇지 않다. 그의 아버지는 일자무식의 가난한 목수였고 그의 어머니는 평범한 가정주부였다.

링컨은 정규교육을 받은 적이 없다. 그가 평생 학교에 간 것은 단 며칠뿐이었다. 국회의원으로 당선된 후, 이 사실을 솔직하게 밝히기도 했다. 그렇다면 정규교육을 받지 못한 링컨이 바르게 자랄 수 있도록 이끈 스승은 과연 누구일까?

켄터키주의 삼림 지역을 돌며 아이들을 가르치던 마을 순회 교사 몇 명이 바로 링컨의 스승이었다. 그리고 일리노이주의 제8순회 법정과 관련된 수많은 사람이 그의 스승이었다.

그는 날마다 농부, 변호사, 상인 등 다양한 부류의 사람들과 거리낌 없이 국가의 대소사를 토론하고 세계 곳곳에서 일어나는 일에 관해 이야기했다. 수많은 사람으로부터 지식을 얻고 그만큼 폭넓은 세상의 이치를 깨달았다. 링컨의 성공 비결은 바로 모든 사람을 자신의 스승으로 여긴다는 것이었다.

우리는 링컨의 삶을 통해 다른 사람을 거울로 삼아야 자신에게 더 큰 발전이 있다는 교훈을 얻을 수 있다.

"세 사람이 함께 길을 가면 그중에 반드시 내 스승이 있다."

공자가 남긴 이 말 역시 같은 이치를 품고 있다. 유대인 부모는 아이들에게 선생님과 친구들, 심지어 주위에서 만나는 어떤 사람이라도 내게 가르침을 줄 수 있는 사람이라고 가르친다. 주위 사람들을 통해 끊임없이 새로운 가르침을 받으며 자란 아이는 더 넓고 깊이 있는 지혜를 얻게 될 것이 분명하다.

07

어릴 때부터 스승을 존경하게 하라

스승은 신성하다.
모든 아이는 스승을 신처럼 섬겨야 한다.
- 유대 잠언

초기 유대인 사회에서는 교육의 형태가 주로 가정교육에 치중되었다. 그때는 아직 교사라는 직업이 존재하지 않았고, 자녀교육의 책임이 온전히 어머니에게 있었다.

이후에 직업이 점점 세분화되면서 교사가 출현하게 되었다. 랍비는 유대인 학교의 책임자이자 전문 교사다. 그들은 지혜와 권위의 상징으로, 학생들의 학문적 궁금증을 풀어주는 사람일 뿐만 아니라 인생의 방향을 함께 세우는 멘토 역할도 맡고 있다. 랍비의 말은 그 자체로 유대인의 생활수칙이 되기도 한다.

유대인은 스승을 지극히 존경하고 받든다. 그들은 세상을 여기저기 유랑하며 살던 시절에도 스승에게 불손한 말을 하거나 스승을 욕되게 하는 자에게는 무거운 벌금을 매겼다. 스승에게 그보다 더 심한 짓을 하는 자는 아예 유대인 사회에서 추방하기도 하였다.

교사는 고귀한 직업으로, 사람들의 존경을 한몸에 받았다. 특히 유대인에게는 스승을 존경하고 신과 같이 경외하는 전통이 있다. 아래 이야기는 유대인들의 마음속에 교사가 어떤 지위를 차지하고 있는지 여실히 보여준다.

한 유대인 청년에게 나쁜 소식이 전해졌다. 그의 아버지가 관리에게 붙잡혀갔다는 것이다. 보석으로 풀려나려면 은화 열 닢을 내야 한다고 했다. 그래서 그는 어찌어찌 은화 열 닢을 모았고, 아버지를 구하러 갔다. 그런데 감옥에 도착해 보니 어쩐 일인지 자신의 스승도 그곳에 붙잡혀온 것이 아닌가. 그는 어떻게 하면 좋을지 몰라 고민에 빠졌다.

청년은 랍비에게 가서 물었다.

"제가 누구를 먼저 보석으로 나오게 해야 할까요? 두 분은 저에게 똑같이 위대하고 소중한 분입니다."

랍비가 그에게 물었다.

"네 손에 있는 그 은화는 어떻게 모은 것이냐?"

청년은 어떻게 해야 할지 단박에 답이 떠올랐다. 청년은 스승을 먼저 보석으로 나오게 하고, 다시 은화 열 닢을 차곡차곡 모으기 시작했다. 자신이 돈을 벌 수 있는 능력을 키워준 사람은 다름 아닌 스승이라고 생각했기 때문이다.

유대인의 마음속에서 스승은 어찌 보면 부모보다 더 중요한 자리를 차지한다. 우리 눈에는 이상하게 보일지도 모른다. 그러나 유대인들은 스승이 민족의 미래를 짊어지고 갈 다음 세대를 가르치고 길러내는 막중한 임무를 맡고 있다고 생각하기 때문에 스승을 부모보다 존경하며 경외심을 갖는다. 만약 학생이 스승을 존경하지 않는다면 그의 미래는 고난의 가시밭길이 될 것이 분명하다고 생각한다.

> 윌리프는 씨름의 고수다. 그는 다양한 필살기를 갖고 있어 늘 예측불허의 경기를 펼쳤다. 그는 수많은 제자를 길러냈는데, 그 중 샐리어가 가장 특출났다.
>
> 어느 날, 국왕이 샐리어와 그 사부의 씨름 경기를 직접 보겠다는 명을 내렸다. 경기에 앞서 샐리어가 먼저 경기장으로 들어섰다. 우쭐거리고 거드름을 피우며 등장한 그는 화가 난 사자처럼 사부를 향해 달려들었다.
>
> 윌리프는 자신이 제자를 힘으로 제압하기 어렵다는 걸 알고 있었다. 그래서 샐리어에게 한 번도 가르쳐주지 않은 기술을 요령껏 사용해 그를 땅바닥에 메다꽂았다. 경기를 구경하던 사람들이 환호성을 질렀다. 국왕은 사부에게 화려한 외투를 상으로 내리는 한편, 샐리어를 꾸짖었다.
>
> "너는 오만하여 눈에 보이는 것이 없구나. 그 정도 실력으로 너의 사부를 이기려는 헛된 꿈을 꾸다니. 그래 결과가 어찌 되었느냐?"

그러자 샐리어가 억울한 듯 이야기했다.

"스승님은 저를 힘으로 제압한 것이 아닙니다. 게다가 그 기술은 저에게 가르쳐주지도 않았습니다. 술수를 써서 저를 지게 한 겁니다."

그러자 그의 사부가 대답했다.

"이 기술은 바로 오늘 같은 날을 위해 남겨둔 것이다."

샐리어가 경기에서 패한 것은 사부가 일찍이 그의 오만방자한 모습을 간파하고 기술을 전부 알려주지 않았기 때문이다. 유대인들은 무슨 일에서건 고귀한 품성과 함께 상대에 대한 최소한의 존중을 갖춘 사람만이 진정한 고수라고 생각한다. 그래서 가정에서도 선생님에 대한 존경심을 강조하기 위해 아래와 같은 교육 원칙을 고수한다.

1. 아이에게 선생님을 존경하는 모범 보이기

부모의 언행은 아이에게 결정적인 영향을 미친다. 그렇기에 아이의 선생님이 만족스럽든 그렇지 않든, 존경하는 마음으로 예를 갖춘다. 또한, 유대인 부모들은 아이의 현 상황을 이해하기 위해 선생님에게 자주 의견을 구하고 자유롭게 교류하는 편이다. 그리고 무엇보다도 아이 앞에서 선생님과 학교의 시시비비에 대해서 이러쿵저러쿵 험담하지 않는다.

2. 선생님의 성과를 존중하기

유대인들은 교사를 존중하는 것은 바로 그 교사의 교육적 성과를 존중하는 것이라고 생각한다. 선생님은 학생들의 학업적 성취를 위해 자신의 학식을 아낌없이 전수하는 존재다. 그래서 유대인 부모들은 아이에게 "너를 위해 수고와 희생을 아끼지 않으시는 분이니, 항상 존경해야 한다."라고 자주 주지시킨다. 유대인들은 교사의 노동과 교육 성과를 존중하는 것이 사람으로서 가져야 할 가장 기본적인 덕목의 하나라고 여긴다.

3. 선생님을 존중하고 따르기

스승과 제자 사이에 가장 기본적인 것은 믿음이다. 그래야 서로 가까워질 수 있고, 가르치고 배우는 과정이 원활하게 이루어진다. 유대인 부모들은 자녀에게 지각이나 조퇴를 하지 않고 수업에 늘 적극적으로 참여하는 등 선생님께 신뢰감과 존중을 보이도록 노력하라고 가르친다. 또한, 선생님의 모든 노력과 수고가 아이들의 발전과 성장을 위한 것임을 잘 알려준다.

08

본보기는 가정교육의 핵심

본보기의 힘은 무궁무진하다.
- 유대 잠언

유대인은 자녀를 교육할 때, 아이가 본받을 만한 롤모델을 정하는 데 노력을 기울인다. 아이가 스스로 정한 롤모델을 본받아 훌륭한 인재가 되기를 기대하는 것이다. 그 대상은 유대인 중에서 성공한 사업가가 될 수도 있고, 다양한 분야에서 활동하는 전문가나 학자가 될 수도 있다. 그게 누구든 아이의 천성이나 재능에 부합하는 사람을 찾아 아이의 길잡이로 삼도록 이끌어주면 된다.

유대인 부모들은 아이가 롤모델을 찾을 때 무엇보다 먼저 그 사람이 본받을 만한 점이 있는지 잘 살펴보라고 지적한다. 정해 놓은 롤모델이 생각만큼 훌륭한 사람이 아닐 수도 있고, 그래서 아이가 존경하고 뒤따를 만한 가치가 없는 사람일 수도 있기 때문이다. 혹시나 그런 사람을 롤모델로 삼는다면 어린아이에게 그 사실은 훗날 마음의 상처가 될 수도 있고 올바르지 않은 세계관을 형성하는 등 악영향을 미칠 수도 있다. 그래서 유대인 부모들은 아이에게 독수리 왕의 이야기를 자주 들려준다. 롤모델은 어떤 대상이어야 할지 제대로 이해시키기 위해서다.

> 독수리는 오래전부터 존엄과 권력의 상징이었다. 페르시아, 로마, 폴란드, 독일, 오스트리아, 스페인 왕실의 상징으로 독수리의 형상이 사용된 것은 그들의 마음속에 독수리가 어떤 존재인지 알려준다.
> 도도한 독수리 왕이 있었다. 나이가 든 그는 가장 높은 산봉우리에서 혼자 살았다. 어느 날, 자신이 죽음을 앞두고 있다는 것을 깨달은 독수리 왕이 자식들을 불러모았다. 자식들이 모두 모이자 독수리 왕이 말했다.
> "나는 너희가 어릴 때부터 태양을 마주 볼 수 있게 가르쳤다. 태양을 마주 보지 못하는 너희 형제들을 굶겨 죽이기도 했지. 그렇게 했기 때문에 너희가 다른 새들보다 더 높이 날 수 있는 능력과 왕이 될 자격을 갖춘 것이야."
> 독수리 왕의 자식들은 아버지의 가르침을 들으며 아주 공손한 태도로 고개를 연신 끄덕였다. 잠시 숨을 돌린 독수리 왕이 이야기를 이어갔다.
> "세상의 모든 짐승들이 너희 앞에서 벌벌 떨지만, 너희를 두려워하는 그들을 함부로 해쳐서는 안 된다. 그리고 너희가 남긴

먹이는 그들이 먹게 해주어라."

"네. 명심하겠습니다!"

자식들이 입을 모아 한목소리로 대답했다. 독수리 왕은 이야기를 계속했다.

"나는 이제 곧 이곳을 떠날 것이다. 둥지 안에서 편하게 죽을 수는 없다. 두 날개에 힘이 남은 한, 드넓은 창공 위로 날아올라 저 하늘에 불타는 태양을 향해 갈 것이다. 태양 가까이 날아가면 태양의 불길이 내 날개깃을 태워 나는 아래로 곤두박질쳐서 바다로 떨어지겠지. 그리고 바닷속에서 다시 살아나 새 삶을 살고 청춘을 누릴 것이다. 이것이 독수리의 삶이고, 우리의 고귀한 운명이란다."

말을 마친 독수리 왕은 마지막 비행을 시작했다. 장중하고 위엄있게 날아오른 그는 자식들이 모여 있는 산봉우리를 한 바퀴 휘돌았다. 그리고 뜨겁게 타오르는 태양의 눈부신 빛이 그의 지친 두 날개를 삼켜버릴 때까지 저 높은 하늘을 향해 맹렬히 솟구쳐 올랐다.

이야기 속의 독수리 왕은 가장 존귀하고 용감한 방식으로 자신의 생을 마감했다. 그는 창공에 자신을 내던짐으로써 고결한 정신을 드러내 보이는 동시에 독수리 자손에게 길이길이 이어질 훌륭한 본보기를 보였다. 유대인 부모들은 자기 아이들이 독수리 왕과 같은 멋진 롤모델을 찾길 바라며 이야기를 들려준다.

"본보기의 힘은 무궁무진하다."라는 유대인 속담이 있다. 본보기, 즉 롤모델이란 아이들에게 그만큼 중요한 것이다. 나이가 어릴수록 롤모델에게서 받은 영향력은 더 강력하게 작용한다. 아이가 태어났을 때, 제일 먼저 아이와 접촉하는 롤모델은 바로 부모다. 아이들의 행동과 생활습관은 당연히 부모의 영향을 깊게 받을 수밖에 없다. 부모가 어떤 말과 행동을 하는지가 아이의 말과 행동을 결정하게 된다는 말이다.

롤모델이 아이에게 미치는 영향에 깊이 공감하는 부모는 언제나 아이에게 좋은 본보기를 보이기 위해 노력한다. 구 소련의 저명한 교육가이자 작가인 안톤 마카렌코는 이런 말을 했다.

"집안의 가장이 솔선수범하고, 자신의 가정을 존중하고, 자신의 몸가짐을 신중하게 하는 것은 자녀에게 가장 필요하고 가장 중요한 교육방법이다."

부모가 앞장서서 모범을 보이고 아이에게 귀감이 된다면, 부모로서 위신이 서는 것은 물론 아이가 올곧게 성장하는 데 도움이 될 것이 분명하다.

바로 그런 이유로 부모는 일상 속에서 자기 자신을 엄격히 단속하고 모범을 보여야 한다. 아이에게 바라는 모습이 있다면 부모가 먼저 주저 없이 행동으로 보여야 한다. 열심히 공부하는 아이의 모습을 보고 싶다면 부모가 먼저 손에서 책을 놓지 않아야 한다. 형제간에 우애 있고 친구들과 서로 돕는 착한 아이를 원하면 가족 간에 서로 화목하고 이웃과 자주 왕래하며 상부상조하는 모습을 자주 보여야 한다.

그런 부모의 모습을 옆에서 늘 보고 들으며 익숙해지면 아이는 자연스럽게 그 모습에 젖어들 것이다. 근주자적 근묵자흑(近朱者赤近墨者黑, 붉은 것을 가까이하면 붉어지고 먹을 가까이하면 검어진다.)이라는 말도 있지 않은가. 그렇게 되면 부모는 아이의 신뢰와 존경을 얻는 것은 물론, 부모 자신의 말과 행동이 발휘하는 강력한 교육의 힘을 실감하게 될 것이다.

PART

2

시간을 소중히 하라:
시간과의 줄다리기

시간은 우리에게 어떤 의미인가요?
유대인들에게 시간은 돈, 재화를 넘어서 생명을 의미합니다.
그래서 그들은 시간을 무엇보다 소중하게 여기고
늘 시간과 줄다리기를 합니다. 합리적인 시간 관리 계획을 세우고
그 효율을 극대화하지요. 또한, 유대인 부모들은 시간에 대한
자신들의 가치관을 자녀에게도 철저히 심어주어
아이가 시간을 소중히 여기도록 합니다.

01

시간이 금이다

시간을 도둑질하지 마라.

- 유대 잠언

유대인은 시간관념이 철두철미하다. 그들에게 시간은 돈, 금이나 마찬가지이며, 돈을 버는 것만큼 시간을 아끼는 것을 중요하게 여긴다. 그래서 유대인 부모는 자녀의 생애 첫 선생님으로서 아이가 어릴 때부터 항상 시간의 중요성을 일깨운다.

"구세주가 오시기를 기다리는가? 그렇다면 하루하루를 마지막 날인 것처럼 여겨라." 유대인들은 이런 말을 할 정도로 시간에 대해 절박하다. 그들에게 시간은 눈앞의 황금처럼 함부로 낭비해서는 절대 안 되는 것이다.

"시간을 도둑질하지 마라." 이는 한 유대인 상인이 남긴 말이다. 시간은 상품과 똑같이 돈을 벌게 하고 이윤을 남기게 하는 자본이니, 시간을 훔치는 것은 상품을 훔치는 것과 같고 따라서 금전을 훔치는 것과 같다는 말이다.

유대인들은 업무시간을 초 단위로 계산할 정도로 정해진 시간을 엄격하게 지킨다. 퇴근시간을 알리는 알람이 울리면, 그들은 1분만 더하면 끝낼 수 있는 일이라도 즉각 멈추고 칼퇴근을 한다. 지나치다고 보일 수도 있지만, 유대인들은 그 정도로 철저한 시간관념을 통해 업무 효율을 극대화한다. 그뿐만 아니라 시간을 상품과 동일시하는 생각 때문에 다른 사람의 시간을 빼앗는 것을 마치 그 사람의 지갑에서 돈을 훔치는 것만큼 부끄러운 일이라 생각하고 절대 금기시한다. 남의 시간을 빼앗아 생긴 금전적인 손해에 대해서도 확실하게 따지는 편이다.

예를 들어 한 달 수입이 20만 달러인 유대인 사업가가 있다고 하자. 그의 하루치 임금은 8천 달러 정도일 것이고, 이를 분 단위로 따지면 약 17달러가 된다. 만약 누군가가 그의 업무 시간을 5분 정도 방해했다면, 그는 자신의 5분을 빼앗긴 것이고 이는 약 85달러를 도둑맞은 셈이다. 그래서 유대인들은 일로 누군가를 만날 때도 불쑥 찾아가서 시간을 죽이는 일은 하지 않는다. 다른 사람에게 자신의 아까운 시간을 쉽게 허락하지도 않는다. 업무상 연락을 하거나 만날 때도 사전에 반드시 약속을 잡아, 시간을 지체하거나 낭비하는 일이 없다.

미국 금융계의 제왕 J. P. 모건은 시간을 금으로 여긴 대표적인 인물이다. 이 유대인 금융가는 미국 경제의 절반을 쥐락펴락하며 한 시대를 풍미하였고, 미국 경제를 두 번이나 기사회생시키기도 하였다. 그가 소유한 부는 보통 사람은 상상도 할 수 없는 어마어마한 규모였다. 그러나 그 천문학적인 부의 이면에는 시간을 무엇보다 소중히 생각하는 그의 엄격하고 신속한 일 처리 방식이 있었다.

업무 효율을 높이기 위해서 모건은 자신의 사무실과 다른 직원들의 사무실을 나란히 붙여놓았다. 그렇게 해서 각 부서의 책임자들이 자기에게 언제든지 업무 지시를 요청하거나 의견을 물을 수 있었고, 여러 단계를 거치느라 지체되는 시간을 줄일 수 있었다. 또한, 현장에서 무슨 문제가 생겼을 때, 처리 시간을 최소화할 수 있도록 모든 보고는 자기에게 직접 하도록 지시했다. 물론 이런 조치들로 그는 늘 눈코 뜰 새 없이 바쁘게 지냈다.

그래서 모건은 유대인 특유의 업무 처리 방식을 채택했다. 부하 직원과 미팅을 할 때, 어떤 일을 처리해야 하는지 단도직입적으로 묻고 업무 지시도 간단명료하게 두세 마디로 끝냈다. 부서별 책임자들이 업무 보고를 할 때 역시 애매하거나 불확실한 내용은 제외하고 간결하게 핵심만 브리핑하게 했다. 군더더기는 빼고 주제만 깊이 파고드는 회의 방식은 시간을 아끼는 데 그만이었다.

그 밖에도 모건은 불필요한 손님 접대를 거의 하지 않았다. 특별히 중요한 손님이 와도 인사나 몇 마디 나눌 뿐이었다. 특히 그는 어느 누구와도 대화 시간을 5분을 넘기지 않는다는 원칙을 철저히 지켰는데, 이는 대통령에게도 마찬가지였다. 그가 이토록 시간에 철저했던 이유는 바로 시간 사용의 효율성을 높이기 위해서였다. 모건은 자신만의 철저한 업무 스타일로 미국 역사상 다시 없을 신화적인 '금융 황제'가 되었다.

성공한 사람은 시간의 소중함을 아는 사람이다. 시간을 효과적으로 활용하면 그렇지 않을 때보다 더 많은 부를 쌓을 수 있다. 시간을 금전과 동일시한 유대인들이지만, 한편으로는 시간을 금전보다 더 귀하게 여기기도 했다. 비용을 들여서 업무 효율을 높일 수 있을 때는 그들은 조금도 돈을 아끼지 않는다. 돈이 들더라고 효율성을 높이는 것이 바로 그만큼 시간을 버는 것이기 때문이다. 그로 인해 더 많은 시간을 활용할 수 있게 되면 더 많은 부를 벌어들이는 것은 당연하다.

유대인은 자녀에게 어릴 때부터 시간관념을 심어주는 교육을 한다. 그리고 아이에게 이렇게 가르친다.

"오늘이 네가 사는 마지막 날인 것처럼 살아라. 내일 일어날 무언가를 바라지 마라. 내일 무슨 일이 일어날지 아는 사람은 없다."

정말 시간이 금전과 같다면, 단 1분도 쉬이 흘려보내서는 안 된다. 시간을 붙잡는 것은 기회를 붙잡는 것이고, 이는 곧 성공을 붙잡는 것이나 다름없기 때문이다.

02

시간의 주인이 되어라

시간의 소중함을 아는 사람은
생명의 소중함, 인생의 소중함, 삶의 소중함을 아는 사람이다.
– 유대 잠언

유대인은 시간을 소중하게 생각하고 금전과 같이 아낀다. 그렇다고 그들이 시간에 맹목적으로 끌려다니고 돈에 목숨을 거는 것은 아니다. 그들은 벌 수 있는 돈은 한정이 없지만, 시간은 유한하다는 걸 잘 알고 있다. 유한한 시간으로 무한한 돈을 좇는 것은 불가능한 일이지 않은가. 유대인은 시간을 효율적으로 이용해 부와 재산을 늘리는 동시에 삶을 제대로 즐기는 법까지 잘 알고 있다.

현대를 살아가는 사람들은 빠르게 돌아가는 생활 속에서 일상의 대부분을 일을 하며 보낸다. 그래서 인간이라면 응당 누려야 할 것들과는 점점 멀어지고 있다. 유대인들은 우리가 장점이라고 생각하는 근면성실, 열정 등을 무조건 칭찬해야 할 대상이라고 생각하지는 않는다.

유대인에게 일이란 인생에 유익하고 도움을 주는 것이다. 그들은 일만 할 줄 알고 쉴 줄 모르는 사람은 삶 자체를 잃을 수도 있다고 본다. 그래서 휴일에는 업무의 굴레에서 완전히 벗어나 아무 일도 하지 않고 최대한 편안하게 휴식을 취한다. 합리적인 시간 활용을 통해 내 시간의 주인이 되는 것이야말로 진정한 인생이라고 생각하는 것이다.

칼 월터는 피아노 선생님이다. 어느 날, 그는 자신의 어린 학생 한 명에게 물었다.

"너는 하루에 피아노 연습을 얼마나 하니?"

학생이 대답했다.

"세 시간이요."

"매일같이 그렇게 오랫동안 연습하니?"

"네. 충분히 연습하고 싶어서요. 그래야 피아노를 더 잘 칠 수 있잖아요."

"아니. 그렇게 하지 마! 네가 그 시간을 얼마나 중요하게 생각하는지는 알지만, 다른 일도 하고 쉬는 시간도 있어야지. 안 그래? 네가 나중에 더 크고 나면 한가한 시간이 많이 생길 거야. 지금은 그냥 피아노가 네 생활의 일부가 되는 연습만 하면 된단다."

부모는 자녀에게 무조건 시간을 아껴 쓰고 소중히 하라고 훈계

하기 쉽다. 그런데 유대인들은 어떤 사건이나 사물의 본질에 관해 스스로 생각하고 판단할 시간을 충분히 가져야 인생의 방향이 한쪽으로 치우치거나 벗어나지 않는다고 생각한다. 그러기에 가장 좋은 방법은 바쁜 일상을 내려놓고 잠시 쉬면서 이런저런 문제들을 떠올려보는 것이다. 곧바로 딱 맞는 해결 방법이 떠오르지 않더라도 그러한 문제가 있음을 진지하게 깨닫고 자신만의 탈출구를 궁리해 보는 것은 문제 해결에 큰 도움이 된다.

유대인들은 시간이 곧 금이라는 진리에 아주 일찍부터 통달해 있었다. 그뿐만 아니라 시간을 거의 목숨처럼 중요하게 여겼다. 시간을 장악하는 사람이 성공한다고 하지만, 그들은 절대 시간에 쫓기는 삶을 살지 않았다. 그들은 시간이 소중하다고 생각하는 만큼 삶도 더 즐겁게 살아가고 휴식도 더 열심히 즐긴다. 즐겁게 누려야 할 소중한 시간을 모두 일하는 데 바친다면 그것은 분명 죄악이다. 물론 시간과 돈을 분에 넘치게 즐기고 소비한다면 그것 역시 죄악이겠지만 말이다.

진정으로 시간의 소중함을 아는 사람만이 생명의 소중함, 인생의 즐거움, 삶의 행복을 느낄 수 있다. 그런 사람만이 유한한 시간과 생명 속에서 인생의 가치와 균형을 찾을 수 있다. 부모는 자녀에게 건강하고 균형 잡힌 시간 관념을 심어주어야 한다. 그래야 우리 자녀들이 더 나은 인생을 향해 나아갈 수 있을 것이다.

03

시간과 함께 달리는 사람

두 열차가 교차하는 순간에도 거래하라.
- 유대 잠언

유대인은 빠른 생활 리듬과 효율적인 생활 방식을 추구한다. 그들은 인생을 불이 난 곳에서 물건을 끄집어내는 상황에 빗대어 꺼내온 물건이 많을수록 가치 있는 인생이라고 평가한다. 또한, 유대인 사업가들은 '두 열차가 교차하는 순간에도 거래하라.'는 말을 좌우명처럼 받든다. 쉼 없이 달아나는 시간을 얼마나 금쪽같이 여기며 따라잡으려 하는지 알 수 있다.

유대인들이 그토록 시간을 아끼려고 하는 데에는 다 이유가 있다. 경영의 관점에서 보자면, 시간은 어떠한 거래와 계약이 성사되기 위한 필수 조건이자 경영의 목적에 다다르기 위한 전제이기 때문이다. 예를 들어 어떤 물건의 납품 계약을 체결할 때, 납품받는 회사는 납품하는 회사가 고객의 요구에 맞는 품질과 수량을 원하는 날짜에 납품해서 계약을 이행할 능력이 있는지 꼼꼼히 따져본다. 시간 내에 모든 조건의 이행이 가능하다고 생각되면 계약은 성사되고 그렇지 못하다면 계약은 불발로 끝난다.

시간의 가치는 비즈니스의 모든 과정에서 그 존재감을 드러낸다. 유대인은 한 기업의 경영 수익이 평균 경영 비용과 아주 밀접한 관련이 있다고 본다. 많은 기업의 회계 분석에 의하면, 기업의 경영 비용 중에서 70% 정도가 자금을 운용하는 이자로 쓰인다고 한다.

예를 들어 1년에 드는 경영 비용이 10억 달러이고 한 해에 두 차례 자금 회수가 이루어지는 회사가 있다고 하자. 이것은 그 기업을 경영하는 데 한 해에 필요한 자금이 5억 달러라는 말이다. 은행의 연 이자율을 12%라고 했을 때, 1년 동안 은행에 지급해야 할 이자는 6,000만 달러가 된다. 만약 이 기업이 효과적인 관리체계를 갖추어 한 해 네 차례 자금을 회수하고 융통할 수 있다면 지급해야 할 이자의 절반을 아낄 수 있다. 즉, 한 해에 3,000만 달러를 그 기업이 아끼게 되는 셈이다.

다이아몬드 사업으로 거부가 된 바니 바나토가 런던에서 아프리카의 남아공으로 갔을 때, 그는 무일푼이나 다름없었다. 시가 40상자를 남아공으로 가져간 그는 시가를 저당잡혀서 대금을 마련하고 다이아몬드를 조금 얻을 수 있었다. 그리고 그 다이아몬드를 사고팔면서 사업을 배우고 구상했다. 그렇게 몇 년이 지나는 사이, 그는 부유한 다이아몬드 매매상이 되었다.

> 그가 부를 쌓은 비결은 자신의 수익을 한 주 단위로 관리한 것이었다. 시간차를 절묘하게 활용한 그의 비상한 전략 덕택에 매주 토요일 수입이 급격히 늘어났다. 토요일은 은행이 다른 날보다 일찍 영업을 종료했고, 바나토는 그때를 놓치지 않고 수표를 잔뜩 발행해서 다이아몬드를 사 모았다. 그리고 월요일에 은행이 문을 열기 전에 다이아몬드를 더 비싸게 팔아, 토요일에 발행한 수표 액수만큼 계좌에 채워넣었다. 은행이 영업하지 않는 시간 동안 대금의 지불을 늦출 수 있다는 점을 이용한 전략이었다. 그렇게 그는 남의 권익을 침범하지 않는 합법적인 방식으로 자신이 가진 자금보다 훨씬 더 큰 금액을 운용할 수 있었다.

바나토의 방법이 투기에 가깝다고 말하는 사람들도 있다. 그러나 누구에게나 똑같이 주어진 시간의 빈틈을 적절하게 활용한 그의 기지가 거대한 부를 쌓게 했다는 데에는 모두 동의할 것이다. 유한한 자본인 시간을 한순간도 놓치지 않겠다는 유대인의 의지가 잘 드러나는 부분이다.

유대인은 자신들의 이러한 시간관념을 자녀에게 그대로 전수하는 것을 대단히 중요하게 여긴다. 그래서 '즉시 행동하는 습관'을 길러줌으로써 시간관념을 제대로 세워주기 위해 노력한다. 어려서부터 시간을 제대로 관리하고 통제하는 법을 터득하기를 바라는 것이다. 그래야 훗날 아이가 성인이 되어 자기 일을 하게 되었을 때 더 성공적인 결과를 낼 수 있기 때문이다.

04

시간을 계획하는 사람이 성공한다

기다리기만 하면 늙어갈 뿐이다.
-유대 잠언

“어휴, 숙제를 아직도 다 못했네.”

“에이, 주말에 모임을 못 갔네.”

“이렇게 나이 먹을 동안 꿈 하나도 제대로 못 이룬 게 후회돼.”

많은 사람이 이렇게 한탄하며 한숨을 쉰다. 이런 상황은 자신에게 주어진 시간을 올바르게 활용하지 못해서 빚어진 경우가 많다.

미리 계획을 세워 시간을 잘 활용하는 것은 대단히 중요하다. 매일 일정을 미리 짜놓지 않으면 자기도 모르게 허비하는 시간이 많아진다. 이런 상황이 반복되고 기간이 길어지면, 시간이 지난 후 아무것도 이루지 못했다는 생각이 들 수밖에 없다. 그 결과, 자신을 자책하고 원망하게 된다.

그런 사람들은 시간을 어떻게 활용하고 계획을 어떻게 짜야 할지 모른다. 그러나 '합리적인 시간 관리'를 금과옥조로 삼는 유대인들에게는 어림도 없는 일이다.

사업가인 밥은 한 항공기 제조회사와 계약을 하기 위해 브라질로 왔다. 그런데 당시의 브라질 현지 상황과 관습을 모르는 그가 간과한 것이 있었다. 그것은 바로 길에 다니는 차가 너무 적어 버스나 택시를 잡아타기가 쉽지 않다는 것이었다. 설상가상으로 약속 시각 15분 전에 겨우 탄 버스가 잠깐 앞으로 가나 싶더니, 갑자기 기사가 버스에서 내려 어디론가 사라져 버렸다. 밥은 애가 타 죽을 지경이었다. 그 회사의 대표가 인도로 출장을 갈 예정이었기 때문이다. 대표는 이틀 전에 밥과 함께 식사하면서 오늘 오전 9시까지 꼭 회사로 오라고 당부했었다. 만약 시간 약속을 못 지키면 1억 달러의 거래가 물거품이 될 판이었다.

밥은 내려서 버스 기사를 찾아야 할지 몇 번이나 생각했다. 하지만 어디로 가야 기사를 찾을 수 있단 말인가. 버스에서 하염없이 기다리는 수밖에 도리가 없었다. 20분이 지나자 버스 기사가 유유히 다시 버스에 올랐다. 기사는 어슬렁어슬렁 운전석에 앉아 마지막 샌드위치 조각을 입에 넣은 뒤 승객들에게 "기다려줘서 고마워요." 하더니 차를 다시 몰기 시작했다.

밥이 회사에 도착했을 때, 그 회사의 직원이 이야기했다.

"대표님께서 한참 기다리시다가, 비행기 출발 시간이 다 되어서 더는 못 기다리겠다고 하시면서 가셨어요. 출장 갔다 돌아오시면 다시 말씀 나눠보시죠!"

일주일 뒤에 밥은 그 회사를 다시 찾아갔다. 하지만 계약은 이미 다른 회사로 기회가 넘어간 후였다. 결국 거래는 완전히 물 건너갔고, 밥은 화가 나고 억울해서 견디기가 힘들었지만 이제와서 화를 내봐야 아무 소용도 없는 일이었다.

계획된 약속과 시간을 지키는 일은 대단히 중요하다. 유대인들은 시간을 계획하고 실천하는 데 아주 철두철미하다. 정해진 시간과 일정에 어김이 없는 것은 물론 시간을 아끼는 방법까지 연구한다. 무슨 일을 하든 적절한 시간 배분과 계획을 고려하고, 대충대충 시간을 보내는 일이 없다. 따라서 업무 속도나 효율도 높아질 수밖에 없다.

1964년 미국 매사추세츠 공과대학에서 3천여 명의 유대인이 시간을 어떻게 활용하는지에 관해 연구를 진행했다. 그 결과, 연구에 참여한 유대인들에게는 모두 공통점이 있다는 결론을 얻었다. 시간을 합리적으로 배분하고 사용하는 데 아주 능숙하고, 낭비하는 시간은 거의 최저 수준이라는 점이다.

시간은 한번 흘러가면 되돌릴 수 없다. 다시 생겨나지도 않고 아껴두었다가 쓸 수도 없다. 충분한 시간과 노력을 들이지 않고 쉽게 성공할 수 있는 일은 없다. 유대인들은 이렇게 말한다. "무엇을 절약하든 결국 그것은 시간을 절약하는 것이다."

그들은 오랜 경험과 실천을 통해 아이들이 시간 계획을 세울 때 지켜야 할 것들을 아래와 같이 꼽았다.

첫째, 집중할 때와 아닐 때를 구분한다. 모든 일에 시간을 똑같이 배분하는 일은 피해야 한다. 유대인은 일이든 학습이든 자신이 집중할 수 있는 한계치의 시간 동안은 가장 중요한 일에 몰입해야 한다고 생각한다. 그래야 시간을 효율적으로 활용할 수 있기 때문이다.

둘째, 시간 계획은 자신의 상황에 맞게 적절하게 활용할 수 있도록 세워야 한다. 비즈니스나 거래에서는 평소 업계 시황을 잘 살피다가 결정적인 시기에 빠르게 결정하고 적절한 행동을 취하는 것이 중요할 것이다. 공부하는 학생들은 1분 1초를 충분히 이용할 수 있도록 계획을 촘촘히 짜고 한정된 시간 안에서 더 다양한 지식을 담을 수 있도록 지속해서 노력하는 것이 중요할 것이다.

셋째, 자신과 타인의 소중한 시간을 함부로 낭비하지 않고, 자투리 시간까지 잘 활용해야 한다. 특히 아이가 학습에 최대한 짜임새 있게 시간을 사용하도록 부모가 잘 이끌어주어야 한다.

05

남의 시간을 낭비하지 마라

만남을 거절하는 것은 존중하지 않아서가 아니다.
시간이 소중하기 때문이다.
- 유대 잠언

유대인들은 삶에서 가장 낭비해서는 안 될 것으로 시간을 꼽는다. 특히 타인의 시간은 더욱더 함부로 여겨서는 안 된다고 생각한다. 이는 타인에 대한 존중이자 시간을 충분히 활용하고 누리기 위함이다.

유대인들은 아이들에게 누군가와의 만남을 거절하는 것은 상대를 존중하지 않는 태도가 아니라 그 사람의 시간을 더욱 소중히 여기는 태도라고 가르친다. 또한, 시간 약속과 예약은 최소한의 존중이자 기본적인 예절이라고 가르친다.

일본의 유명 백화점 홍보부의 한 젊은 직원이 뉴욕으로 시장조사를 하러 가게 되었다. 그는 자신에게 주어진 시간을 조금이라도 더 아끼기 위해 뉴욕에 도착하자마자 유대인 사업가가 운영중인 백화점을 방문했다. 그리고 백화점 홍보부로 거침없이 찾아가, 근무중인 여직원에게 자신이 이곳에 오게 된 연유를 설명했다. 그 여직원이 물었다.

"선생님, 혹시 미팅 예약은 하셨나요?"

일본인 청년은 살짝 당황했지만, 물러서지 않고 당당하게 대답했다.

"저는 일본의 모 백화점 직원입니다. 뉴욕에 출장을 왔는데, 사실 지금은 업무시간이 아니고 약속도 하지 않았어요. 그런데 궁금한 것이 너무나 많고 열심히 하려다 보니 여기까지 이렇게 찾아오게 됐습니다. 귀사의 홍보부장님을 만나고 싶습니다."

"죄송합니다, 선생님! 선생님의 예약 내역이 확인되지 않네요. 돌아가 주세요!"

여직원은 그의 요청을 단호하게 거절했다. 일본인 청년은 그렇게 냉랭하게 문밖으로 쫓겨나고 말았다.

일본인 청년은 누가 시키지도 않았건만 자신의 한가한 시간을 이용해 관련 업장을 방문하는 열정을 보였다. 그런데도 푸대접을 받은 이유는 무엇일까? 유대인들은 사전 약속 없이 방문하고 만나는 것을 시간 낭비라고 생각하는 경향이 있다. 물론 의외의 소득이 있을 수도 있지만, 사실 그럴 확률은 아주 희박하다.

유대인들의 이런 태도가 너무 매몰차거나 예의 없다고 생각하는 사람도 있을 것이다. 그러나 그들은 미리 약속도 하지 않고 불쑥 찾아오거나 반대로 약속해놓고 지키지 않는 사람이 무례하다고 생각한다. 그리고 그런 사람에게 시간을 내주었다 한들, 빈말이나 늘어놓으며 시간을 낭비하게 만든다면 그 또한 예의가 없는 행동 아니겠는가.

유대인은 시간을 정확하게 지키는 것이 바로 상대에 대한 존중이며 동시에 내가 존중받을 수 있는 행동이라고 본다. 부모도 아이에게 타인의 시간을 존중하라고 가르친다. 예를 들어 친구와 몇 시에 만나자고 약속했다면 반드시 시간 약속을 지켜야 한다고 가르친다. 일요일 오전 10시에 만나기로 약속해 놓고 10시가 되었는데 감감무소식이면 그 사람의 신용은 크게 떨어질 수밖에 없다. 어쩌면 친구를 잃을지도 모를 일이다.

다른 사람을 기다리게 만드는 것은 그 사람의 시간을 낭비하는, 절대로 해서는 안 될 행동이다. 예를 들어, 수업시간에 집중해서 경청하지 않는 학생이 있다면, 선생님은 그 학생에게 주의를 주기 위해 수업을 잠시 멈추게 된다. 그럼 그 학생은 선생님을 비롯하여 반 전체 학생에게 폐를 끼친 것이다. 유대인 부모는 아이에게 어떠한 상황에서도 이런 일이 일어나지 않도록 언행을 조심하라는 당부를 잊지 않는다.

타인의 시간을 가벼이 여기지 않는 것, 이는 유대인이 타인을 존중하는 태도이며 동시에 그들의 도덕적 기준이다. 유대인들은 실용주의적이다. 특정한 누군가를 특별대우하고 그것으로 자신의 진심이나 정성을 표현하려 하지 않는다. 나의 시간과 남의 시간을 똑같이 존중하고 소중히 여기는 것, 이는 우리가 배우고 갖추어야 할 멋진 생활 태도다.

06

오늘 일을 오늘 끝내는 습관

행동의 반대는 일을 미루는 습관이며,
미루는 습관을 멈추는 가장 좋은 방법은 곧바로 행동하는 것이다.
- 유대 잠언

유대인들은 무슨 일에서건 효율을 따진다. 그래서 일을 차일피일 미루는 것을 싫어하고 오늘 할 일을 내일로 미루는 법이 없다. "오늘 일은 오늘 끝낸다."라는 신조를 늘 마음에 새기고 그대로 실천한다. 이런 철저한 시간관념을 가진 그들은 일을 어영부영 되는 대로 하거나 허튼짓을 하며 시간을 낭비하지 않는 것은 물론, 끝내야 하는 일이 있으면 전심전력을 다해 임무를 완수해 낸다. 매사에 최선을 다하는 습관이 몸에 밴 것이다.

유대인의 사무실 책상 위에서는 아직 처리하지 못한 '미결' 서류를 찾아볼 수가 없다. 그들에게는 서류 한 건 한 건이 모두 긴

급하고 중요한 사항이며, 혹시라도 소홀히 했다가 큰 낭패를 볼 수 있다고 생각해 서류를 묵혀두지 않는다.

사업상 주고받은 서신이나 우편물은 중요한 내용이나 정보를 담고 있을 수 있다. 새로운 거래를 요청하는 내용일 수도 있고, 상품 거래 주문일 수도 있다. 그러니 우편물 하나하나는 좋은 기회나 마찬가지이고, 이를 제때 처리하지 않으면 좋은 거래를 성사시킬 기회를 잃는 것과 다름없다. 유대인들은 평소 이런 부분을 유념하고 있기에 자기에게 넘어온 문서들을 결코 허투루 보아 넘기지 않고 하나하나 정성을 쏟는다.

유대인들은 출근 후 약 한 시간 동안 '딕테이트(dictate)' 타임을 가진다. 본인이 받은 거래 서신이나 문서를 처리하는 시간을 따로 정해 놓고 그 일에만 집중하는 것이다. 그 시간에는 다른 사람과의 미팅이나 약속은 절대 이루어지지 않는다.

혹시 누군가가 그 시간을 방해하게 된다면 업무 속도와 효율이 크게 떨어질 것이 분명하다. 그래서 그 시간에는 아무리 중요한 일 때문에 방문한 손님이라도 담당자와 만날 수 없다. 유대인들에게 "지금은 딕테이트 타임입니다."라는 말은 누구에게나 통용되는 불문율이다.

같은 이유로 유대인들은 출근 후 한 시간 동안 다른 사람을 절대 방해하지 않는다. 잘못하면 망신만 당한다. 딕테이트 타임이 지난 후에야 미팅을 하거나 정식 업무를 시작한다.

유대인은 딕테이트 타임을 아주 중요하게 여긴다. 그들에게 업무를 미룬다는 것은 굉장히 수치스러운 일이기 때문이다. 유대인들은 매사에 그렇지만 특히 자신의 사업 문제를 처리할 때만큼은 절대 다음 날까지 일을 미뤄두지 않는다. 하루의 일과 또한 매일 계획에 따라 철저하게 지킨다.

그리고 자녀교육에서도 일을 미루지 않는 습관이 확고하다. 행동의 씨를 뿌리면 습관을 얻게 되고, 그 습관이 뿌리를 내리게 되면 성품을 얻게 되며, 그 성품이 뻗어나가 운명의 열매를 맺는다고 여기기 때문이다. 모든 아이가 처음부터 부지런하고 성실한 품성을 갖고 태어나는 것은 아니다. 나중에 부모가 어떻게 교육하느냐에 따라 좋은 생활습관과 태도를 길러줄 수 있고, 그로 인해 일생을 유익하게 보낼 수 있다.

해야 할 일이 있는데도 꾸물거리고 자꾸만 미루는 습관이 있는 아이들이 많다. 그런 아이들은 노는 데 정신이 팔려 해야 할 숙제를 다 못하는 경우도 종종 있다. 이런 습관이 몸에 배면 아이는 장래에 큰 어려움을 겪을 것이다. 한 사람의 업무 스타일이나 업무성과 등에 대단히 큰 영향을 미치는 것이 바로 습관이기 때문이다.

그러므로 아이가 어릴 때부터 부모가 나서서 오늘 일은 오늘 끝내는 건전한 생활습관을 길러주어야 한다. 그렇게 길러진 습관은 아이에게 평생 든든한 자산이 될 것이다.

07

자투리 시간을 활용하는 법을 가르쳐라

무엇을 절약하든 결국
시간을 절약하는 것이다.
- 유대 잠언

시간은 누구에게나 공평하다. 그런데도 사람은 더 잘된 사람과 그렇지 못한 사람으로 나뉜다. 이는 똑같이 주어진 시간을 얼마나 잘 활용하는지와 상관이 있다고 하겠다. 누구에게나 학습이나 업무 시간 외에 한가한 시간, 자투리 시간이 생기는데, 이런 시간은 우리 생활 곳곳에서 너무나 쉽게 낭비된다. 시간이란 되돌릴 수도, 묶어둘 수도 없는 아주 귀한 자원이다. 그래서 유대인들은 그런 자투리 시간을 효과적으로 활용하는 법을 터득했다.

유대인인 룰라는 신문기자다. 그는 단 이틀 안에 토머스라는 인물을 취재하라는 지시를 받았다. 사실 이틀은 인터뷰 준비에만도 빠듯한 시간이었다.

그러나 룰라는 남달랐다. 그는 인터뷰 준비를 하루 만에 재빨리 마치고, 다음 날 아침 식사 시간 30분 전에 토머스의 응접실에 도착했다. 그리고 그를 기다리는 동안 취재 및 인터뷰의 요점을 다시 한번 점검했다. 인터뷰하다가도 토머스가 잠시 자리를 비운 사이에 다음 인터뷰 상대에게 연락을 취했고, 인터뷰 중간에 토머스가 쉬는 시간에는 인터뷰 내용을 일목요연하게 정리해 원고로 작성했다.

인터뷰가 끝남과 동시에 룰라는 인터뷰 원고를 완성했고, 편집장에게 곧바로 제출할 수 있었다. 다른 기자라면 인터뷰 원고를 넘기는 데 하루는 더 걸렸을 것이다.

그렇다 보니 신문사 내에서 룰라의 업무 소화력은 최고였고, 사장님의 신임을 한몸에 받는 것이 당연했다. 비결을 묻는 사람들에게 룰라는 이렇게 대답했다.

"저는 자투리 시간을 활용하는 데 일가견이 있죠. 그래서 다른 사람들보다 더 빨리 일을 끝낼 수 있는 거예요."

훗날 그는 성공한 사람들을 조사하면서 알게 되었다. 자투리 시간을 잘 활용하는 것은 성공한 인물들의 공통점이었다.

유대인들의 업무 효율이 높은 것과 자투리 시간을 잘 활용하는 것은 밀접한 관련이 있다. 그들은 사전에 계획되지 않은 남은 시간을 누구보다 잘 활용한다. 예를 들어 미팅을 기다리면서 다음 고객과

연락을 취하고 출퇴근 시간에 필요한 책을 읽는 등 사소하지만 중요한 일들을 자투리 시간에 처리하여, 해야 할 일에 대한 집중력과 능률을 높인다. 유대인들은 이렇게 촘촘하게 시간을 활용하는 사람이야말로 삶을 아끼고 사랑하며 스스로 가치를 만들어간다고 생각한다. 물론 이런 사람은 반드시 성공한다. 일례를 들어보겠다.

기차에서 한 젊은이가 계속해서 무언가를 써 내려가고 있었다. 옆에 앉은 중년 남성이 이를 슬쩍 훔쳐보았다. 젊은이는 고객에게 보내는 짧은 편지를 쓰고 있었다. 중년 남성이 입을 열었다.

"젊은이, 내가 쭉 지켜봤는데 두 시간 내내 손님들한테 보낼 편지를 쓰고 있더군. 정말 대단한 젊은이야!"

젊은이가 고개를 들고 웃으며 대답했다.

"출장을 가느라 기차를 타지 않았으면 지금은 근무시간이니까요. 당연히 해야 할 일을 하는 거죠."

중년 남성은 젊은이가 자기 일에 최선을 다하는 모습에 감동했다.

"우리 회사에 와서 일해 달라고 하고 싶네. 자네 회사 사장님도 자네를 아낄 것이 분명하지만, 내가 그쪽보다 대우를 훨씬 더 잘해 주겠네."

중년 남성은 기대에 찬 눈빛으로 젊은이를 바라보았다. 그러자 젊은이가 생긋 웃으며 대답했다.

"제가 사장인데요."

시간을 허투루 보내지 않는 사람이 성공할 수 있다는 사실을 잘 보여주는 재미있는 일화다. 유대인 부모들은 자녀에게 집중력을 발휘해서 학습하고 스스로 시간 관리를 할 줄 알아야 한다고 가르친다. 그리고 이야기 속의 젊은이처럼 1분 1초도 헛되이 보내지 않으면 밝은 미래가 보장된다는 희망을 심어준다.

부모는 진심으로 성공에 뜻을 두고 노력하는 사람은 그만큼 시간 관리에도 철저해야 하다는 것을 아이에게 알려줄 의무가 있다. 우리는 꽤 긴 시간도 제대로 활용하지 못하고 그냥 흘려보내는 경우가 많다. 모두 합하면 몇 시간이라는 긴 시간이지만, 이런저런 일을 하면서 시간이 짧게 쪼개지면 사소하게 느껴지기 때문이다. 10초, 30초, 1분…… 이런 사소한 시간은 내가 소중히 여기지 않으면 손가락 사이로 빠져나가는 모래처럼 금세 사라지고 만다. 아이가 이런 자투리 시간을 잘 활용하도록 가르쳐야 한다. 그래야 아이가 인생의 순간순간을 더 꼼꼼하고 주도적으로 이끌어갈 수 있다.

남들이 쉽게 흘려보내는 짧은 시간을 잘 활용하고 틈나는 대로 무언가를 하다 보면, 하루가 쌓이고 한 달이 쌓인다. 그렇게 시간의 티끌이 모여 태산을 이루면, 누구보다 크고 달콤한 수확을 맛볼 수 있을 것이다.

PART 3

지식을 숭상하라 : 지혜는 황금보다 귀하다

유대민족은 '책의 민족'이라 불립니다.
유대인 가정에서는 아이가 말귀를 알아듣기 시작하면
엄마가 제일 먼저 《성경》을 펼쳐 들지요.
그리고 그 위에 꿀을 한 방울 떨어뜨리고 아이의 입술에 갖다 댑니다.
지혜와 지식을 숭상하고 받드는 것은 유대인이 자녀들에게
가르치는 가장 기본적인 도리랍니다.

01

어릴 때부터
책을 벗 삼게 하라

이 세상에 빼앗을 수 없는 것이 세 가지 있다.
먹어서 소화된 음식물, 마음속에 품은 꿈,
그리고 머릿속에 들어간 책의 지식이다.
- 유대 잠언

유대민족은 '책의 민족'이라 불린다. 유대인들에게 책은 지혜를 상징한다. 이 세상 모든 것들이 다 사라진다 해도 절대 사라지지 않을 지혜를 담은 것이 곧 책이다.

유대인들은 아이가 어릴 때부터 책을 좋아하고 책 읽기를 즐기도록 습관을 들인다. 그래서 유대인 가정에서는 아이가 말귀를 알아듣기 시작하면 엄마가 곧바로 《성경》을 펼쳐 든다. 그리고 꿀을 그 위에 한 방울 떨어뜨리고 아이의 입술에 갖다 댄다. 지혜의 보고인 책이 달콤한 것이라고 인식하게 하기 위함이다.

이런 의식은 가정뿐만 아니라 학교에서 처음 등교할 때도 행해진다. 유대인 아이들은 처음 학교에 등교하는 날 새 옷을 입고, 교사나 학문이 깊은 인물의 뒤를 따라 교실로 들어선다. 그리고 모든 아이가 깨끗한 석판 하나씩을 받는다. 그 위에는 꿀로 히브리어 알파벳이 쓰여 있다. 간단한 성경 문장이다. 아이들은 그 알파벳을 읽으며 석판 위의 꿀을 핥아먹는다. 학습이 얼마나 달콤하고 소중한 것인지를 체험하며 어릴 때부터 지혜와 지식에 대한 경건한 태도를 배우는 것이다.

유대인들은 책을 지극히 사랑한다. 그들에게는 침대 머리맡에 반드시 책장을 두는 전통이 있는데, 이런 전통이 생긴 이유는 크게 두 가지가 있다. 첫째는 책을 언제든 꺼내 읽기 편하게 하기 위해서이고, 둘째는 책에 대한 경외심을 항상 새기기 위해서다. 발치에는 절대 책장을 두지 않는다.

유대민족은 어떠한 책이든 금기시하지 않는 민족이기도 하다. 유대인을 공격하거나 모욕하는 책이라도 자유롭게 서로 돌려가며 읽는다. 지혜와 학문을 대하는 이런 열린 태도야말로 유대민족을 진정한 '책의 민족'이라 불리게 한 요인이 아닐까.

1988년 유네스코에서는 이스라엘에 있는 도서관을 전부 조사했다. 이스라엘 전역에는 대학 도서관과 공공개방 도서관을 합쳐 모두 1,000여 곳의 도서관이 있다. 당시 인구가 약 450만 명이니 평균 4,500명당 도서관 한 곳이 있는 셈이다. 도서 대출증을 발급받은 국민이 20%에 이르고, 14세 이상의 국민은 매달 평균 도서 한 권을 읽는다. 이스라엘은 국민 한 명당 평균 독서량과 평균 도서관 수가 전 세계에서 1위다. 독서 열기가 얼마나 뜨거운 나라인지 잘 보여주는 조사 결과다.

유대인들이 아이에게 책을 사랑하도록 가르치는 이유는 책 속에는 삶의 지혜가 충만하다는 걸 알기 때문이다. 지혜로 가득한 사람의 노력에는 하늘도 탄복한다고 한다. 유대인들에게는 다음과 같은 이야기가 전해지고 있다.

> 이스라엘에 책을 너무나 좋아하는 청년이 있었다. 청년은 언제나 책을 손에서 놓지 않았고, 틈만 나면 책 읽기에 빠져 시간 가는 줄 몰랐다.
>
> 그러던 어느 날, 로마군이 그가 사는 도시에 쳐들어왔다. 안타깝게도 그는 포로가 되었고 감옥에 갇히는 신세가 되었다.
>
> 하루는 카이사르 장군이 감옥을 시찰하러 왔다. 감옥 안에도 장서가 있는 것을 본 카이사르가 궁금한 마음에 책 한 권을 꺼내 들었다. 히브리어로 '창세기'라고 쓰여 있었지만, 그는 읽을 수가 없었다. 카이사르는 유대인의 책이라고 짐작하며 물었다.
>
> "여기 이 책을 읽는 자가 있는가?"
>
> "접니다."
>
> 청년이 대답했다. 카이사르는 그 책을 건넸다. 청년이 첫머리를 읽기 시작했다.
>
> "태초에 하느님이 천지를 창조 하시니라."
>
> 책을 계속 읽어 내려가던 그가 마지막에 이렇게 말했다.

"이것은 하늘의 역사입니다."

"이건 너를 부모 곁으로 보내라는 하늘의 계시 같구나."

청년이 책의 내용을 정말로 읽는 것을 본 카이사르는 이렇게 말했고, 청년은 감옥에서 풀려날 수 있었다.

유대인 부모들은 책을 열심히 읽어 하늘의 은혜를 입은 청년의 이야기를 아이들에게 자주 들려준다. 이 청년처럼 책을 열심히 읽으면 언젠가 큰 보상을 받을 수 있다는 뜻에서다. 유대인 부모들은 아이에게 책을 읽으라고 잔소리만 하는 것이 아니라 직접 행동으로 모범을 보인다. 심지어 책이 무엇인지도 모르는 어린아이 앞에서도 기꺼이 '책 읽어주는 사람'이 되기를 자청한다. 매일 저녁 아이에게 흥미로운 전래동화와 위인전, 과학상식 등에 관한 책을 읽어준다.

아이가 스스로 책을 읽을 수 있는 정도로 자라면, 부모는 아이와 '함께 읽기'를 시작한다. 문학작품, 고전 명저, 과학 논문, 수필 등등 장르를 가리지 않고 다양한 책을 읽는다. 그러면서 아이를 격려하기도 하고 이런저런 조언을 건네기도 한다.

아이가 완전히 독자적으로 책을 읽을 수 있는 시기가 되면 유대인 부모들은 아이의 독서 욕구와 호기심을 충족시켜 주기 위해 아이와 함께 서점에 가서 읽고 싶은 책을 사주거나 여러 도서관을 돌아가며 방문한다. 유대인 부모들은 부지런한 정원사처럼 시기별로 필요한 지식과 흥밋거리, 재밋거리를 열심히 아이들의 마음에 심어준다. 모두 아이가 지혜롭고 훌륭한 사람이 되기를 바라는 마음에서다.

책을 향한 유대인의 열망은 끝이 없다. 쉬지 않고 책을 읽고 탐구해야 세상을 보는 눈이 열리고 지식과 지혜가 쌓인다고 생각하기 때문이다. 우리도 아이가 어렸을 때부터 책과 좋은 벗이 될 수 있도록 책을 사랑하는 습관을 길러주어야 한다. 그래야 아이의 삶이 지혜로 가득 찰 것이다.

02

불이 난 집에서 가장 먼저 가지고 나와야 할 것

불난 집에서 가장 먼저 가지고 나와야 할 것은
돈과 보물이 아니라 지혜다.
- 유대 잠언

유대민족은 무엇보다 지혜를 숭상한다. 그들은 지혜야말로 세상에서 가장 강력한 힘이며, 머리로 공부한 지식이 마음속의 지혜로 바뀌어야 비로소 진정한 의미가 있다고 믿는다. 그래서 유대인 부모들은 아이가 올바른 지식을 쌓고 슬기로움을 함양할 수 있도록 지혜와 관련된 이야기를 자주 들려준다. 아이들이 커가면서 지혜로움을 숭상하는 유대인의 정신을 그대로 물려받기를 바라는 것이다.

유대인 소녀 우나는 다섯 살이다. 어느 날, 만화책을 보고 있는 우나에게 엄마가 말했다.
"우나, 엄마가 하나만 물어볼게. 대답해줘."

"네, 엄마. 뭐예요?"

"만약에 우리 집에 갑자기 불이 나면, 너는 가장 먼저 뭘 가지고 갈 거야?"

"돈과 금이요. 비싼 거잖아요."

우나가 똑 부러지게 대답했다.

"아니, 다시 잘 생각해봐."

엄마는 고개를 좌우로 흔들었다.

"그럼 만화책이요. 엄마가 책이 중요한 거라고 했으니까요. 책은 소중해요."

우나가 대답했다.

"우나, 다시 잘 생각해봐. 그 보물은 눈에 보이지 않는 거야. 색깔도 없고 냄새도 없어. 뭔지 알겠어?"

"미안해요, 엄마. 모르겠어요."

"괜찮아. 엄마가 우나한테 가르쳐주려고 물어본 거야. 우리 집에 불이 났을 때, 우나가 가장 먼저 가지고 가야 하는 건 지혜야. 지혜는 불에 타지도 않고 언제나 곁에서 우나를 지켜줄 테니까. 알겠지?"

"네. 알겠어요. 우나는 지혜를 가지고 가야 해요. 지혜는 아무도 못 빼앗아가요."

우나가 고개를 끄덕였다.

대부분의 유대인 부모들은 아이에게 이 질문을 꼭 한다. 아직 세상 물정을 모르는 어린아이지만, "지혜를 가진 사람은 행복하다.", "지혜로운 학자는 국왕보다도 높고 훌륭한 사람이다."와 같은 가르침을 심어주는 것이다.

유대인 부모들은 지혜를 중요시할 뿐만 아니라 아이들에게 어떻게 지혜를 쌓아야 하는지도 교육한다. 아이가 책을 좋아하도록 이끌어서 지식과 지혜를 얻게 하고, 또 스스로 학습하는 능력을 키우는 동시에 다양한 경로로 지식을 습득하는 능력을 기르도록 가르친다.

1. 자료를 수집하고 골라내기

아이들은 학습 목표에 관련된 학습 자료를 매일 일정한 시간을 들여 찾아내야 한다. 도서나 잡지, 영상물 등 다양한 것들이 모두 학습 자료에 속한다. 부모는 아이가 정독해야 할 자료를 합리적으로 골라내고, 그 자료를 잘 읽고 이해해 자기 것으로 흡수하는 전 과정에 도움을 아끼지 말아야 한다.

2. 다른 사람과 교류하기

부모는 아이가 공통의 취미와 흥미가 있는 주변 친구들을 많이 사귀도록 격려해야 한다. 이는 혼자 공부할 때보다 더욱 다양한 지식을 보다 빠르게 습득하는 데 큰 도움이 된다. 좋은 도서 목록이나 활동을 추천하는 사람이 주위에 있다면 아이가 열심히 읽고 참여하도록 격려한다.

3. 지식 습득의 방법 찾기

책이 지식과 지혜를 얻는 유일한 방법은 아니다. 책을 탐독하는 것 이외에도 텔레비전, 라디오, 인터넷 등에서 얻은 지식과 새로운 소식에 늘 관심을 두어야 한다. 부모의 적극적인 태도는 아이들의 시야를 넓혀주는 데 효과적이다.

이쯤 되면 유대민족은 대단하고 뛰어난 민족이라는 칭찬을 안 할 수가 없다. 그들에게 특출나고 영리한 삶의 지혜가 있어서만은 아니다. 그보다 더 중요한 것은 수천 년에 걸쳐 갈고 닦은 그들의 '지혜 교육'이 세상 사람들에게 인정받고 있다는 점이다. 지혜를 숭상하고 갈망하는 태도는 우리도 자녀에게 가르쳐야 할 가장 기본적인 도리라고 할 것이다.

03

학습은 평생의 과제

교육이라는 농장에는
열매를 일찍 맺는 나무도, 늦게 맺는 나무도 없다.
끊임없이 지혜를 탐구하고 끊임없이 생각하는
나무만 있을 뿐이다.
- 유대 잠언

유대민족은 끈질긴 생명력을 지닌 민족이다. 갖은 고난과 역경 속에서도 그들은 또다시 당당하게 일어섰다. 그 원천은 무엇이었을까? 다른 건 몰라도 이것 하나만은 확실하다. 유대인들은 언제나 지치지 않고 꾸준히 공부하려는 마음가짐을 갖추고 있다. 유대인의 인식 속에 지식은 가장 믿을 만한 자산이고 힘이다. 언제 어디서든 머릿속에 넣고 다닐 수 있고 아무리 꺼내 써도 부족함 없이 솟아나는 자산이다. 그래서 유대인 부모들은 공부란 언제 어디서나, 그리고 평생토록 해야 할 일이라는 것을 아이에게 시종일관 강조한다.

한 기독교인이 어딘가 가기 위해 길에서 마차를 찾고 있었다. 사방을 둘러보던 그는 멀지 않은 곳에 세워진 유대인의 마차를 발견했다. 그런데 가까이 다가가니 풀을 뜯고 있는 말만 있을 뿐, 마부가 보이지 않았다. 기독교인은 그때 마침 길가에서 놀고 있는 아이에게 물었다.

"마부는 어디로 갔니?"

아이가 대답했다.

"마부 클럽에요!"

기독교인은 그 말을 듣고 길 안쪽에 있는 마부 클럽으로 향했다. 안으로 들어선 그는 좁은 공간에 마부들이 모여 책을 읽고 있는 모습을 발견했다. 기독교인은 이 광경에 깜짝 놀라고 말았다. 마부는 책을 거의 읽지 않으리라고 생각한 탓이었다. 그러나 마부들이 모여 책 읽는 모습이야말로 전통적인 유대인의 참 모습이었다.

총명하고 영리한 유대인은 잠깐의 자투리 시간도 놓치지 않고 공부에 힘쓴다. 유대인 장사꾼들이 마치 학자처럼 차분하고 우아한 외양에 유식해 보이는 느낌이 드는 것은 그들이 늘 책을 읽고 공부하는 것과 연관이 있을 것이다. 수천 년 동안 세계 곳곳을 유랑하던 역사적 배경을 가진 유대인들에게 지혜와 지식에 대한 중요성과 열망은 그 어느 민족보다도 크고 깊다. 그들은 지혜와 지식을 일찌감치 '자산'과 동등한 수준으로 인식했고, 지혜를 '빼앗기지 않고 언제든 몸에 지닐 수 있는 자산'이라 비유했다.

유대인 부모는 자녀에게도 자신이 투자한 시간과 그로써 얻을 결과물을 잘 생각해 보라고 가르친다. 시간을 아끼고 효율적으로 관리하며 자투리 시간도 놓치지 않는 철저한 시간관념을 수립해 주기 위해서다. 그들은 30분을 짧은 시간이라고 생각하지 않는다. 공부의 중요성과 함께 자신의 수준이 목표에 못 미친다는 걸 인식한 아이는 공부할 시간이 부족하다고 느낄 것이고, 자연스럽게 자투리 시간을 활용해 학습에 매달릴 것이다.

유대인은 어릴 때부터 지식을 습득하고 학문에 정진하는 것을 일생의 숙제이자 추구해야 할 목표로 삼아왔다. 그리고 이런 정신이 오랫동안 자손에게 전수되어 유대민족의 전통으로 이어졌다.

뉴트 악셀브는 공부를 평생의 과제로 삼은 인물이다. 청년 시기에는 공부에 목마른 사람처럼 언어와 역사, 그리고 명사들의 다양한 작품까지 무엇이든 열심히 공부했다. 유럽에서 미국으로 건너와 노스다코타에 정착한 그는 낮에는 방앗간에서 일하고 밤에는 집에서 몇 시간이고 책을 읽었다.

64세가 된 그는 산속에 작은 오두막을 짓고 한가롭고 자유로운 생활을 즐겼다. 가끔 시간을 내어 공립 도서관에 들러 책을 빌려다가 읽곤 했다. 어느 날 새벽 3시쯤 소설 한 권을 다 읽은 그는 중대한 결심을 하게 되었다. 대학에 가기로 한 것이다. 한평생 책을 읽고 공부하는 걸 사랑한 그였다. 이제 생활에 여유가 생겼으니 대학에 다니고 싶었다.

대학 입학시험에 응시하기 위해서 그는 매일 더 많은 책을 읽었다. 오랫동안 공부를 해왔기 때문에 몇 가지 과목에 대해서는 이미 어느 정도 이해가 깊었다. 그러나 라틴어와 수학만은 어려움이 컸다. 하지만 그는 포기하지 않고 공부에 매진했고, 결국 입학시험 준비를 모두 마쳤다.

공부를 마친 그는 코네티컷주의 뉴헤이븐으로 가는 열차표를 사서 곧장 예일대학교로 달려가 입학시험을 치렀다. 그리고 아주 우수한 성적으로 합격하여 당당히 예일대 학생이 되었다.

"사람은 늙어 죽을 때까지 배워야 한다."는 말처럼, 공부는 언제 시작해도 늦지 않다. 유대인 부모들은 아이들에게 삶이란 무한히 뻗어나가는 기나긴 여정이고, 그 여정 속에서 도중에 방향을 잃지 않으려면 계속해서 공부하고 쉼 없이 앞으로 나아가야 한다고 가르친다. 우리도 아이들을 기를 때 가장 중요한 것은 공부에 대한 열정을 심어주는 것이다. 공부란 아주 오랜 시간 공을 들여야 하는 일이고 매일같이 꾸준히 집중하고 노력해야만 뒤지지 않고 좋은 결실을 거둘 수 있다는 인식을 아이에게 심어주어야 한다.

04

노력과 의지는 지혜의 문을 여는 열쇠

학식과 능력은
최고의 가치를 지닌 회중시계와 같다.
- 유대 잠언

유대 상인의 명성은 전 세계에 자자하다. 장사로는 따라올 자가 없이 단연 으뜸이고, 그들이 쌓은 부는 사람들이 혀를 내두를 정도로 천문학적이다.

누군가 이런 말을 했다. "세계의 부는 전부 미국인의 호주머니 속에 있고, 미국의 부는 전부 유대인의 호주머니 속에 있다."

유대인들이 차지한 부의 비율은 전 세계 인구와 비교하면 가히 압도적이라고 할 수 있다. 유대인들은 그들이 얻은 이 모든 것과 자신들이 쌓은 예사롭지 않은 업적들이 전부 지혜와 지식으로부터 왔다고 생각한다. 그리고 그 지혜는 수천 년 동안 유대민족이 수많은 역사적 고통을 이겨내면서 쌓아온 것이다.

유대인들이 어느 곳에 머물든, 어떤 신분으로 어떻게 살아가든, 하루도 빠짐없이 매일 하는 것이 있다. 바로 공부다. 모든 유대인이 막대한 재산을 소유하고 있는 것은 아니다. 그러나 유대인이라면 누구나 언제 어디서나 공부를 놓지 않는다. 그렇기에 다양한 분야와 영역에서 유대인이 중요한 위치를 차지할 수 있었다.

지혜로운 사람이 되는 것은 유대인이 평생 추구하는 목표다. 그들은 지혜가 공기처럼 우리를 숨 쉬게 하고 활력을 불어넣는 중요한 것이라고 본다. 또 우리가 소유하는 모든 것을 얻게 하는 힘이 바로 그 지혜에서 나온다고 믿는다. 그래서 유대인 부모들은 아이를 양육할 때 늘 학습을 강조하고 지식을 쌓아서 훌륭하고 지혜로운 사람이 되라고 가르친다. 일상생활 속에서 지혜의 중요성을 강조하는 이야기를 자주 들려주기도 한다.

> 지혜로운 사람이 되기를 열망하는 젊은이가 있었다. 그는 지혜롭다고 소문난 현자를 찾아가 가르침을 청했다.
>
> "어떻게 하면 지혜로운 사람이 될 수 있을까요?"
>
> 현자는 젊은이를 호숫가로 데려가서 말했다.
>
> "나를 따르시오."
>
> 그리고 조금도 망설이지 않고 호수에 발을 담그더니 깊은 곳까지 성큼성큼 걸어 들어갔다. 젊은이는 영문을 몰랐지만, 시키는 대로 현자의 뒤를 따라 물속으로 걸어 들어갔다.

호수 깊은 곳에 이르자 물이 젊은이의 목덜미까지 차올랐다. 그러나 현자는 아랑곳하지 않고 계속 앞으로만 걸었다. 이윽고 젊은이는 머리끝까지 호숫물에 잠기고 말았다. 그리고 잠시 후, 현자는 묵묵히 돌아서서 젊은이를 데리고 호숫가로 돌아왔다.

뭍에 오르자 현자가 젊은이에게 물었다.

"물에 잠겼을 때, 어떤 느낌이었소? 뭍으로 나가고 싶다는 생각 말고 다른 생각이 또 들었소?"

젊은이가 대답했다.

"숨 쉬고 싶다는 생각뿐이었습니다."

"바로 그거요! 물에 빠진 사람이 숨 쉬고 싶어 하는 그 느낌만큼 강렬하게 지혜를 원해야 하는 겁니다."

유대인들은 삶의 지혜를 공기에 비유한다. 젊은이들이 공기를 마시듯 필사적으로 지혜를 갈구하기를 바라는 마음에서다. 그러나 지혜를 얻는 것은 말처럼 쉽지 않다. 그 유일한 방법 또한 그저 열심히 공부하고 또 연구하는 것뿐이다. 다방면으로 새로운 지식에 끊임없이 귀를 기울이고 그렇게 습득한 지식으로 시야를 넓혀 나간다면 점점 더 지혜를 얻게 될 것이다.

총명함은 타고나는 것일 수도 있다. 하지만 노력을 게을리한다면 총명함은 온데간데없이 사라지고 평범함만 남을 것이다. 공부에 근면성실한 태도는 우리 아이들도 꼭 갖추어야 할 것이다.

힐렐이라는 유대인 소년이 있었다. 힐렐은 학교에 가서 누구보다 열심히 공부하고 싶었다. 하지만 집이 너무 가난해서 다른 아이들처럼 교실에 들어갈 기회조차 없었다. 힐렐은 직접 일을 찾아서 하기 시작했다. 그렇게 힘들게 번 돈을 학교 문지기에게 주고 학교에 들어가 수업을 몰래 엿들었다.

하지만 얼마 못 가 돈이 다 떨어지자 힐렐은 빵 하나도 사 먹을 수 없는 처지가 되었다. 문지기에게 줄 돈도 없어 수업을 들으러 갈 수도 없었다. 그래서 힐렐은 몰래 교실 지붕 위로 올라갔고, 천창에 딱 달라붙어 수업을 엿들었다.

어느 겨울, 하늘이 쾌청하고 맑은 날이었다. 그런데 왠지 교실 안은 어둡기만 했다. 이상하게 여긴 학생들은 교실 천장을 올려다보고는 깜짝 놀라고 말았다. 꽁꽁 언 힐렐이 창문 위에 엎드려 있었던 것이다.

공부에 대한 힐렐의 열망과 의지를 우리 아이들에게도 알려주어야 한다. 유대인들의 지식에 대한 갈망, 어떤 상황에서도 공부를 게을리하지 않겠다는 정신은 정말 놀라울 따름이다. 우리 부모들은 공부가 민족을 바로 세울 수 있는 근본이며 지혜가 아이의 미래에 절대적인 무기가 된다는 것을 항상 유념해야 한다. 아이가 근면성실하게 공부에 힘쓰도록 가르치는 것이야말로 부모의 책임이자 의무이기 때문이다.

05

집안보다는 지혜를

물질적인 부는 잃을 수 있으나
지혜와 지식은 영원히 머릿속에 남는다.
지혜와 지식이 있는 자는
재산이 없다고 두려워하지 않는다.
- 유대 잠언

지혜는 겉으로 드러나지 않으며 누구도 빼앗아갈 수 없다. 그러나 그 사람의 집안이나 출신 배경 등은 겉으로 보이는 조건이며 떼어내면 그만인 꼬리표 같은 존재일 뿐이다.

유대인들은 사람을 볼 때 그의 자랑할 만한 덕목으로 출신 배경이 아닌 지혜로움을 더 우위에 둔다. 그들은 한 가정이 어떠한지를 평가하면서 가난하고 부유한지를 따지지 않는다. 얼마나 학식이 높고 지혜로운 사람들로 구성되어 있는지를 본다. 유대인 부모들은 아이를 양육하면서 지혜가 언제나 그 사람의 집안이나 출신 배경보다 더 중요하다는 사고방식을 은연중에 주입한다. 아래와 같은 이야기를 들려주면서 말이다.

배 한 척이 바다를 항해하고 있었다. 그 배에는 돈이 많은 부자 여러 명과 가난한 랍비 한 명이 타고 있었다. 부자들은 모여 앉아서 각자 자기 재산을 과시했다. 그때 랍비가 한마디했다.

"재산으로 따지자면 제가 이중에서 가장 부유할 것 같은데, 지금은 증명할 방법이 없어 안타깝군요."

그런데 항해 도중 그들은 해적선과 마주쳤다. 부자들은 가진 재산을 몽땅 털렸고, 가진 것이라고는 몸뚱이밖에 없는 빈털터리가 되고 말았다. 해적들에게 약탈당한 그들은 항해를 계속할 수조차 없었다. 하는 수없이 배는 작은 섬의 항구에 정박했고, 모두 배에서 내려 각자 살길을 찾아야 했다.

그러자 지혜로운 랍비는 어디서나 사람들에게 환영받았고, 섬에서 사람들을 가르치는 선생님이 되었다. 돈 자랑을 하던 부자들은 하루하루 연명하기조차 쉽지 않아 겨우 버티고 있었다. 부자들은 결국 랍비에게 이렇게 이야기했다.

"그때 하신 말씀이 맞습니다. 아무리 많은 재산을 가진 사람도 한순간에 모든 것을 잃을 수 있지만, 지혜를 가진 사람은 언제 어디서나 풍족하군요. 지혜를 가진다는 건 모든 걸 다 가진 것이나 다름없습니다."

유대인 부모들은 이 이야기를 통해 아이들이 지혜의 중요성을 깨닫길 바란다. 평소 학문을 대단히 강조하고 중시하는 그들이지만, 그저 똑똑하고 학식이 깊은 것만으로는 지혜로움에 못 미친다고 생각하기 때문이다. 그들은 자신이 쌓은 학문을 지혜로 승화하는 것이야말로 더 큰 부귀영화를 누리는 방법이라고 여긴다. 그들은 자녀들이 '책을 잔뜩 짊어진 당나귀'가 되길 바라는 것이 아니다. 그 책 속의 지식을 읽고 소화하여 지혜로 충만한 사람이 되길 바란다. 그리고 그런 사람의 지혜는 그 어떤 집안 내력이나 출신 배경보다 더 중요하다는 것을 아이에게 분명히 알려준다.

> 유대인 청년 둘이 있었다. 한 사람은 어딜 가든 자기 집안과 조상을 자랑하는 대단한 가문의 청년이고, 한 사람은 찢어지게 가난한 집의 양치기 청년이었다. 대단한 가문의 청년이 입에 침이 마르게 선조들의 이야기를 하며 칭찬을 늘어놓자, 양치기 청년이 당당히 응수했다.
>
> "당신은 위대한 조상의 후예군요! 그런데 이걸 아셔야죠. 나는 나 스스로 우리 가문의 위대한 조상이 될 겁니다. 내 가족도 바로 당신 조상처럼 되겠죠."

사업상의 성공, 많은 돈을 번 것이 집안에 가장 자랑스러운 영예를 가져다주는 것은 아니다. 유대인들은 아이들에게 늘 이렇게 가르친다.

"사람들이 집안이나 출신을 선택해서 태어날 수는 없어. 그러니 그런 것들에 얽매일 필요는 없단다. 그게 우리의 참모습을 보여주는 건 아니니까. 우리가 해야 할 것은 열심히 배우고 지식을 많이 쌓아서 결국 지혜롭고 현명한 사람이 되는 거야."

유대인들은 사회생활을 하면서도 권력 있는 사람에게 빌붙고 아부하는 일이 적다. 출신 배경이 좋은 사람도 남들보다 쉽게 사회적 지위를 얻거나 특별한 대우를 받지 않고, 얼마나 지혜롭게 행동하고 근면성실한지에 따라 그에 상응하는 지위를 얻는다. 개인의 지혜와 지식에 대한 평가를 집안이나 배경보다 중시하는 것은 유대인이 세상을 살아가면서 중요하게 생각하는 가치관이다. 이는 신분이 낮아 천한 대우를 받는 많은 사람들이 적극적이고 진취적으로 살아가게 하는 데 큰 격려와 동기부여가 되고, 아울러 우리 사회의 공정한 경쟁의 원칙을 그대로 구현해 준다.

유대인들은 오랫동안 정처없이 떠돌며 지냈고, 민족의 생존과 발전의 권리마저 보장받지 못했다. 그때 언제 어디서나 그들을 버티게 해준 것은 바로 머릿속에 있는 지혜와 지식이었다. 그 지식을 이용해 부를 쌓았고, 그렇게 쌓은 부로 앞으로 살아갈 길과 발전해 나갈 수 있는 공간을 마련하였다.

부모라면 아이에게 단순히 지식을 쌓기 위한 공부를 강요해서는 안 된다. 배운 지식을 곱씹어 나만의 지혜로 만들어야 한다는 것을 알려주어야 한다. 현명하고 지혜로운 사람이 되어야 이 사회에서 자리를 잡고 당당한 일원이 될 수 있기 때문이다.

06

지혜로움은 금전보다 중요하다

지식이 없는 사람에게 무엇이 주어지겠는가?
지식을 가진 사람에게 무엇이 부족하겠는가?
- 유대 잠언

유대인은 학문을 무척 중시하며 돈을 버는 것은 생존의 중요한 수단이라고 생각한다. 그리고 학문과 돈벌이를 물과 물고기처럼 떼려야 뗄 수 없는 것이라 본다. 그들은 자녀에게 지혜로 돈을 벌라고 가르친다. 그래서 그 지혜로움의 발현이 사업의 성공으로 이어지는 경우가 종종 있다. 지혜는 유대인의 사업을 갈수록 번창하게 만드는 중요한 요인인 것이다.

지식만 머리에 잔뜩 집어넣는다고 해서 단번에 지혜로운 사람이 되는 것은 물론 아니다. 무거운 책을 잔뜩 짊어진 당나귀처럼 머릿속에 쌓인 지식의 내용을 알고 써먹지 못한다면 무용지물이지 않은가. 그래서 유대인은 지식이란 지혜를 갈고 닦는 데 기본적으로 필요한 것이라고 생각하며, 자녀들이 지혜로 승리하는 인재가 되도록 가르치는 데 고심한다.

제2차 세계 대전 때 아우슈비츠 강제 수용소에서 한 유대인이 아들에게 이야기했다.

"지금 우리가 가진 유일한 재산은 지혜란다. 다른 사람이 1 더하기 1은 2라고 할 때, 너는 그 답이 2보다 더 클 수 있다는 생각을 할 수 있어야 한다."

1974년 미국 정부가 자유의 여신상을 정비하면서 생긴 폐기물을 처리하기 위해 대대적으로 폐기물 처리 회사 모집 공고를 냈다. 하지만 몇 달이 지나도록 아무도 이에 응하지 않았다. 당시 프랑스를 여행중이던 유대인 부자(父子)가 이 소식을 듣고 곧바로 뉴욕으로 날아왔다. 자유의 여신상 아래에 산더미처럼 쌓인 청동 조각, 철선, 목재들을 확인한 그들은 조금도 망설이지 않고 당장 폐기물 처리 계약을 진행했다.

뉴욕의 수많은 폐기물 관련 회사 사람들은 그들의 행보를 뒤에서 비웃었다. 뉴욕은 쓰레기 처리 규정이 너무나 엄격해서 까딱 잘못 처리했다가는 환경보호청으로부터 기소를 당할 수 있기 때문이었다. 동종업계에서 일하는 사람들마저 그 폐기물을 가져갔다가는 고생만 하고 수거할 수 있는 자원이 거의 없을 거라고 했다. 그렇게 생각하는 사람들 눈에 그들 부자의 행동은 어리석기 그지없었다.

많은 사람들의 비웃음 속에 그들은 일할 사람을 모집해 폐기물

> 을 분류하고 가공하는 작업을 시작했다. 그들은 청동 조각을 녹여서 작은 자유의 여신상을 만들었고, 철선과 알루미늄을 사용해 뉴욕 타임스퀘어를 본뜬 열쇠를 만들었다. 자유의 여신상 표면에서 닦아낸 가루들도 잘 모아서 팔았다.
>
> 3개월이 채 지나지 않아, 그들은 쓰레기 더미를 350만 달러의 가치가 있는 것으로 재탄생시켰다. 청동을 사들일 때 가격과 비교하면 그 가치는 1만 배로 뛰어오른 것이었다.

이것이 바로 지혜의 힘이자 오묘함이다. 다른 사람이 1 더하기 1은 2라고 알고 있을 때, 현명한 사람은 그것이 2 이상이 될 수 있음을 안다.

유대인은 이 세상 모든 것이 우리 손에 들어왔다가도 언제든 다시 빠져나갈 수 있으며, 오로지 지혜만이 인생에서 잃어버릴 수 없는 무한한 가치를 지닌 보물이라는 점에 주목한다. 지혜는 사람의 능력을 향상시키고 무에서 유를 창조하며 불리한 국면을 유리하게 바꿀 수도 있다. 더 나아가 한 사람의, 아니 천 사람, 만 사람의 운명을 완전히 뒤바꾸어놓을 수도 있다.

나폴레옹은 이런 말을 했다.

"군대에서는 용감한 장군도 중요하지만, 머리 좋고 지혜로운 장군이 더 중요하다. 병사들에게 필요한 것은 지혜로운 장군이다."

실제 전쟁터에서도 그러하지만, 사업 전선 역시 마찬가지다. 이 두 군데의 공통점은 잔혹하고 무정한 곳이라는 점과 지혜로운 사람들이 두뇌 싸움을 벌이는 각축장이라는 점이다.

유대인들은 상업계의 선구자로서 지혜의 힘을 누구보다 깊이 절감하였다. 그렇기에 유대인 부모들은 지혜를 금전적인 자산보다도 중요하게 여겨야 한다는 것을 자녀들에게 어릴 때부터 가르친다. 그들은 아이들이 보고 배운 지식과 지혜가 인생에서 최고로 중요하고 귀한 자산이며, 지혜와 함께 하면 앞으로의 인생길이 탄탄대로일 것이라고 굳게 믿는다.

07

책을 즐기는 습관 기르기

책을 벗 삼고 책꽂이를 마당 삼고 책의 아름다움을 자랑삼아라!
그 꽃과 열매를 얻게 될지니.
-유대 잠언

유대인은 똑똑하고 지혜롭다고 알려져 있다. 마르크스, 아인슈타인, 프로이트, 찰리 채플린 등 역사상 수많은 위인, 유명인 중에도 유대인이 많다. 사실 유대인이 똑똑한 것은 책을 사랑하는 습관과 깊은 관련이 있다. 유대인 부모들은 아이들이 책을 사랑하도록 교육하는데, 독서가 다양한 지식을 얻고 슬기로운 생각을 키우는 데 가장 좋은 방법이라는 것을 잘 알기 때문이다.

유대인은 책이 인생의 축소판이라고 생각한다. 아이들은 어렸을 때부터 안데르센, 그림 동화 등을 읽으며 인생의 선과 악, 시시비비를 배운다. 책은 아이에게 인생을 살아가는 데 필요한 지혜를 풍부하게 알려주고 여러 가지 영감을 일깨워주는 역할도 한다. 또한, 슬기로움과 아름다움에 대비되는 어리석음과 추함도 알게 해준다. 책의 세계에 흠뻑 빠져 시간 가는 줄 모르고 지내는 사이에 아이들은 책 속의 세상에서 조금씩 성장해 간다.

물론 책 읽는 이의 물질적인 삶이 반드시 부유하고 풍족한 것은 아니다. 그러나 그 사람의 정신적인 삶은 분명 백만장자나 다름없이 풍족할 것이다. 정신적인 즐거움과 행복이 물질적인 풍족함보다 더 중요할 때가 많다는 사실은 누구나 알고 있을 것이다.

독서는 아이의 영혼을 맑게 한다. 그리고 아이의 인격을 더 높은 단계로 끌어올리는 수단이 된다. 그렇기에 성장기 아이들의 최대 임무는 바로 독서라고 할 수 있다. 책을 읽는 아이는 시야가 활짝 열리고 그 마음과 정신이 알차게 영글어간다. 그 뜻은 점점 높아지고 의지는 단단해진다.

책은 아이에게 많은 이치를 깨우쳐준다. 그래서 부모는 자녀의 책 읽기 습관을 학습의 시작으로 삼아야 한다. 그럼 어떻게 아이가 책을 좋아하고 열심히 읽도록 만들 수 있을까? 유대인들이 어떻게 하는지 살펴보자.

유대인 부모들은 아이에게 무언가를 하라고 큰 소리로 야단치는 것보다 몸으로 직접 보여주는 것이 낫다고 생각한다. 몸으로 가르치는 교육의 힘은 참으로 신묘하다. 아이가 책 읽기를 좋아하게 만들고 싶으면 부모가 먼저 책을 읽으며 아이가 책을 좋아하는 환경을 만들어주면 된다. 부모 스스로 자신의 행동을 바꿈으로써 아이에게 영향을 주는 것이다.

그러다가 아이가 독서에 재미를 붙이고 스스로 책을 읽기 시작하면 가족끼리 독서대회 같은 활동을 해보는 것도 좋다. 예를 들어 각자가 지금까지 읽은 책을 다 꺼내놓고 보여주며 서로의 독서 욕구와 의지가 불타오르게 하는 식이다.

그 밖에도 '함께 읽기'는 부모가 꼭 실천해야 할 활동이다. 아이와 함께 동화, 전설, 과학상식, 위인전, 공상과학소설 등을 읽어본다. 문학 명저나 수필, 철학 서적 등도 좋다. 아이와 '함께 읽기'를 자주 한다면 지식이 차곡차곡 쌓이는 것은 물론, 아이의 상상력과 생각하는 힘이 더 커지고 지식의 질과 양이 늘어나면서 훌륭한 독서 습관이 형성될 것이다.

부모는 정원사와 같다. 꽃나무를 접붙여 키워내듯이 다양한 지식과 흥미의 떡잎을 아이에게 심어주는 것이다. 이것은 부모라면 당연히 해야 할 역할이다. 물론 아이에게 독서를 가르치는 과정에서도 주의해야 할 점들이 있다.

첫째, 아이가 너무 어리다면 읽는 문장도 너무 길어서는 안 된다. 아이의 집중력과 주의력은 오래 지속되지 않기 때문이다. 어린 유아에게는 그림이 크게 들어가고 글자가 많지 않은 책이 적당할 것이다. 그리고 부모가 아이에게 책을 읽어줄 때는 아이가 즐거움을 더 크게 느낄 수 있도록 최대한 밝고 경쾌한 목소리와 분위기를 연출해야 한다.

둘째, 아이가 책을 읽고 싶어 할 때, 부모는 아이에게 친근하고 아이가 좋아하며 '읽을 수 있는' 책을 골라주어야 한다. 문장 속의 단어 하나하나의 의미를 전부 이해하지는 못하더라도 반복해서 읽다 보면 문맥 속의 의미를 점차 습득할 수 있을 것이다. 또, 아이가 책을 아끼고 소중히 다루도록 이끌어주어야 한다. 책을 늘 깨끗하게 읽고 함부로 낙서하지 않게 가르친다.

요컨대 부모는 늘 행동으로 교육을 해야 한다. 매일 저녁 온 가족이 함께 아이가 좋아하는 책을 읽거나, 매주 한 번씩 아이를 데리고 박물관, 도서관, 역사 유적 등을 견학한다.

"책은 사람의 일생을 담고 있다."는 말이 있다. 그러한 책을 대하는 부모의 책임과 자세는 바로 아이가 책을 사랑하도록, 그래서 책 속의 지혜가 언제나 아이와 함께하도록 만들어주는 것이다.

08

백 번 읽는 것보다 백한 번 읽는 것이 낫다

성공한 학자는 손과 머리를 함께 사용하고,
숙독과 기억으로 생각을 일깨운다.
- 유대 잠언

기억은 사람에게 아주 중요한 것이다. 성장기의 아이들에게는 특히 더 그러하다. 기억이 없다면 인간은 사고에 필요한 '전제'를 모두 상실하게 될 것이다. 기억이란 인류가 하는 지적 활동의 저장고이며, 이것을 통해 지능이 발달하는데 특히 유아기에 이 과정이 가장 많이 이루어진다. 이 시기에 부모의 양육 방식은 아이의 미래의 학습 성향과 밀접한 관련이 있다.

구 소련의 교육심리학자 레프 비고츠키는 취학 전 아동의 심리적 활동 중에서 가장 우위에 있는 것은 기억이며, 기억은 의식에서 중심 역할을 한다고 했다. 만약 기억하는 능력이 없으면 유아는 이미 보았던 사물을 다시 익히는 과정을 반복해야 한다. 따라서 이것은 그 어떤 지식이나 경험도 습득하지 못한다는 뜻이다. 사람에게는 기억이 존재하기 때문에 앞선 경험을 머릿속에서 되살릴 수 있다. 그래서 유아기의 기억 발달이 미래의 학습에도 직접적인 영향을 끼치는 것이다.

> 위대한 피아니스트이자 작곡가인 세르게이 라흐마니노프의 비범한 기억력은 아직도 사람들의 입에 오르내리며 경탄을 자아낸다.
> 어느 날, 당대의 저명한 작곡가가 라흐마니노프의 스승의 집을 방문했다. 거기서 그는 아직 아무에게도 들려주지 않은 자신의 새로운 작품을 피아노로 연주해 보겠다고 했다. 그리고 라흐마니노프의 스승 앞에서 연주를 시작했다. 그런데 그때 침실에는 스승의 지시로 라흐마니노프가 숨어 있었다. 작곡가가 연주를 마치자, 스승은 라흐마니노프를 불러 방금 들은 그 곡을 처음부터 끝까지 완주해 보라고 시켰다.
> 라흐마니노프의 연주를 들은 작곡가는 아무리 생각해도 이해가 되지 않았다.
> "이 곡은 내가 오늘 처음 연주한 겁니다! 이 학생이 도대체 내 작품을 어떻게 알고 있는 거죠?"

기억은 지식을 학습하기 위한 전제조건이다. 기억력이 좋으면 지식을 더 빨리 습득하는 데 도움이 된다. 고대 히브리어는 암송하고 달달 외우는 것이 최고의 학습 방법으로 통한다. 유대인은 백 번 읽는 것보다 백한 번 읽는 게 낫다는 신조로 계속해서 반복 암송한다. 그리고 그들에게 가장 자랑스러운 일은 《성경》을 토씨 하나 틀리지 않고 외우는 일이다.

옛날에 히브리 학교에서는 학생들이 고대의 율법과 경전을 외우는 것에서 시작해 점차 민족의 흥망성쇠 등 여러 문제를 이해해 나가는 방식으로 학습했다. 선생님은 먼저 학생들이 내용을 줄줄 외우도록 한 뒤에 한 구절, 한 단락씩 자세히 해석해 주었다. 이는 아이들이 경전의 내용을 하나라도 놓치지 않게 하기 위해서였다.

또한, 고대 히브리인들은 끊임없이 사고하는 것을 중요시했다. 선생님은 학생들이 교재의 내용을 다 외운 후에 배운 내용을 바탕으로 여러 질문을 던졌고, 그 질문에 관해 서로 의견을 주고받는 토론을 진행했다. 그렇게 함으로써 그동안 배운 지식을 더 깊이 소화하고 오랫동안 각인시킬 수 있기 때문이다.

학습과 기억은 떼려야 뗄 수 없는 관계다. 유대인들은 무언가를 통째로 외우는 '기계적인 암기'와 내용을 파악하고 이해한 후 이루어지는 '내용적인 암기'가 모두 필요하다고 생각한다. 아이들은 어릴수록 지식과 경험이 부족하기에 사물 간에 내재한 관련도에 대한 이해와 인식이 부족할 수밖에 없다. 그래서 어린아이들은 사물의 외부적인 특징에 착안해 기계적으로 암기를 하는 경우가 많다. 물론 초등학생 정도의 아이들은 글이나 사건을 기억할 때, 글자 하나하나까지 통째로 외우지 않고 자신이 이해한 내용을 바탕으로 줄거리를 기억할 수 있다. 그리고 내용으로 기억하는 쪽이 훨씬 학습 효과가 좋다. 그렇다 해도 기계적인 암기 역시 필수불가결한 요소다.

'기억'을 이야기하자면 그 반대인 '망각' 또한 빼놓을 수 없다. 아이들에게 무언가를 기억하고 외우게 하는 이유는 바로 영원히 잊지 않도록 하기 위함이지 않은가.

학생들이 무언가를 학습하고 2주가 지난 후에 얼마나 잊어버렸는지를 확인하는 실험이 실시되었다. 실험 결과, 대학생은 물리 지식을 85%, 중학생은 생물 지식을 60%, 초등학생은 지리 지식을 55%가량 잊어버렸다고 한다.

그러나 유대인들은 아이가 배운 것을 잊어버린다고 해도 걱정하지 않는다. 중요한 것은 망각을 어떻게 인식하느냐이기 때문이다.

1. 망각을 정확히 알자

망각은 우리 생활에서 일상적으로 일어나는 일이며, 어느 정도 범위를 벗어나지만 않는다면 지극히 정상적인 뇌의 활동이다. 망각은 사람의 인식에서 여과작용을 한다. 중요하지 않거나 사회나 개인의 필요에 부합하지 않는 것들을 걸러내고 쓸모가 있는 정보만을 저장해 놓는 것이다. 모든 것을 기억하는 게 좋은 일이라고 생각해서는 안 된다. 나중에 불필요할 것 같은 사소하고 자질구레한 일들이 우리 기억 속에 쌓이면, 뇌가 과부하를 일으키게 되고 기억하는 능력과 효율에도 영향을 미치게 된다.

2. 망각과 싸워 이기자

우리는 학습하면서 얻게 되는 수많은 지식과 정보들을 잊고 싶지 않다. 이를 잊지 않고 기억하고 싶다면 가장 효과적인 방법은 바로 복습이다. 복습을 통해 기억을 강하게 하고 망각하는 일을 줄일 수 있다.

사람의 잠재력은 무한하다. 유난히 기억력이 두드러진 사람들 중에 유대인이 많은 것은 매일 복습을 하는 그들의 학습 습관과 관련이 있을 것이다. 유대인들의 반복 학습과 암기에 대한 인식은 우리 부모들도 배워야 할 부분이다. 아이에게 새로운 지식을 습득시킬 때는 기계적인 암기와 내용적인 암기를 함께 활용하는 것이 좋다. 그래야 아이들의 학습 효율을 높일 수 있고 이상적인 학습 효과도 얻을 수 있다.

PART 4

독립심: 유대인 자녀들의 생존법칙

유대인들은 사람이 생존하기 위해서는
두 가지 조건이 갖추어져야 한다고 생각합니다.
하나는 자신을 부양할 수 있어야 한다는 것이고, 다른 하나는
자신을 보호할 수 있어야 한다는 것이지요. 그래서 유대인들은
아이가 어릴 때부터 이 두 가지에 관해 특별히 가르칩니다.
유년기부터 독립심을 길러 나중에 스스로 생활하고
자립할 수 있는 기초를 마련해 주는 것이지요.

01

내버려둘 줄 아는 것이 진정한 자식 사랑

자립을 배우면 스스로 쉬지 않고 노력할 수 있으며,
독립을 배우면 스스로 희망과 성공을 향해 나아갈 수 있다.
-《누마닌트》

역사적으로 유대민족은 수천 년 동안 이곳저곳을 떠돌아다녔다. 그리고 그런 고초를 겪으면서 그들은 독립과 자립의 중요성에 대해 깨닫게 되었다. 유대인 부모들은 나중에 자녀들이 사회로 나갔을 때 가장 믿고 의지할 만한 밑천이 바로 자신의 생존능력이라고 생각한다.

요즘 아이들은 부모의 애정 어린 보호를 받으며 생활하는 데 익숙해져서 자립심과 독립심, 여러 가지 일을 처리하는 능력이 떨어질 수밖에 없다. 그러나 유대인들은 아이가 나중에 홀로서기를 할 때 필요한 것들을 미리 준비하고 혼자 생활할 능력을 갖추게 하는 것이 부모의 임무라고 생각한다.

미국의 록펠러 가문은 몇 세기가 지나도록 그 위용을 뽐내며 번성하고 있다. 어떻게 그럴 수 있을까? 전문가들은 록펠러 가문이 명성을 이어갈 수 있는 것은 그들의 자녀교육과 깊은 관련이 있다고 입을 모은다. 그들은 자녀의 독립심을 무척이나 중시한다. 자주, 자립, 자강을 대대로 수호하며 자녀들에게도 같은 요구를 해온 덕분에 록펠러 가문에서 가산을 탕진한 방탕아는 찾아볼 수 없었다.

어느 날, 존 데이비슨 록펠러가 아들을 탁자 위로 안아 올리더니 뛰어내려 보라고 했다. 아들은 당연히 아빠가 자신을 잡아 줄 줄 알고 마음 놓고 아래로 뛰어내렸다. 그런데 그 순간, 아빠가 뒤로 물러서 버리는 것이 아닌가. 아들은 바닥으로 쿵 떨어졌고, 땅바닥에 털썩 주저앉아 엉엉 울기 시작했다. 그때 록펠러가 아들에게 진지하게 말했다.

"아들아, 울지 마라. 그리고 이걸 꼭 기억하렴. 모든 일은 자기 스스로 해낼 수 있어야 하는 거야. 다른 사람에게 기대려고 하지 마라. 아빠도 너를 보호해 줄 수 없을 때가 있어. 이제부터는 씩씩하게 혼자 서는 법을 배우는 거야."

록펠러 가문의 아이들은 어릴 때부터 돈을 함부로 쓰지 않도록 교육받는다. 용돈을 조금씩만 받고 그것마저도 사용처를 자세하게 기록해야 한다. 록펠러 가문은 자녀를 키울 때도 자식을 사랑하는 마음의 절반은 고이 숨겨둔다. 다음 세대가 지혜롭고 총명하고 근면성실하게 자라 스스로 강해지도록 하기 위해서

다. 이렇게 철저한 교육방식을 지향한다고 해서 자식에 대한 그들의 내리사랑이 반감되는 것은 아니다. 그들의 자식 사랑은 남들보다 오히려 더 깊고 이성적이라 할 수 있다.

록펠러가 어린 아들에게 한 행동을 두고 어린아이를 위험하게 하다니 너무하는 게 아니냐고 물을 수도 있다. 그러나 이런 교육방식이 아주 합리적이라고 생각하는 사람도 있을 것이다. 이런 상황이 반복될수록 아이가 어른에게 의지하고 기대는 버릇이 줄어들고 독립심도 강해질 수 있기 때문이다. 유대인은 아이를 키우는 과정에서 독립심과 자립능력을 함께 키워 스스로 무언가를 해낼 수 있는 인간으로 길러내야 한다고 생각한다.

그러기 위해서 부모가 지켜야 할 몇 가지 원칙이 있다.

첫 번째로는 부모가 독립적이고 자주적인 자녀의 생각을 존중해야 한다. 한 살짜리 아이에게도 독립심과 자주성은 얼마든지 싹틀 수 있다. 좋아하는 것에 손을 뻗고 물건을 붙잡고 걷는 행동, 스스로 숟가락을 사용해 밥을 먹는 행동 등이 그러하다. 조금 더 성장하면 아이는 혼자 손을 씻고 세수를 하기 시작하고, 옷을 입고 벗는 행동도 시도할 것이다. 그러한 사소한 일상의 과정 하나하나에서 아이의 독립심이 길러지기 때문에 부모는 이를 잘 지켜보면서 보살펴주고, 지지와 응원을 아끼지 않아야 한다.

두 번째로는 부모가 아이를 내버려두는 연습을 해야 한다.

"아이가 자기 일을 스스로 해결하게 하라. 부모가 아이를 과보호하면 아이는 되려 자신감을 잃는다. 그런 아이는 커서도 독립적인 인격을 형성하기 어렵고, 출세와 성공은 더더욱 힘들다."

한 유대 사상가가 한 이 말은 적당히 손을 놓고 아이를 기다려주는 것이 더 유익하다는 뜻이다.

마지막으로 세 번째로는 아이가 혼자 결정하게 해야 한다. 혼자 생각하고 결론을 내리는 것은 독립성과 자주성을 키우는 데 아주 중요하고 필수적이다. 그래서 부모는 아이가 어떤 문제에 봉착했을 때 혼자 결정하고 문제를 해결하도록 기다려야 한다. 무엇을 하면서 어떻게 놀 것인지, 오늘은 어떤 옷을 입을 것인지 하는 일상적인 상황에서 부모가 간섭하고 지시하기보다는 아이가 스스로 궁리하고 방법을 찾도록 기다려줘야 한다.

요컨대, 그 무엇보다 중요한 것은 아이가 독립된 인격으로 성장하도록 도와야 한다는 것이다. 그렇게 성장한 아이는 남의 말에 휩쓸려 부화뇌동하지 않고 자신만의 가치관과 사고방식으로 미래의 자신을 결정지을 수 있다.

02

독립적인 사고 능력이 그 어떤 결과보다 우선이다

사람들은 훗날 심판을 받을 때 이 질문에 답해야 할 것이다.
잘 생각하였는가?
-유대 잠언

진리는 소수의 사람만이 깨우칠 수 있다. 노벨상을 극소수의 사람들만 받는 것과 같은 이치다. 그 이유는 대부분의 사람들이 어떤 문제에 대해 사고할 때 평소와 별 차이가 없는 식상하고 틀에 박힌 생각을 그대로 대입하기 때문일 것이다.

이런 습관을 어떻게 버릴 수 있을까? 그 답은 모두가 알다시피 창의적이고 독립적인 사고를 하는 것이다. 하지만 창의적이고 독립적인 사고라는 것이 하고 싶다고 해서 쉽게 이루어지는 것이 아니다. 그런데 유대인들은 유독 이런 창의적인 사고를 잘 하는 사람들로 알려졌다.

'히브리(Hebrew)'는 원래 '강 건너에 있는 사람'이라는 뜻이다. '강을 사이에 두고 서 있는 사람', 혹은 '남들과 다른 곳에 있는 사람'을 의미하기도 한다. 유대인들은 사람들 모두 각자 자신의 히브리를 찾아야 사회에서 바로 설 수 있다고 생각한다. 그들의 이런 생각은 유대인만의 독립적인 사고 능력을 가능하게 했고, 그들이 지혜와 부를 거머쥘 수 있는 비결이 되었다.

유대인 부모는 아이가 남들과 다른 창의적인 사고를 하도록 만들기 위해 이런 이야기를 자주 활용한다.

랍비가 물었다.

"굴뚝 청소부 두 사람이 높디높은 굴뚝 안으로 들어갔다 나왔습니다. 한 사람은 온몸이 새까매졌고, 한 사람은 깨끗했어요. 두 사람 중에 누가 가서 몸을 씻었을까요?"

젊은이가 대답했다.

"당연히 새까맣게 더러워진 사람이겠죠."

"틀렸어요! 새까매진 사람은 깨끗한 사람을 보고 생각했죠. '나도 저렇게 깨끗하겠지.' 그런데 깨끗한 사람은 까매진 사람을 보고 생각했어요. '나도 저렇게 더럽겠구나.' 그러니까 몸을 씻으러 간 사람은 오히려 깨끗한 사람이었어요!"

랍비가 이어서 물었다.

"두 사람이 또 높은 굴뚝을 청소하고 나왔습니다. 누가 가서 몸을 씻었을까요?"

"깨끗한 사람일 겁니다."

"틀렸어요! 깨끗했던 사람은 몸을 씻으면서 자신이 더럽지 않다는 걸 알았겠지요. 그런데 새까맸던 사람은 반대였어요. 그 사람은 깨끗한 사람이 왜 씻으러 갔는지 알았거든요. 그래서 이번에는 자기가 씻으러 갔습니다."

"두 사람이 세 번째로 굴뚝을 청소하고 나서는 누가 씻으러 갔을까요?"

"이번에도 더러워진 사람이겠죠."

"이번에도 틀렸어요! 두 사람이 같은 굴뚝에 들어갔다 나왔는데, 어떻게 한 사람은 깨끗하고 한 사람은 더러워졌겠어요?"

이것이 유대인 부모들의 교육방식이다. 창의적인 사고의 가능성을 일깨우고 여러 가지 상황에 맞는 의견을 도출해 발표하도록 하는 것이다. 유대인 부모는 정답을 맞히는 것보다는 창의적인 사고력을 키우는 것이 더 중요하다고 생각한다. 그래서 유대인들의 역사를 살펴보면 창의적인 사고를 한 위인들을 자주 만날 수 있다. 그들은 다른 사람들이 그냥 수긍하는 일에도 과감히 문제를 제기하고 편견과 싸워 이겨 큰 업적을 이루어냈다.

독일의 물리학자 막스 플랑크는 열역학 연구의 난제인 '흑체 복사' 연구에 매달리던 중, 셀 수 없을 만큼 많은 실패를 거듭했다. 그의 스승은 이렇게 이야기했다.

"물리학은 이미 거의 완성된 학문이야. 계속 연구한다 해도 큰 성과를 거두지는 못할 거네."

플랑크는 스승을 가슴 깊이 존경했지만, 자신의 고집을 꺾지 않았다. 그는 '물리학은 이미 끝났다.'라는 다른 사람들의 관점을 받아들이고 싶지 않았다. 물리학이 완성되려면 아직 한참 멀었다고 생각하고 계속해서 연구를 이어갔다. 그리고 1900년, 그는 결국 양자 개념으로 흑체 복사의 공식을 유도하는 가설을 발표했다.

위 사례에서 볼 수 있듯 독립적이고 창의적인 사고로 큰 성취를 이룰 수 있다. 이런 독립적인 사고를 하는 것은 혼자 고집을 부리며 자신을 내세우거나 인기를 얻기 위해서가 아니다. 남다른 시각과 사고를 통해 평범함 속에 숨겨진 문제를 찾아내고 이를 해결하기 위함이다. 반대로 늘 다른 사람의 의견에 따르기만 하고 독립적인 사고 능력이 없는 사람은 일생을 평범하게 살아갈 것이다.

인간의 사고력이란 거의 유일하게도 스스로 완전히 통제 가능한 능력이다. 명확한 사고가 수반되지 않는다면, 명확한 행동은 나타날 수가 없다. 그런데 인간의 현명함은 하늘에서 갑자기 뚝 떨어지는 것이 아니다. 엄격한 훈련과 교육을 통해서만 얻어진다. 그리고 이러한 훈련과 교육 중에 가장 효과적인 방법이 바로 독립적이고 창의적인 사고력을 기르는 일이다.

부모는 아이의 독립적인 사고와 판단능력을 키우는 것이 눈앞의 결과를 얻는 것보다 더 중요하다는 사실을 인식해야 한다. 그래서 아이가 전문 지식과 정보를 습득하도록 하는 데만 열을 올리지 말고, 다양한 정보를 통합적으로 사고하고 자기 스스로 판단하고 결정할 수 있도록 하는 것을 우선순위에 두어야 한다.

혹시 아이가 독립적으로 사고하는 능력이 조금 떨어진다면, 사고력이 향상되도록 부모가 노력을 아끼지 말아야 한다. 독립적이고 창의적인 생각을 하고 스스로 꿈을 꾸는 아이일수록 많은 것을 이해하고 깨달아 지식과 지혜의 문을 활짝 열어젖힐 수 있기 때문이다.

03

스스로 하기, 아이 성장의 핵심

인간은 걷는 법을 배우고 넘어지는 법도 배워야 한다.
넘어지는 법을 통해서만 걷는 법을 배울 수 있다.
– 마르크스

유대인 부모는 "스스로 해내지 못하는 아이는 영원히 자라지 않는다."고 생각한다. 그래서 아이에게 의존성이 생길까 봐 염려하고, 자기 일은 반드시 스스로 책임지고 해내야 한다고 가르친다. 혹시 아이가 해낸 일의 결과가 성에 차지 않더라도 이는 자기 노력의 결과라고 받아들인다. "어려움과 실패를 수차례 겪어봐야 더 완전하고 완벽해질 수 있다."라고 믿는 것이다.

유대인들은 어릴 때부터 다른 사람에게 기대고 의존하는 사람은 일생이 빈곤하고 남들에게 굽실거릴 거라고 생각한다. 반대로 일정한 능력을 갖추고 자기 몫을 하는 아이는 자라면서 가족들과도 원활히 소통하고 주위 환경의 변화에도 잘 적응할 것이라고 본다. 그래서 부모는 아이가 무언가를 혼자 성취할 수 있도록 잠시 떨어져서 지켜보며 자립심과 독립심을 키워주려 한다.

한 남자아이가 있었다. 엄마는 채 돌이 되지 않은 아이의 손을 잡고 근처 공원까지 나들이를 갔다. 공원에 있는 계단에 흥미를 느낀 아이는 계단을 기어오르려고 했다.

통통하게 살이 오른 몸 때문에 균형을 잡지 못한 아이는 자그마한 손에 온 힘을 집중시켜 계단을 짚어가며 위로 오르려고 애썼다. 그런 아이 곁에서 엄마는 아이를 안아서 올려주는 대신 가만히 지켜보기만 했다.

두 번째 계단 위로 간신히 올라간 아이는 계단 위가 무척이나 높다는 걸 깨달았다. 겁이 덜컥 난 아이는 두리번거리며 엄마를 찾았다. 하지만 엄마는 여전히 아이를 안아 올릴 생각이 없어 보였다. 그저 사랑과 격려가 가득한 눈으로 바라볼 뿐이었다.

아이는 고개를 들어 위를 바라보았다. 그리고 양손과 양발을 모두 써서 조심스럽게 위로 올라가려 했다. 이제 아이도 엄마에게 안아달라고 할 생각이 없어진 것이다. 아이는 있는 힘을 다했다. 자그마한 엉덩이는 높이 들리고 조막만 한 손은 흙이 묻어 꼬질꼬질해졌다. 그렇게 한참을 씨름하던 아이는 결국 맨 위 계단까지 올라갔다.

엄마는 그제야 아이에게로 다가가 몸에 묻은 흙먼지를 털어주었다. 그리고 새빨갛게 달아오른 얼굴에 뽀뽀하고 용감한 아들을 덥석 안아 올렸다. 이 아이는 나중에 미국 대통령이 된 링컨이고, 아이의 엄마는 링컨의 어머니 낸시 행크스 여사였다.

아이가 어릴 때부터 독립심을 길러주는 것은 더할 나위 없이 중요한 일이다. 그리고 유대인들은 이를 오래전부터 실천에 옮겨왔다. 부모가 아이를 과잉보호하면 아이의 자주성과 독립심이 길러지기 어려울 뿐만 아니라, 심지어 원래 독립적이었던 성향마저 점차 잃을 수 있다는 사실이 이미 증명되었다. 반대로 아이가 무슨 일을 할 때 혼자 하도록 가만히 내버려둔다면 아이가 스스로 성장하는 모습을 지켜볼 수 있을 뿐만 아니라 아이의 자립심과 자신감도 함께 키워줄 수 있다.

심리학 연구에서는 유아기와 아동기가 아이의 세계관, 인생관, 가치관이 싹트는 단계라고 본다. 아이는 3세 이전에 초보적으로나마 언어로 자신이 어떤 행동을 할 것인지 표현할 수 있다. 독립적인 행동의 욕구를 드러내는 것이다. 부모는 그때부터 아이가 독립할 수 있는 능력을 길러주어야 한다. 아이의 독립성을 건강한 성장과 발육의 중요한 목표 중 하나로 삼고 노력해야만 그에 걸맞은 올바른 생활습관을 길러줄 수 있다.

지금은 독립성이 결여된 아이는 사회에 적응하기가 더욱 힘들어졌다. 어른이 되어 급격하게 변화하는 사회와 빠르게 발전하는 과학기술 등을 마주했을 때, 우리 아이들은 독립적으로 사고하고 판단하여 스스로 문제를 해결하는 능력을 갖추고 있어야 한다. 그렇지 못하면 기본적인 생존조차 힘들지도 모른다. 이것은 부모가 내리사랑이라는 맹목적인 집착을 내려놓아야 가능한 일이다.

유대인들은 이 세상의 모든 사랑이 서로 하나가 되기 위해 애쓰지만, 딱 한 가지 사랑만은 서로 헤어지는 것을 목적으로 한다고 본다. 그것은 다름 아닌 자식을 향한 부모의 사랑이다. 그도 그럴 것이 모든 아이는 부모의 핏줄을 타고 태어나서 부모의 보호 아래 성장한다. 하지만 언젠가는 독립을 하고 부모에게서 떨어져나와야 한다. 그렇기에 부모는 되도록 일찍 아이가 세상과 대면하는 법을 가르쳐야 한다.

하루라도 빨리 자녀의 손을 놓는 것이 부모가 더 큰 사랑을 쏟는 것이고, 그런 사랑이야말로 우리 아이를 이롭게 한다. 이것은 부모가 꼭 배워야 할 자세다. 자녀교육에 성공하고 싶다면 세간의 선입견과 편견을 뛰어넘는 혜안을 가져야 한다. 그렇게 하려면 먼저 한 발 뒤로 물러서야 한다. 문제에 부딪혔을 때 아이 스스로 힘차게 일어서서 정보를 탐색할 기회를 주고 자신의 페이스대로 문제를 해결해 나갈 시간을 주어야 한다. 그 과정이 조금 더 시간이 걸릴 수도 있지만, 아이는 더 튼튼하고 건강하게 자랄 수 있는 자양분을 스스로 얻게 될 것이다.

04

독립심은 구호가 아닌 행동으로

늘 남에게 의지하면
평생 가난과 비굴함이 함께할 것이다.
- 유대 잠언

유대인에게는 무슨 일이든 생각이나 이론에 머물지 않고 이를 실천으로 옮기는 행동양식이 있다. 아이의 독립성을 기르는 문제 역시 마찬가지로 유대인 부모들은 아이의 독립을 '강요'하는 행동에 수단과 방법을 가리지 않는다. 예를 들어 유대인 가정에서는 아이들이 심부름이나 일을 해야만 용돈을 받는다. 목적은 물론 아이의 독립성을 기르기 위해서다.

유대인 아이들은 아주 어릴 때부터 무엇이든 혼자 힘으로 해결하는 독립성을 기르기 위한 교육을 받는다. 유대인 부모들은 아이가 어릴 때부터 시작하여 오랫동안 꾸준히 연습해야 자립심이 더 강해진다고 믿는다.

제니는 다섯 살짜리 유대인 소녀다. 아빠는 제니에게 늘 자기 자신을 믿고 자기 일은 최대한 스스로 하라고 가르쳤다.

어느 날, 제니는 놀이공원 입구에서 입장권을 사러 간 아빠를 기다리고 있었다. 그런데 신발 끈이 풀어진 것을 보자 쭈그려 앉아서 신발 끈을 묶으려고 애썼다. 서투르기만 한 제니의 모습을 보고 한 아저씨가 다가와 도와주려 했다.

"꼬마 아가씨, 신발 끈이 너무 길구나! 아저씨가 도와줄까?"

제니는 고개를 들어 아저씨를 보고는 예의 바르게 대답했다.

"도와주시겠다니 고마워요. 그런데 내가 몇 살인지 아세요?"

아저씨는 제니의 말을 듣고 어리둥절했지만, 미소를 지으며 말했다.

"몇 살인지 모르겠네. 그런데 아주 어린 건 알지."

"어? 아니에요. 이제 안 어려요. 벌써 다섯 살이에요. 끈도 혼자 묶을 수 있어요."

말을 마친 제니는 신발 끈을 다 묶고 일어섰다.

아저씨는 제니의 모습에 자기도 모르게 엄지손가락을 치켜세우며 말했다.

"이제 보니 진짜 다 컸구나. 대단하다!"

제니는 아저씨의 말에 기분 좋게 웃었다.

다섯 살 제니가 누군가의 도움 없이 혼자 힘으로 신발 끈을 묶은 것은 평소 아빠의 교육과 무관하지 않을 것이다. 대다수 부모는 내 아이를 이렇게 키워야 한다는 걸 잘 안다. 그러나 실제로는 말로만 하는 이론교육에 그칠 뿐이다. 아이들 역시 혼자 해보라는 부모의 이야기를 무심코 흘려들을 뿐, 스스로 행동하기란 쉽지 않다. 예를 들어 옷을 사고 세탁하는 등 모든 일을 부모가 대신해 주다가 아이가 스스로 이런 일을 해야 할 경우가 갑자기 닥치면 무슨 일이 벌어질까? 해야 할 일을 말로만 듣던 아이가 갑자기 변화한 상황에 적응하기란 쉽지 않을 것이다.

그렇다면 평소에 아이의 독립성을 어떻게 키울 것인가? 유대인 부모들의 방법을 배워보자.

1. 아이를 사랑하되, 지나치지 않게

아이를 향한 사랑에는 원칙과 적정선이 있다. 만약 아이의 행동이 그 원칙에 어긋나거나 선을 넘는다면, 유대인 부모는 절대 가만있지 않는다. 아주 매섭게 잘못을 지적하고 바른 행동을 교육한다. 이는 아이 역시 정해진 원칙과 선을 잘 지키고 소신 있게 자라서 독립적인 인격체로 성장하기를 바라는 마음이다.

2. 아이들 일에 개입하지 않기

독립적인 아이로 키우고 싶다면 아이에게 독립적일 수 있는 환경을 조성해 주고 부모가 아무 때나 간섭하고 개입하는 버릇을 고쳐야 한다. 유대인 부모는 아이에게 "내가 해줄게." 또는 "무슨 일이 있으면 나를 부르렴." 같은 말을 절대 하지 않는다. 부모가 주도

한다는 인상을 주는 말은 아이가 의존적으로 되는 데 직접적인 영향을 끼치기 때문이다.

3. 생활의 기술 가르치기

일상생활의 여러 가지 정보와 노하우는 나중에 아이가 혼자서 생활하는 데에도 꼭 필요한 부분이다. 그래서 유대인 부모는 아이가 어릴 때부터 집안일에 적극적으로 참여시켜 생활력을 키워준다. 사실 아이에게 어떤 일을 시키고, 생활정보를 전수하는 일은 부모가 혼자 일을 처리하는 것보다 훨씬 더 힘들고 더 큰 인내심을 필요로 한다. 그러나 유대인 부모는 포기하지 않고 끝까지 함께한다. 그렇게 아이가 생활의 기술을 배워놓아야 나중에 부모 곁을 떠나 새로운 생활을 꾸릴 때, 빠르게 잘 적응할 수 있다는 것을 알기 때문이다.

4. 가정에서의 역할 강조하기

교육심리학에서는 아이에게 특정한 역할을 부여했을 때, 아이의 성격이 그 역할에 가까워지는 변화를 보인다고 한다. 실제로 반에서 잘 어울리지 못하는 열등생에게 학급위원의 역할을 맡기고 한 학기가 지나자 그 아이의 자존감, 활동능력, 협동능력, 책임감 등이 모두 크게 개선되었다고 한다. 이는 아이의 품성과 독립성이 형성되는 데 환경이 큰 관련이 있다는 방증이다. 가정에서도 부모가 아이에게 어떤 역할을 맡기고 이를 강조한다면 그에 걸맞은 책임의식을 일깨우는 효과가 분명 있을 것이다.

독립심은 어떤 어려움에도 무릎 꿇지 않고 당당하게 앞으로 나아가게 하는 힘이다. 또한, 맡은 바 책임을 다하고 희망과 성공을 향해 나아가게 하는 힘이다. 부모는 이런 독립심의 중요성과 의미를 반드시 깨달아야 한다. 그리고 내 아이를 독립적인 인간으로 성장시키기 위해 오늘도 최선의 노력을 다해야 한다.

05

실천은
독립심을 키우는 효과적인 방법

학교의 목적은 독립적으로 사고하고 행동하는 개인을
키워내는 것이지만, 개인의 인생 최고 목표는
사회를 위한 것이어야 한다.
- 아인슈타인

독립심은 아이가 성장하는 과정에서 꼭 갖추어야 할 자질이다. 유대인은 아이의 독립심과 자율성을 더 강하게 심어주기 위해 자원봉사 같은 사회적 실천 활동에 참여시킨다. 이러한 다양한 활동을 통해 아이의 독립심이 단련될 뿐만 아니라 구체적으로 드러나기도 한다. 자원봉사 같은 사회적 활동은 아이의 독립심을 키워주는 최적의 방법일 것이다.

애니는 아주 온화한 성격에 예의가 바르고 매사에 호기심도 많은 아이다. 학생회 임원으로 직무를 맡고 있을 뿐만 아니라 교내 배드민턴팀의 리더이기도 하다. 학업과 교내 활동으로 바쁘지만, 동네 마트에서 아르바이트까지 하고 있다.

어느 날, 애니가 마트 계산대 옆에 서서 손님들이 산 물건을 쇼핑 봉투에 하나하나 넣고 있었다. 마침 물건을 사러 온 친구가 애니에게 인사를 하더니 물었다.

"여름방학에 뭐 할 거야? 일 년 동안 바쁘게 지냈으니 여름방학 때 여행 계획이라도 있어?"

애니는 신이 나서 친구에게 이야기했다.

"이번 여름방학 때 자원봉사하러 가려고. 아프리카에 있는 작은 마을에서 전쟁고아가 된 아이들을 돌보는 일이 있는데, 나도 도우러 갈 거야. 그 비용을 마련하려면 앞으로 몇 주 동안은 일요일마다 여기 와서 아르바이트를 해야 해. 토요일에는 시장에 가서 직접 구운 쿠키하고 케이크도 팔아야 하고."

친구가 관심을 보였다.

"부모님도 그러라고 하셨어?"

애니가 웃으며 대답했다.

"내 생각을 아주 많이 자랑스러워하시고 적극적으로 지원해 주셔. 그런데 아프리카에서 한 달 동안 지내는 데 필요한 비용은 전부 스스로 마련하라고 하시더라고."

애니의 부모가 자녀의 독립심을 얼마나 중요하게 생각하는지 잘 알 수 있는 이야기다. 사실 유대인 가정에서는 애니의 부모처럼 자녀에게 자율성과 기회를 주는 일이 흔하다. 유대인 아이들은 아주 어릴 때부터 부모 손에 이끌려 박물관, 도서관, 운동 시설이나 각종 조직 등에서 자원봉사를 하는 경우가 많고, 이를 통해 일찍부터 독립심을 키운다.

자원봉사를 통해 아이는 새로운 시각으로 사회를 인식하고 다양한 경험을 풍부하게 쌓을 수 있다. 그리고 복잡한 인간관계에 어떻게 대처해야 할지 배우는 계기가 되기도 한다. 그러나 이 활동에서 얻을 수 있는 가장 중요한 것은 아이가 무엇이든 스스로 생각하고 행동할 수 있게 독립심을 키워준다는 점이다. 게다가 아이의 능력이 여러 방면으로 종합적으로 발전해 나가는 데 큰 도움이 된다.

무엇보다도 먼저 소통능력이 강해진다. 자원봉사 등 새로운 활동에 참여하게 되면 완전히 낯설고 생소한 환경에 놓이게 된다. 그런 상황에서 타인과 의사소통을 하고 협조하며 어떤 임무를 수행하기도 하고 공통의 목표와 지향점을 향해 모두 함께 열심히 나아가게 된다. 이런 과정에서 아이의 소통능력은 점점 높아지고 다듬어질 수 있다. 그러므로 부모는 아이가 낯선 사람과 소통하는 방법, 타인에게 관심과 사랑을 주는 방법 등을 체감하고 배울 수 있도록 일상생활 속에서 다양한 기회를 제공해야 한다.

다음으로, 자원봉사 활동을 통해 책임감이 강해진다. 봉사란 보수나 보답을 바라지 않는 일이며, 보살핌이 필요한 사람을 적극적으로 돕는 작업이다. 그러므로 아이들의 책임감은 그 일을 하는 태도에서 확연히 드러난다. 맡은 일을 성공적으로 완수할 때 아이의 자부심과 책임감은 더욱 자극을 받을 것이다. 부모가 잠시 물러서서 아이가 스스로 사회적 활동에 참여하도록 독려하면 아이의 책임감은 크게 성장할 것이다.

유대인 부모들은 자녀가 사회를 일찍 접할수록 더욱 유익하다고 생각한다. 그렇게 아이의 독립심을 하루라도 빨리 키워야 필요할 때 당당히 제몫을 해낼 수 있다.

오늘부터 분주했던 손을 떼고 아이가 홀로서기를 하는 모습을 잠시 지켜보자. 조금 더 성장하고 성숙해진 내일이 우리 아이 앞에 펼쳐질 것이다.

06

언제, 어디서든 희망을 잃지 말기를

인간의 눈은 검은자위와 흰자위로 나뉘어 있는데,
왜 검은자위로만 사물을 볼 수 있는가?
인간은 어둠을 통해 빛을 볼 수 있기 때문이다.
– 유대 잠언

유대인들이 고난의 세월을 보내면서도 그렇게 꿋꿋이 버틸 수 있었던 것은 "희망의 등불을 꺼뜨리지 않는다면 어둠을 견디는 건 두렵지 않다."라는 그들의 신념 때문이다. 어둠이 걷히면 빛이 다가온다. 이런 희망이 그들을 살아남게 했다. 유대인들은 아무리 열악한 환경 속에서도 절망하지 않았다. 한 줄기 희망의 빛만 비춘다면 무엇이든 꾹 참고 살아남았다.

유대인의 의식 속에는 뼈아픈 역사의 아픔과 근심이 늘 자리 잡고 있었다. 그래서 아이들을 교육할 때도 이 부분에 중점을 두고, 이런 이야기를 자주 들려준다.

독일의 나치가 동유럽을 점령했을 당시, 유대인에 대한 감시는 대단히 삼엄했다. 어느 마을에 유대인 일가족 다섯 명이 살았는데, 그들은 한 창고 위 다락방에 숨어 지냈다.

나치의 순찰대나 유대인을 싫어하는 동네 사람들이 창고로 들어올 때면, 그들은 숨을 죽이고 아무 소리도 내지 않도록 조심해야 했다. 시간이 흐르자 그들은 손짓 발짓과 동작으로 서로의 생각을 주고받을 수 있게 되었다. 먹고살기 위해 아이들의 부모와 삼촌이 돌아가며 몰래 나가서 음식과 물을 구해 왔다.

그렇게 석 달이 지난 어느 날, 먹을 것을 구하러 밖으로 나간 어머니가 돌아오지 않았다. 그들을 불쌍하게 여긴 동네 사람이 알려주었다.

"너희 엄마가 독일군한테 잡혀갔단다."

그 후 두 달이 지나고 밖으로 나간 아버지마저 돌아오지 않았다. 그리고 또다시 반년이 지난 어느 날, 삼촌이 문을 나서고 얼마 지나지 않아 아이들의 귀에 총소리가 들려왔다.

어른들이 그렇게 줄줄이 사라지자, 누나는 동생과 자신을 위해 위험을 뚫고 먹을 것을 구해 왔다. 창고 안으로 바람이 불어오고 풀이 흔들리는 소리가 날 때마다 누나는 동생의 입을 틀어막았고, 누나와 동생은 서로를 한목숨처럼 의지했다.

그렇게 한 달이 지난 후, 밖으로 나간 누나도 돌아오지 않았다. 혼자 남은 동생은 밖에서 수상한 소리가 들릴 때마다 스스로 자신의 입을 틀어막았다. 그리고 남동생은 끝까지 살아남을 수 있었다.

어두운 밤은 한없이 길게 느껴지지만, 언젠가 밝아지는 때가 분명히 온다. 폭풍우가 휘몰아친 하늘 한쪽에서 오색찬란한 무지개가 나타나는 것처럼 말이다. 유대인 소년은 다행스럽게도 목숨을 건질 수 있었다. 고통과 시련의 어둠을 오랫동안 참아냈기에 가능한 일이었다. 유대인 부모들은 아이가 이 이야기를 통해 언제, 어디서든 희망을 잃지 않고 어둠을 견뎌내면 밝은 내일을 맞이할 수 있다는 교훈을 얻기를 바란다.

유대인의 이런 강인한 정신은 유대인 사업가들이 번성하는 결과를 낳았다. 지금 어마어마한 부호가 된 유대인 중에는 가난한 집안을 일으켜 세운 인물들이 많다. 예를 들어 금융인이자 투자가인 조지 소로스는 헝가리에서 미국으로 처음 왔을 때, 빈털터리나 다름없는 청년이었다. 인텔사의 앤디 그로브 회장 역시 헝가리에서 단돈 20달러를 가지고 미국으로 건너왔다. 로스차일드가의 창시자인 마이어 암셸 로스차일드 역시 부모가 일찍이 세상을 떠나고 빈털터리인 채로 시작해 가문을 일으켜 세웠다.

이처럼 성공한 유대인 유명인사 중에는 빈손으로 가문을 일으켜 세우고 갖은 고난과 어려움을 겪은 경우가 많다. 그러나 그들은 그런 아픔에 좌절하거나 세상을 원망하지 않았다. 대신에 스스로 우뚝 솟아오르기 위해 고통을 승화하고 힘을 결집했다.

인내는 성공을 위해 꼭 갖추어야 할 품성이라고 할 수 있다. 성공하고 싶다면 눈앞에 굽은 길과 장애물이 나타나더라도 잘 헤쳐나갈 만큼 강한 의지와 흔들리지 않는 정신력을 갖추어야 한다.

유대인인 영국의 경제학자 윌리엄 베버리지는 이런 말을 했다.

"인간의 가장 훌륭한 능력은 어려움과 역경 속에서 종종 발휘된다. 머릿속의 압박이나 육체적인 고통은 정신적인 흥분제가 되기도 한다."

유대인 부모들은 자녀에게 역경을 성공의 동력으로 바꾸고 끈질기게 싸우도록 자신을 격려하라고 가르친다. 그리고 이렇게 일깨운다.

"좌절은 피할 수 없지만, 중요한 것은 어떻게 좌절하지 않느냐가 아니라 어떻게 적극적이고 진취적으로 좌절에 싸워 나가느냐 하는 것이다."

좌절을 두려워할 필요는 없다. 그보다 두려운 것은 좌절로 인해 실망하고 포기하는 모습이다. 우리 아이들이 가장 똑똑하고 훌륭하게 성장하는 방법은 자신이 겪은 좌절이나 실패를 되돌아보고 이를 성공의 디딤돌로 삼는 것이다.

아이가 좌절했을 때, 부모는 '방관자'가 되어주는 것이 가장 좋다. 아이가 좌절을 겪는 것은 오히려 좋은 일이기도 하다. 실패와 상처를 딛고 혼자 일어설 수 있어야 비로소 강한 사람으로 거듭날 수 있다. 실제로 아이가 곤경에 처한다면 부모의 가슴이 찢어지겠지만, 잠시 방관자가 되어보자. 아이의 의지력과 인내심이 천천히 그러나 단단하게 단련될 것이다.

한 철학자가 이런 말을 했다.

"열 가지 걱정거리가 한 가지 걱정거리보다 낫다."

열 가지 걱정을 하는 사람은 더 많은 걱정거리 따위야 두렵지도 않겠지만, 한 가지 걱정만 하는 사람은 온종일 그 걱정만으로도 골머리를 싸매고 또 다른 걱정거리가 생길까 두려워하고 있을 테니 말이다. 이것이 바로 유대인의 인생관이다. 그들은 인생은 고통의 연속이며 고생과 걱정 없는 인생이란 아예 존재하지 않는다고 생각한다. 낙관적으로 인생을 마주하는 태도와 어둠도 빛으로 변할 수 있다는 긍정적인 믿음을 아이들에게 심어주는 부모가 되자.

07

의존이 곧 구속이라는 걸 알게 하라

의존은 밧줄과도 같아서 당신을 공중에 매달아 버린다.
용감하게 밧줄을 잘라야 단단한 땅 위에 서고
스스로에 의지해 걸어갈 수 있다.
- 유대 잠언

"행동이라는 씨앗을 심으면 습관이라는 열매를 맺는다."

이 말처럼 좋은 습관은 아이들의 미래에 좋은 길잡이가 되겠지만, 나쁜 습관은 성장의 걸림돌이 될 뿐이다. 특히 누군가에게 의존하려는 성향은 어릴 때부터 미리미리 고쳐야 할 습관이다.

유대 잠언 중에 이런 말이 있다.

"의존은 밧줄과도 같아서 당신을 공중에 매달아 버린다. 용감하게 밧줄을 잘라야 단단한 땅 위에 서고 스스로에 의지해 걸어갈 수 있다."

그만큼 유대인 부모는 아이의 의존성에 대한 교육을 중시한다.

이스라엘의 초등학교 교과서에 이런 이야기가 수록되어 있다.

한 등반가가 세계에서 제일 높은 산봉우리를 등정하기로 하고, 몇 년 동안 준비를 마친 끝에 여정을 떠났다. 모든 영광을 혼자 얻고 싶었던 그는 혼자 봉우리에 오르기로 마음먹었다. 그리고 가장 높은 봉우리를 향해 출발했다. 꽤 늦은 시간이었지만, 그는 중간에 야영하기 위해 멈추는 일 없이 계속해서 위를 향해 올랐다. 어둠이 바로 그의 앞까지 내리깔렸다.

산속의 밤은 유난히 어두컴컴했다. 사방이 칠흑같이 어두워지고, 가시거리는 거의 0에 가까웠다. 그런 상황에서도 그의 등반은 계속되었다.

그런데 정상을 불과 몇 걸음 남겨놓은 곳에서 그는 그만 넘어졌고 아래로 빠르게 미끄러지기 시작했다. 공포감이 엄습해 왔다. 계속해서 미끄러져 내리는 그의 머릿속에는 자신의 일생이 주마등처럼 스쳐 지나갔다.

이제 곧 죽는다는 생각밖에 들지 않았다. 그 순간, 허리춤에 묶어두었던 줄이 그를 확 잡아당기는 것이 느껴졌다. 그는 이제 어두운 공중에 대롱대롱 매달린 상태가 되었다. 밧줄만이 유일하게 그를 잡아주는 존재였다.

위로 오르지도 못하고 아래로 내려가지도 못하는 그를 도와줄 사람은 아무도 없었다. 그는 하는 수 없이 큰 소리로 외치기 시작했다.

"하느님! 하느님! 살려주세요."

그때 하늘에서 나지막이 대답하는 소리가 들려왔다.

"내가 어떻게 도와주기를 바라느냐?"

"하느님! 제발 저를 구해 주세요."

"진정으로 내가 너를 구할 수 있을 거라 믿느냐?"

"당연히 믿지요!"

"그러면 네 허리에 묶인 줄을 끊거라."

잠시 침묵이 흘렀다. 그리고 그는 자신을 살려줄 밧줄을 계속 꽉 붙잡고 있기로 했다.

다음 날, 수색 구조대가 밧줄에 매달려 꽁꽁 얼어버린 그의 시체를 발견했다. 그의 손은 밧줄을 아주 단단히 움켜쥐고 있었다. 그리고 그의 몸은 지면에서 불과 1미터 높이에 떠 있었다.

이 등반가는 한 가닥 밧줄에 너무 의지해서 자기 생각조차 옭아매고 말았다. 물에 빠진 사람이 지푸라기를 잡듯이 밧줄을 포기하지 못한 바람에 오히려 곤경에서 벗어날 기회를 잃고 만 것이다. 이 이야기에서 알 수 있듯, 지나친 의존은 일종의 속박이 되고 오히려 어려움을 용감하게 헤쳐나갈 도전 의지를 꺾어버리기도 한다.

우리는 자녀들에게 무슨 일이든 스스로 해결하기 위해 노력하고 다른 사람에게 의지하거나 기대지 않는 마음을 심어주어야 한다. 그런 마음은 어떻게 심어줄 수 있을까?

1. 대신해 주지 않는 '게으른' 부모 되기

부모가 게을러지면 아이는 상대적으로 부지런해진다. 마음을 모질게 먹고 과잉보호하는 습관을 버려야 한다.

그때그때 내키는 대로, 하고 싶은 대로 하는 것이 버릇이 되면 아이는 제멋대로인 응석받이, 이기적이고 자기중심적인 아이가 될 확률이 높다. 아이가 불합리한 요구를 하거나 부모의 힘을 빌려 제멋대로 하려 한다면 가차 없이 "안 돼!" 하고 거절할 수 있어야 한다.

2. 과잉보호는 금물

자녀가 체험이나 활동을 하지 못하게 하는 부모가 있는데, 그 이유는 대부분 아이가 위험해질까 두려워서다. 아이가 건강하고 안전하기를 바라는 것은 모든 부모의 마음이다. 그러나 상황을 외면하거나 도피하는 것은 아이가 성장하는 데 전혀 도움이 되지 않는다. 아이가 자신의 능력을 깨닫기를 기다려주고, 어떤 일을 잘 해냈을 때는 칭찬과 격려를 아끼지 않으면 된다.

3. 아이의 의존성 없애기

부모가 자녀교육에서 신경 써야 할 것은 지식, 지능지수가 다가 아니다. 아이가 독립적이고 주체적인 존재로 성장하는 것이야말로 자녀교육에서 가장 중요한 부분이다.

자립할 능력이 있는 인간만이 독립적으로 사고하고 창조적인 생각을 하며 남들과 다른 독창적인 일을 해내는 것이다. 스스로 할 만한 일은 아이 혼자 하도록 자꾸 연습을 시키면서, 자기 일을 자기가 하는 습관을 키워주자.

장기적으로 보자면 주도적인 아이로 성장하게 만드는 것이야말로 진정으로 아이를 사랑하는 부모의 모습일 것이다.

PART 5

성격 교육: 참된 인격이 아이큐보다 중요하다

유대인들은 성격이 한 사람의 운명을 결정짓는다고 생각합니다.
아이가 자기 성격에 좋은 점이 하나도 없다고 생각한다면,
그 아이는 모든 걸 자포자기해 버릴지도 모릅니다.
이는 실패한 자녀교육일 수밖에 없고 부모는 크게 상심하겠지요.
유대인 부모들은 아이의 성격을 올바르고 건전하게 기르고,
나쁜 부분을 개선하기 위해 노력합니다.

01

자신감 넘치는 아이가 되게 하기

자신감은 인생의 버팀목이다.
그 버팀목이 없는 이는 살아갈 기초를 잃은 것과 마찬가지다.
자신감이 없는 사람은 발전하려는 적극성도 없고,
아무런 성과도 얻지 못하기 때문이다.
- 유대 잠언

아이들의 성장은 부단히 지식을 습득하고 기술을 연마하는 과정이다. 이 과정에서 우수한 성적을 얻지 못하거나 실패를 경험하면 아이는 좌절감을 겪게 된다. 그런데 좌절감에 빠진 아이를 제때 바로잡아주지 못하면 아이는 점점 열등감, 자괴감과 같은 나쁜 감정에 젖어들 것이다. 이런 감정은 눈에 보이지 않는 살인마와 같아서 아이의 우수한 재능을 억누르고 심지어 아이의 성장과 발전에도 치명적인 영향을 미칠 수 있다.

아이의 열등감과 자괴감은 어떻게 없앨 수 있을까? 부모가 아이의 자신감을 더 키워주면 된다. 자신감은 아이의 심리를 더욱 강하고 단단하게 만들어주는 만병통치약이다. 유대인들은 아이가 궁지에 처해 도움이 필요할 때 의지할 수 있는 사람은 바로 자기 자신이라고 가르친다. 스스로 자신 있고 당당하다면, 어려움과 고생은 언젠가 꼭 극복할 수 있다고 일러주는 것이다.

한 소년에게 꼭 이루고 싶은 꿈이 한 가지 있었다. 그러나 아무리 노력해도 실패하고 또 실패할 뿐이었다. 결국 의기소침해진 소년은 누군가가 도와주기를 바랐지만, 아무도 도움의 손길을 뻗어주지 않았다. 그래서 소년은 혼자 몰래 하느님께 기도를 드렸다.

"하느님, 전 왜 실패만 할까요? 이제 저를 도와줄 수 있는 건 하느님뿐이에요."

소년의 애타는 기도에 마음이 흔들린 하느님이 소년의 꿈속에 목소리로 나타났다.

"얘야, 내가 널 도와줄게."

"하느님, 제 앞에 나타나 주시면 안 되나요? 정말 만나고 싶어요. 딱 1분만이라도 괜찮아요."

소년이 간청했다.

"좋아. 내가 내일 네 앞에 나타날 거다. 하지만 분신처럼 누군가의 모습으로 나타날 거야. 내일 아침에 일어나서 제일 먼저 네 눈에 보이는 사람이 바로 나라고 생각하렴."

소년은 다음 날 아침, 하느님을 만날 수 있다는 꿈에 부풀어 일어났다. 그리고 양치질과 세수를 하고 나서, 우연히 거울 속 모습을 보고 소리쳤다.

"하느님이 바로 나였구나. 내가 하느님이었어!"

자신을 믿지 못하는 사람은 무슨 일을 해도 중도에 포기하게 된다. 소년이 번번이 실패했던 원인이 바로 그것이다. 자신감은 사람의 잠재력을 발휘하게 만드는 원천이다. 성공한 인물 중에서도 비범한 자신감을 가진 이가 매우 많다. 그들이 여러 도전 앞에서도 고개 숙이지 않고 적극적이고 진취적으로 나아갈 수 있었던 것은 바로 자신감이 있었기 때문이다.

이런 자신감은 아이의 성장에 아주 결정적인 작용을 한다. 단순히 지식이나 똑똑함에 비할 바가 아니다. 아이가 공부나 일상생활에서 늘 자신만만한 상태를 유지할 수 있다면, 매사에 가치를 따질 수 없는 좋은 성과를 얻을 수 있을 것이다. 그렇다면 부모가 어떻게 해야 자녀를 자신감 넘치게 할 수 있을까?

1. 자신 있는 분야를 개발하라

아이들은 저마다 뛰어나게 잘하거나 두드러지는 분야가 하나씩 있게 마련이다. 그러면 다른 분야도 더 잘하지 말라는 법이 어디 있는가? 아이가 어떤 분야에서 발전해 가는지 유심히 관찰하고, 적당한 때에 칭찬과 격려를 하면서 한층 더 수준 높은 방법과 나은 길을 제시해 주어야 하는 이유가 바로 그것이다. 발전하고 향상하는 과정이 언제나 순조로울 수만은 없다. 그러나 아이가 반복해서 실패하고 좌절하는 모습을 여유 있게 지켜보면서 어떤 방향으로 성장해 가는지 유심히 관찰하도록 한다.

2. 칭찬과 격려는 많을수록, 비난은 적을수록 좋다

아이에게는 부모의 긍정과 칭찬이 절실하다. 자존감이 떨어진 아이에게 보내는 부모의 관심과 칭찬은 빛줄기처럼 아이의 마음을 어루만져줄 것이다. 반대로 부모가 아이에게 너무 큰 기대를 걸거나 자주 야단치고 화를 낸다면, 아이는 의지하고 마음을 둘 곳이 없어 점점 더 수동적으로 변한다. 그럴수록 다른 사람과 교류하기를 거부하고 마음의 문을 걸어 잠근 채, 상처받은 자신의 마음을 보호하고자 아주 위축된 모습을 보일 것이다.

요컨대, 아이가 무엇이든 적극적으로 해내기를 바란다면 자신감을 길러주는 데 온 마음을 다해야 한다. 아이가 곤란한 상황에 부딪쳤을 때 스스로 극복하고 해결할 수 있다는 믿음을 북돋워주고, 평소 어떤 일에도 쉽사리 흔들리지 않는 굳센 의지와 성격을 심어주자. 무수한 실패를 통해 성공의 기쁨이 얼마나 소중하고 달콤한 것인지 직접 느끼게 하고, 자신감이야말로 자기 자신에게 가장 중요한 버팀목이라는 사실을 아이가 알게 하자.

02

적극적이고 긍정적인 생각 불어넣기

밝은 성격은 자기 자신을 유쾌하게 만들 뿐 아니라
주위 사람들까지 전염시킨다.
- 유대 잠언

한 유대인 철학자가 이런 말을 했다.

"한쪽 다리를 잃었다면 신이 두 다리를 모두 잃게 하지 않았음에 감사하고, 두 다리를 모두 잃었다면 신이 목을 남겨두었음에 감사하라."

낙관적인 사고방식은 유대민족을 지금까지 생존하게 한 정신적 지주다. 또한, 그들이 얼마나 부지런히 그리고 열심히 살아왔는지를 잘 보여준다.

그러나 사람이 이렇게 낙관적인 상태를 하루 24시간 유지하기란 쉬운 일이 아니다. 자신을 돌이켜보면 부정적이고 싫은 모습을 발견할 때도 있을 것이고, 나 자신이 결점과 단점으로 똘똘 뭉친 것처럼 느껴지기도 한다. 물론 자신의 단점을 인식하는 것은 소중한 발견이지만, 계속해서 그런 부정적인 사고방식에 휩싸인다면 일이든 공부든 목표한 바를 이루기는 힘들어질 것이다. 그래서 유대인들은 자녀에게 자신을 명확하게 인식하되, 무슨 문제든 적극적이고 긍정적인 마음가짐으로 임하라고 가르친다.

개구리 세 마리가 실수로 우유를 담아놓은 나무통 속에 빠졌다. 그러자 첫 번째 개구리는 생각했다.

'이건 신의 계시야.'

그래서 뒷다리를 움츠리고 꼼짝도 하지 않은 채, 눈을 질끈 감고 죽음을 기다렸다. 당연히 그 개구리는 숨이 막혀 죽고 말았다.

두 번째 개구리는 생각했다.

'나무통이 이렇게 단단하니 아무리 발버둥쳐도 소용이 없겠구나. 나갈 방법이 없으면 차라리 나 스스로 운명을 받아들이자!'

그래서 그는 아예 우유 속으로 잠수해 들어갔고, 곧 익사하고 말았다.

세 번째 개구리는 생각했다.

'포기해선 안 돼. 다리에 힘이 남아 있는 한, 멈추지 않고 계속 움직여야지.'

그러자 어느 순간, 개구리의 다리에 단단한 물체가 느껴졌다. 그걸 딛고 펄쩍 뛰어오른 개구리는 결국 우유통을 벗어날 수 있었다. 알고 보니 개구리가 쉬지 않고 계속해서 헤엄을 친 덕분에 우유가 엉겨 붙어 치즈가 된 것이다.

이처럼 우리는 늘 희망적이고 낙관적인 생각을 가슴에 품어야 한다. 세 번째 개구리가 희망을 놓지 않았기 때문에 위험에서 벗어날 수 있었던 것처럼 말이다. 우리 인생에는 불행과 고통이 셀 수 없이 많이 닥친다. 이때 우리의 운명을 결정짓는 것은 어떤 상황에 부딪쳤는가가 아니라 자신이 어떤 마음을 먹었는가다. 긍정적인 마음을 잃지 않는다면 눈앞에 어떤 어려움이 닥쳐도 자신 있게 헤쳐 나갈 수 있다.

성공으로 향하는 길은 외나무다리와 비슷하다. 우리가 실패하는 이유는 능력이 부족하거나 힘이 없어서가 아니다. 안 된다고 생각하는 비관적인 마음으로 다리 앞에 서서 한 발짝도 떼지 못하기 때문이다. 해낼 수 있다는 자신감과 긍정적이고 진취적인 마음만 가진다면 두려움 따위는 금방 이겨낼 수 있고, 외나무다리도 무사히 건널 수 있다.

유대인들은 이런 삶의 태도를 아이가 아주 어릴 때부터 길러준다. 그리고 자신이 혹시라도 아이에게 부정적인 태도를 심어주는 그릇된 본보기라는 사실을 인식하면, 곧바로 자기 자신을 바꾸기 시작한다. 인생을 다른 시각으로 재조명하고 긍정적인 면을 더 많이 보기 위해 노력한다. 그들은 아이에게 이런 사고방식과 태도를 길러주는 것이 결국 자신의 삶을 더욱 즐겁고 건강하게 만드는 길이라고 믿는다.

물론 타고난 유전자에서부터 낙관적인 사람과 비관적인 사람의 차이가 날 수도 있다. 그러나 유대인들은 어릴 때 어떤 이념과 생활 태도를 배웠는지가 타고난 유전자보다 더 결정적인 영향을 미친다고 생각한다. 자신을 자랑스럽게 여기고 매사에 감사하는 눈으로 세상을 보도록 배운 아이라면 무슨 일에서건 즐거움을 찾고 당당하고 건강하게 세상을 살아갈 수 있지 않을까.

03

강해져야 스스로 설 수 있다

신은 우리에게서 모든 것을 앗아가시고
우리 자신만 남기셨다.
-《누마닌트》

유대민족의 강인함은 가히 놀랍고 존경스러울 따름이다. 그들의 역사에서 굳건하고 강인한 정신력은 그들이 살아남을 수 있었던 희망이었다.

유대인들은 교육에서도 '강인함'을 강조한다. 인생을 살아가다 보면 힘든 일을 겪고 때로는 넘어지기도 한다. 누구나 이를 피할 수는 없다. 유대인들은 그럴 때 오히려 고난을 훌륭한 스승으로 받아들이는 것이 좋다고 생각한다. 인생의 수많은 난관은 우리를 계속해서 단련시킴으로써 세상 만물을 적극적인 태도와 감사하는 마음으로 대할 수 있게 만들어준다. 또 끈질기고 강한 의지와 힘을 길러준다.

요즘 아이들은 물질적으로 풍족한 시대를 살아간다. 부족함이나 어려움 없는 생활 조건 덕분에 가난이 무엇인지, 또 고생이 무엇인지 잘 알지 못한다. 게다가 부모가 자기 자녀를 너무 예뻐하고 아끼는 바람에 아이가 황제처럼 떠받들어지는데 이것 또한 큰 병폐다. 그런 치우친 양육 태도와 과잉보호 속에 자란 아이는 게으르고 나약하며 교만하고 타인에 의존하는 소극적인 사람으로 성장한다. 이는 모든 가정과 부모가 주목해야 할 대단히 심각한 문제임이 틀림없다.

아이가 무언가를 이루게 하려고 사서 고생을 하게 하거나 일부러 어려움을 경험하게 할 필요는 없다고 생각할 수도 있다. 그러나 고난은 인간의 의지를 더 강하게 만든다. 또한, 아이가 발전해 나갈 수 있는 적절한 교육환경을 마련하고 치열한 경쟁사회를 마주할 용기를 북돋아주는 것이 바로 부모의 역할이다.

이스라엘에 '고래 학교'라는 독특한 곳이 있다. 학교의 주요 교과목은 아이들이 배를 타고 1년 동안 대서양을 2회 횡단하고 섬을 세 군데 여행하는 것이다. 이 학교의 교육목표는 아이들의 강한 정신력과 자립 능력을 길러주는 것이다.

출정 기간 동안, 아이들은 풍랑의 시련을 만나기도 하고 배고픔에 시달리기도 한다. 기본적인 항해술, 고기잡이, 식사 준비 외에도 현장 조사, 독서, 토론 등의 수업이 진행된다. 그리고 아이들은 여행하는 지방의 특색과 풍토를 익히고 현지인들과 교류하기도 한다.

이런 다양한 경험과 단련을 통해 아이들은 지혜와 용기를 겸비한 인재로 자라난다.

이런 교육방식이 누군가에게는 귀감이 된다.

어떤 나라에서는 부모가 아이의 체력과 정신력을 단련시키기 위해서 매해 겨울마다 맨몸으로 일정 시간 동안 빙설 위에서 구르게 한다. 매서운 바람이 살을 에는 듯 아이는 몸을 바들바들 떨지만, 부모는 마음을 굳게 먹고 먼저 아이를 안아주지 않는다. 이런 시련의 시간을 겪어야 더 건강하고 듬직한 아이가 될 것이라는 걸 알기 때문이다.

심리학자들에 따르면 사람의 강인한 성격은 그 사람의 적극성과 능동성을 끌어내고 뇌세포의 활동 강화에 도움을 준다고 한다. 강인함이 지적 활동을 활발한 상태로 만들어 학습이나 업무에서 더 높은 효율을 발휘할 수 있다는 뜻이다. 끈질기고 강인한 성격의 소유자가 끊임없이 성공을 이루어가는 이유가 바로 그것이다.

아이에게 강인한 성격을 길러주기 위해서는 어느 정도의 난관이 필요하다. 그래서 부모는 자신의 상황과 아이의 연령에 맞추어 아이가 고달픈 생활을 어느 정도 경험하도록 해주어야 한다. 실망하고 좌절하는 상황이 생기더라도 서둘러 나서서 해결해 주지 말고, 아이가 스스로 일어설 기회를 더 자주 주도록 하자.

강한 정신력과 의지를 가진 민족이야말로 진정으로 강인한 민족이다. 가장 훌륭한 증거가 바로 유대민족이다. 경쟁이 치열한 현대 사회에서 우리 아이를 어떻게 강인한 인재로 키워낼 것인지는 모든 부모가 당면한 과제다. 그래서 좌절을 경험하는 교육, 그리고 그 좌절을 이겨내며 단련하는 교육이 때때로 필요한 것이다. 유대인들처럼 어릴 때부터 어려움을 참아내는 능력과 고난을 극복하려는 강한 의지력을 심어준다면, 아이의 미래에 반드시 뜻깊은 발전이 있을 것이다.

04

용감한 아이로 키우기

다른 사람이 닿지 못하는 곳에
가장 아름다운 다이아몬드가 있다.
- 유대 잠언

용기와 패기는 아이들의 성장 과정에서 꼭 길러줘야 할 중요한 덕목이다. 성공한 인물들은 용기 있고 대담하게 부딪치고 깨지는 과정을 겪었기 때문에 다른 사람들보다 앞서 나갈 수 있었다. 유대인 부모들은 자녀가 어릴 때부터 용감하고 당당한 모습이기를 바란다. 물론 이것은 전 세계 모든 부모의 희망이기도 하다.

하지만 세상일이란 것이 내가 원하는 대로 되지 않는 것과 마찬가지로, 모든 아이가 태어날 때부터 용감하고 씩씩한 것은 아니다. 어둠을 무서워하는 아이도 있고, 귀신이나 도깨비 이야기에 벌벌 떠는 아이도 있다.

아이가 유달리 소심하거나 겁이 많다면 조금 더 담대한 마음을 가질 수 있도록 부모가 계속 이끌어주어야 한다. 예를 들어, 아이가 무서워하는 것들을 이용해서 그 두려움과 싸우고 극복하도록 용기를 북돋우는 것도 좋은 방법이다.

유대인 소년 제크는 5년 구력의 꼬마 축구선수다. 제크의 꿈은 축구 심판이 되는 것이다. 10살이 되던 해, 제크는 바라고 바라던 심판 자격증서를 받게 되었다. 제크가 어린 나이에 대단한 성과를 얻게 된 것은 부모님의 응원과 지지가 큰 역할을 했다. 부모님은 언제나 제크에게 어떤 일을 하든 겁내거나 두려워하지 말고 용기 있고 대담하게 덤비라고 힘을 실어주셨다.

처음 경기장에 심판으로 서게 된 날, 제크는 무척 긴장했지만 두렵지는 않았다. 후반전이 되자, 한 팀의 포워드 선수가 순식간에 공을 드리블해서 상대 팀의 골 에어리어까지 치고 들어갔다. 이때 선수들이 어지럽게 움직이는 와중에 그 포워드 선수가 넘어졌다. 그 광경을 지켜보고 있던 제크는 재빨리 상황을 판단해 과감하게 호루라기를 불고 페널티 에어리어 밖에서 프리킥을 선언했다.

그런데 밖에서 지켜보고 있던 덩치 큰 코치가 제크의 판정을 받아들이지 않았고, 자신을 말리는 다른 사람들을 제치고 경기장까지 난입해 열 살짜리 꼬마 심판에게 고래고래 소리를 지르기 시작했다. 주위 사람들은 모두 걱정스럽게 제크를 바라보았다. 하지만 제크는 조금도 위축되지 않고 그 코치에게 옐로카드를 꺼내 보이고 방금 전의 상황을 기록으로 남겼다. 이런 제크의 행동은 부모님의 칭찬은 물론, 보고 있던 모든 관중의 지지와 인정을 얻게 되었다.

어린 제크가 어른도 놀랄 만큼 당당하게 행동할 수 있었던 것은 마음속에 자신감과 용기가 충만했기 때문이다. 열 살짜리 아이가 저런 상황에서 침착하고 냉정하게 자신의 임무를 마무리하기란 결코 쉬운 일이 아니다. 아이들은 어리고 아직 모르는 것이 많으므로, 어른 앞에서 위축되기도 하고 두려운 마음이 생기는 게 당연하다. 이와 관련해서 한 아동심리학자가 이런 말을 했다.

"아동에게 두려운 심리가 생기는 원인은 성인과 동일하다. 문제는 성인은 그 두려움을 어떻게 참고 이겨낼지 알지만, 아이들은 그걸 모른다는 것이다."

소심하고 마음이 약한 아이에게는 부모의 감정적인 보살핌과 격려가 필요하다. 아이에게 "넌 애가 왜 그렇게 간이 작니?", "넌 진짜 아무짝에도 쓸모가 없구나.", "너는 너무 겁이 많아." 따위의 말은 절대 하지 말아야 한다. 이런 말은 아이에게 정신적 트라우마를 발생시키기 쉽고, 자신의 소심함이나 나약함을 극복하려는 아이의 의지를 더욱 무력화시킨다.

유대인 부모들은 아이의 담력을 키워주기 위해 많은 노력을 기울인다. 우선 아이가 무언가를 무서워하는 이유를 잘 파악한다. 아이가 두려워하는 것이 있다면 보통은 그렇게 된 원인이 있다. 부모가 외출만 하면 우는 아이는 자기가 집에 혼자 남을까 두려워서 우는 것이다. 또, 개나 고양이를 무서워하는 아이는 물릴까 봐 무서워하는 것이다. 유대인 부모들은 평소 아이의 말이나 행동, 습관 등을 세심히 관찰하고 아이가 두려운 증상을 보이는 원인을 집어낸다. 그리고 그에 맞추어 아이의 두려움을 없앨 방법을 궁리한다.

아이가 두려워하는 이유를 찾아냈다면, 그다음에 부모가 해야 할 일은 아이에게 좋은 본보기가 되는 것이다. "엄마, 아빠도 예전에는 그것이 무서웠지만 이제는 그렇지 않다."라는 경험담을 들려준다면, 아이는 이 세상에서 자기만 그 사물을 두려워하는 것이 아니라는 사실을 알게 될 것이다. 그 두려움의 대상이 실제로는 전혀 무서워할 필요가 없으며 자신도 극복할 수 있다는 깨달음을 부모를 통해 얻는다면 아이의 공포감은 쉽게 사라질 수 있다.

유대인 부모들의 이런 양육방식은 우리에게 시사하는 점이 많다. 우리 아이를 용감하고 담대하게 키우기 위해서는 부모부터 침착하고 여유 있는 태도를 유지할 필요가 있다. 또한, 아이와 평소 자주 의사소통을 하면서 아이의 생각과 속마음이 어떤지, 그로 인한 심리상태가 어떤지를 잘 파악해야 한다. 그 이후에 적절한 수단을 이용해 아이의 두려움을 해소하고 독립성을 키운다면, 우리 아이는 배짱 두둑한 '용사'로 자라게 될 것이다.

05

스스로 책임지는 법을 가르쳐라

좋은 일은 함께 나눌 수 있지만,
책임은 자신의 몫이다.
- 유대 잠언

책임감 있는 사람은 사회에서 자신의 역할을 톡톡히 해내며 사업을 성공으로 이끌고 행복한 가정을 꾸린다. 그런데 책임감이란 하루아침에 생기는 것이 아니라 어려서부터 차근차근 쌓아야 할 덕목이다. 아이들은 실수를 저지르거나 일을 잘하지 못하는 경우가 많다. 그러나 아이들도 어느 정도 능력만 갖춘다면 자기 일을 책임감 있게 해내도록 가르쳐야 한다. 도피나 방임은 아이들에게 악영향을 미치는 행위다. 부모는 아이가 책임감 있게 자라날 수 있도록 책임에 관한 가르침을 게을리하지 말아야 한다.

"좋은 일은 함께 나눌 수 있지만, 책임은 자신의 몫이다."

이것은 고대 유대인 랍비가 한 말이다. 유대인들은 일이 잘못된 이유를 남의 탓, 환경 탓으로 돌린다 해도 그 일에 대한 책임은 여전히 자신에게 있다고 여긴다. 그래서 그들은 잘못을 남의 탓으로 돌리기보다는 스스로 책임지는 쪽을 택한다.

유대인 부모들은 자신의 임무나 잘못을 남에게 미루거나 핑계를 대지 않는 태도를 자녀에게 전수하려고 노력한다. 그래서 어릴 때부터 무슨 일이든 스스로, 자기 자신에 의지해야 한다는 사고방식을 불어넣고, 혼자 힘으로 소화 가능한 부분은 최대한 알아서 하도록 하여 아이가 자연스럽게 책임감을 배울 수 있도록 한다.

미국의 어느 집 마당에서 열한 살짜리 소년이 축구를 하다가 실수로 이웃집의 유리창을 깨뜨렸다. 이웃은 소년에게 12달러 50센트를 배상하라고 요구했다. 하지만 돈이 없었던 소년은 아버지에게 솔직하게 이야기하고 도움을 구할 수밖에 없었다.

그런데 놀랍게도 아버지는 소년의 부탁을 거절하며 이렇게 말했다.

"넌 이제 어엿한 사내대장부야. 자기 잘못은 스스로 책임질 줄 알아야지."

소년이 기어들어 가는 소리로 대답했다.

"그래도 저한테는 그만한 돈이 없어요."

"그럼 이 돈을 우선 너에게 빌려주마. 단, 일 년 후에 꼭 갚아야 한다."

소년은 아버지의 요구를 받아들여 그러겠다고 약속했다.

그리고 소년은 아버지에게 빌린 돈을 갚기 위해서 매주 주말과 휴일마다 세차나 창문 닦기 아르바이트를 했다. 그렇게 열심히 노력한 소년은 6개월 만에 12달러 50센트를 모아 아버지에게 빌린 돈을 전부 갚았다.

이 소년은 훗날 미국 대통령이 된 로널드 레이건이다. 그는 이 일을 회상하며 이런 말을 남겼다.

"자기 자신의 힘으로 실수를 감당하면서 책임이 무엇인지 알 수 있었다."

유대인 부모들은 아이가 잘못을 저지르거나 실수를 했을 때가 아이에게 바른 훈육을 하기 가장 좋은 기회라고 생각한다. 자신의 잘못을 인식한 아이는 부끄럽기도 하고 불안하기도 할 것이다. 그럴 때 아이에게 필요한 것은 단순한 질책과 꾸짖음이 아니라 부모의 도움이다. 그렇게 스스로 잘못을 깨닫고 뉘우친 아이의 마음속에는 교훈이 더 깊이 자리 잡는다. 아이가 자신의 잘못을 용감하게 인정하고 이를 만회할 기회와 시간을 주는 것, 이것이 훈육에서 가장 올바른 방식일 것이다.

유대인들은 인간은 책임에서 절대 벗어날 수 없다고 생각한다. 그러나 책임감은 태어날 때부터 주어지는 것이 아니다. 어린 시절부터 느끼고 체감하며 길러져야 하는 마음가짐이다. 그러니 아이가 잘못했어도 무턱대고 꾸짖고 탓해서는 안 된다. 오히려 부모의 가정교육을 먼저 탓해야 한다. 요즘은 부모가 아이를 감싸고 돌며, 책임감을 심어주는 교육을 전혀 고려하지 않는 경우가 많다. 그렇기에 유대인 부모들의 교육법을 더더욱 본받을 필요가 있다.

책임을 피하지 않고 스스로 감당하는 것은 유대인들의 가장 기본적인 행동 원칙이다. 바로 그 원칙 덕분에 그들은 세계적으로 명성을 떨치게 되었다. 아이들의 말과 행동거지는 부모의 영향이 절대적이다. 부모는 늘 자기 자신에게 엄격하고 몸소 실천하는 자세로 아이에게 건설적이고 긍정적인 영향을 미치는 좋은 본보기가 되어야 한다.

성공한 사람은 그 성공만큼 강한 책임감을 느낀다. 맡은 몫을 거뜬히 해내고 자기 일을 끝까지 책임지고 처리하는 사람에게 성공이 따르는 것은 당연하다. 그래서 부모는 평소 가정교육을 통해 아이가 점점 책임감의 가치를 알아가도록 해야 한다. 아이가 자신의 목표와 일을 스스로 책임지고, 잘못한 일은 실수를 거울삼아 다시는 같은 실수를 범하는 일이 없도록 잘 지도해야 한다.

06

겸손한 아이가 환영받는다

행운의 공로를 자신의 똑똑함과 지혜로 돌리는
사람의 결말은 대부분 불행하다.
- 유대 잠언

갈대는 바람이 부는 대로 나부끼고 바람이 멈추면 평온을 찾는다. 우리 주변에서 흔히 보이는 자연현상도 인생에 접목하면 지혜로운 처세방법이 될 수 있다. 유대인들은 자칫 긴장되기 쉬운 인간관계 속에서 갈대와 같이 유연한 모습을 취하는 데 능숙하다. 그들은 사람도 자연과 같이 겸허한 태도를 보여야 한다고 여긴다.

유대인이 다양한 분야에서 뛰어난 활약을 하고 있다는 건 잘 알려진 사실이다. 금융과 비즈니스 영역이든 과학기술 영역이든 유대인들은 각 영역에서 최고의 자리를 차지하고 있다. 그런데도 유대인들은 잘난 체하지 않으며, 겸손하고 친절하다. 이런 태도 덕분에 그들은 거만해지지 않았고, 계속해서 최고의 위치에 머물 수 있었다.

유대인 부모들은 자녀들에게 어릴 때부터 겸손해야 한다고 강조한다. 그들은 겸손함이 자신의 나약함이나 자신감 부족을 나타내는 거라고 생각하지 않는다. 오히려 겸손이란 남을 존중하고 자신을 낮추는 훌륭한 태도라고 여긴다.

어느 회사의 마케팅팀에 석사 출신의 유대인 여성 팀장이 있었다. 그녀는 업무 능력도 뛰어났고 다재다능했으며 외모도 매력적이었다. 하지만 계속 독신으로 지냈고, 회사 내 인간관계에서는 아직도 잔뜩 긴장하는 편이었다. 다행히 최근에 자신이 왜 이렇게 되었는지 알게 되었기에, 마음속 깊은 곳에서는 자주 이런 말이 튀어나왔다.

"역시 직장에서는 겸손할 줄 알아야 하는구나."

2년 전, 회사 일에 너무나 열정적이었던 그녀는 자신의 전공지식을 뽐내며 대표에게 자주 이런저런 의견을 내놓고 시도 때도 없이 새로운 건의사항을 제출했다. 회식 자리에서도 뛰어난 춤과 노래 실력으로 분위기를 띄우며 동료들의 시선을 한몸에 받았다. 업무에서든 사적인 자리에서든 누구보다 열정을 불태운 그녀는 1년 만에 팀장으로 승진하게 되었다.

그런데 그녀의 적극적이고 솔직한 모습은 오히려 흠이 되었다. 업무 시간에 자기 의견을 너무 강하게 피력하는 것은 물론, 틈틈이 여직원들과 옷이나 화장 등 패션을 주제로 이야기꽃을 피우다가도 다른 여직원의 흠결을 콕콕 집어 공공연하게 지적을 한 것이다. 심지어 다 함께 노래방을 갔을 때는 너무 열정적인 나머지 마이크를 독차지한 채 손에서 놓지 않는 만행까지 저질렀다…….

그쯤 되자, 아무리 훌륭한 업무성과를 내더라도 그녀를 향한 주위 사람들의 시선이 곱지 않게 되었다. 나대고 뽐내기 좋아한다, 잘난 체한다는 평가가 쏟아졌다. 그녀가 나타날 때마다 동료들은 입을 꾹 다물었고, 그녀는 동료들의 무리에 전혀 섞이지 못했다. 그녀는 너무나도 답답하고 괴로웠다. 완전히 고립된 것처럼 느껴졌다.

결국 그녀는 정신과 의사를 찾아가 자기 상황을 모두 털어놓았다. 의사는 그녀에게 겸손하고 겸허하지 못해 자신의 상황을 점점 더 악화시키고 있다는 분석을 내놓았다.

의사의 이야기를 듣고 깨달음을 얻은 그녀는 바뀌기 시작했다. 다시는 사람들 앞에서 자신을 과하게 드러내지 않도록 언행을 삼갔고, 조금씩 사람들과 어울리며 한 덩어리가 되어갔다.

유대인 부모들은 아이에게 자신을 과시하고 뽐내다가는 다른 사람을 다치게 하거나 피해를 줄 수 있다고 교육한다. 그들은 상대방에 집중하고 의견을 경청하며 겸허한 자세를 보여주는 것이야말로 사회생활과 인간관계를 매끄럽게 한다고 생각한다. 겸손한 사람은 왠지 더 믿음직하고 솔직하며 성실하다는 인상을 주지 않는가.

그런데 요즘에는 자기 자녀가 겸손하면 손해를 본다고 생각하는 부모가 많다. 혹시라도 주위 사람들로부터 괴롭힘이라도 당할까 봐 강인한 성격으로 키우려는 부모도 많다. 하지만 그런 방식은 아이의 올바른 성장에 오히려 역효과를 낼 수도 있다. 유대인 부모들은 원만하고 겸손한 품성이 자녀의 성공과도 마찰 없이 양립할 수 있다고 본다.

유대인들은 겸손함은 동전의 앞뒤를 연결하는 가운데 부분과 같다고 말한다. 동전은 앞면, 뒷면이 있고 둘 중 어느 한쪽이 그 가치를 나타낸다. 그런데 잘 눈에 띄지 않지만, 앞뒤를 이어주는 가운데 부분이 있다. 이 부분이 없다면 동전은 양면이 존재할 수 없고, 그 가치를 논할 수도 없을 것이다. 자신을 낮추는 법을 아는 겸손한 사람은 다른 사람과 잘 단합할 수 있고, 또 오히려 다른 사람에게 자신을 더 잘 돋보이게 할 수 있다. 그럼 타인과의 관계 속에서 유리한 기회를 얻는 일이 많아질 수밖에 없다.

물론 부모들이 확실히 알아야 할 것이 있다. 아이에게 겸손하라고 가르치는 것이 무엇이든 양보하고 언제나 희생하라고 하는 것이 아니라는 점이다. 오랜 기간, 그리고 자주 자신의 감정을 억누르고 표현하지 못한 아이는 자신의 가치에 관한 판단과 평가가 다른 아이들보다 훨씬 낮아지는 경향이 있다. 따라서 부모는 자녀를 겸손한 아이로 키워야지, 무조건 물러서고 자신을 비하하는 아이로 키워서는 안 된다는 점을 잘 알아야 한다.

07

인내심, 우리 아이의 성공 비결

인간에게 얼마나 큰 인내력이 있는지는 역경으로 시험할 수 있다.
상황이 열악할수록 인간은 더 강한 인내력을 발휘한다.
- 유대 잠언

천 리 길도 한 걸음부터라는 말이 있듯이 원대한 목표와 포부를 실현하기 위해서는 오랜 시간 동안 인내심을 발휘할 수 있어야 한다. 세상 모든 일에는 참고 견디는 힘이 필요하며, 인내심과 끈기 없이 손쉽게 성공을 거머쥐기란 불가능하다. 유대인 부모들은 아이가 어렸을 때부터 강한 인내심을 키워주기 위해 수단과 방법을 가리지 않는다.

특히 쉽게 감정에 휩쓸리고 충동적인 사람에게 인내심은 꼭 필요한 덕목이다. 일단 참고 견디면 위기도 무사히 넘길 수 있고 전화위복으로 기회를 얻어 성공을 이루어낼 가능성이 커진다. 게다가 인내심은 누구에게나 아주 중요한 덕목이므로 아이들도 참고 기다리는 법을 반드시 배워야 한다.

유대인은 대체로 인내심이 강한 편이다. 부모들이 자녀가 어릴 때부터 인내하고 견딜 줄 아는 힘을 길러준 덕분이다. 자녀에게 인내심을 길러주는 교육에 대해서는 유대 역사상 가장 위대한 랍비로 알려진 힐렐이 그 모범이 된다.

두 사람이 위대한 랍비인 힐렐을 화나게 할 수 있는지를 두고 내기를 했다. 한 사람은 힐렐을 화나게 할 수 있다고 했고, 다른 한 사람은 절대 힐렐을 화나게 할 수 없다고 했다. 내기에서 이긴 사람이 400데나리온을 가져가기로 했다.

마침 안식일 전날 밤이었기에 힐렐은 목욕을 하는 중이었다. 그때 힐렐을 화나게 할 수 있다고 한 사람이 문 앞에 다가가 큰 소리로 외쳤다.

"힐렐, 계십니까? 힐렐, 계십니까?"

힐렐은 다급하게 몸을 닦고 머리에 수건을 두른 채, 문밖으로 나와 물었다.

"무슨 일입니까?"

"여쭤볼 게 있어서 왔습니다."

"이야기해 보시오."

"바빌론인들의 머리는 어째서 둥글지 않습니까?"

"그거 아주 중요한 문제군요. 그들에게는 잘 숙련된 산파가 없어서 그렇습니다."

그는 대답을 듣고 돌아갔다.

잠시 후, 그가 다시 찾아와 소리를 질렀다.

"힐렐, 계십니까? 힐렐, 계십니까?"

목욕을 계속하던 힐렐은 이번에도 다급하게 몸을 닦고 머리에 수건을 두른 채 밖으로 나와 물었다.

"무슨 일입니까?"

"한 가지 더 여쭤볼 게 있어서 왔습니다."

"이야기해 보시오."

"팔미라 사람들의 눈은 어째서 항상 그렇게 눈곱이 끼어 지저분합니까?"

"그거 아주 중요한 문제군요. 그들은 모래 먼지가 항상 날리는 곳에 살아서 그렇습니다."

대답을 듣자 그는 다시 돌아갔다. 하지만 잠시 후 또다시 돌아와 힐렐에게 물었다.

"아프리카 사람들은 어째서 발이 그렇게 크고 널찍합니까?"

힐렐이 성의껏 대답해 주었다. 그러자 힐렐의 대답을 듣기 위해 몇 번이나 왔다 갔다 하던 그가 이번에는 돌아가지 않고 또 물었다.

"아직 물어보고 싶은 문제가 너무 많습니다. 그런데 당신을 화나게 할까 두렵습니다."

힐렐은 아예 옷을 갖춰 입고 자리에 앉아 말했다.

"무슨 질문이든 얼마든지 물어보십시오."

"당신이 바로 그 위대한 랍비 힐렐입니까?"

"그렇습니다."

"그렇다면 이스라엘에 당신 같은 사람이 많지 않았으면 좋겠습니다."

"왜 그런가요?"

"왜냐하면, 내가 당신 때문에 400데나리온을 잃었기 때문이오."

힐렐은 자초지종을 듣고 나서 그에게 말했다.

"잘 기억하십시오. 힐렐 때문이라면 400데나리온을 잃는 것도 무리가 아니지요. 그런데 거기 400데나리온을 더 잃는다 해도 힐렐은 절대 화를 내지 않을 겁니다."

이야기 속에서 힐렐은 끝도 없이 이어지는 황당한 질문에도 화를 내지 않았다. 오히려 참을성 있게 대답을 이어갔다. 인내심은 다른 사람의 존경심을 불러일으킨다. 물론 참는 것은 고통스럽다. 즐기고 싶은 본능을 억지로 내리눌러야 하고, 때로는 발가벗은 채 가시밭길을 기어오르는 것처럼 힘든 일일 수도 있다. 그래서 유대인들은 인내심을 인간의 가장 위대한 덕목 중 하나라고 본다.

유대인이 유구한 역사 속에서 길러온 인내심이 얼마나 강한지 보통 사람들은 상상하기조차 힘들다. 그러나 동시에 그들의 인내심에도 '정도'가 있고 선결 조건이 있다. 그들은 실제 이루어낼 수 있는 일을 대상으로 인내심을 발휘한다. 그렇지 않은 일에 시간 낭비를 하거나 쓸데없이 에너지를 소모하지 않는다.

예를 들어 직업을 바꾸거나 이직을 할 때도 유대인들은 해당 분야나 옮길 직장의 기본적인 사항이 어떤지 꼼꼼히 확인한다. 그렇게 해서 그 일에 대해 전망과 비전이 있다고 판단되면, 그들은 꿈을 이루기 위해 열심히 노력하고 인내하며 정진한다.

반대로 희망이 보이지 않는 일에 쏟는 인내심은 그야말로 무용지물이라 생각하고 곧바로 깨끗이 정리한다. 자녀에게 인내심을 교육할 때, 이런 자세도 유념해서 함께 가르치면 좋을 것이다.

08

완벽하지 않아도 괜찮아

인생은 결점투성이다.
완벽하지 않아야 희망과 바람이 생긴다.
- 유대 잠언

유대민족의 역사는 어려움과 고난의 연속이었다. 유대민족이 살아온 삶이 찬란하고 완벽하다고 말하기는 힘들다. 그러나 유대인들은 자신들의 삶이 완벽하고 아름답지 못한 것을 겸허하고 너그럽게 받아들였다. 온갖 박해와 고난을 통해 인간의 삶이 완벽하지 않다는 것을 온몸으로 겪었고, 그래서 더 자연스럽고 당연하게 인생의 부족함을 마주했다.

세상에서 일어나는 모든 일 중에 완전무결한 것은 없다. 무슨 일이든 허점이나 부족한 부분이 생기게 마련이다. 그래서 유대인 부모들은 아이에게 매사에 완벽하고 완전한 사람이 될 필요는 없다고 가르친다.

오리슨이라는 남자가 있었다. 그는 언제나 자신의 삶이 완벽하지 않아 불만이었고, 아름답고 멋진 인생을 살고 싶다는 꿈을 꾸었다.
그러던 어느 날, 그는 운 좋게 한 여인을 만나게 된다. 그녀는 오리슨에게 자신이 그의 꿈을 이뤄줄 수 있다고 했다. 그리고 그를 어느 건물 앞으로 데려가서 이제부터 자신의 운명을 스스로 선택하라고 했다. 오리슨은 그녀에게 고맙다고 인사하고 건물 안으로 걸어 들어갔다.
건물 안에는 문이 두 개 있었다. 첫 번째 문에는 '평생의 반려'라고 쓰여 있었고, 두 번째 문에는 '죽어도 변치 않는 마음'이라고 쓰여 있었다. 오리슨은 죽는다는 말이 왠지 꺼림칙해서 첫 번째 문으로 들어갔다.
그러자 또 문이 두 개 나타났다. 왼쪽 문에는 '젊고 아름다운 아가씨', 오른쪽 문에는 '경험 많고 성숙한 유부녀와 과부'라고 쓰여 있었다. 왼쪽 문이 오리슨에게 더 매력적으로 느껴졌음은 불을 보듯 뻔하다.
그런데 왼쪽 문을 열고 안으로 들어가니 또 문 두 개가 있었다. 하나는 '날씬한 표준 몸매', 하나는 '약간 통통한 체형'이라고 쓰여 있었다. 오리슨은 이번에도 오래 생각할 것도 없이 날씬한 표준 몸매 아가씨 쪽을 선택했다.
오리슨은 끊임없는 선택 앞에 서게 된 자신이 거대한 선별 기계 속에 들어온 것처럼 느껴졌다. 이어서 그의 앞에 나타난 두 개의 문 중에 한쪽 문에는 '뜨개질을 좋아함. 옷을 만들 줄 알고 요리를 잘함'이라고 쓰여 있었고, 다른 쪽 문에는 '포커 치기, 여행을 좋아함. 일할 보모가 필요함'이라고 쓰여 있었다. 당연히 뜨개질을 좋아하는 쪽이 오리슨의 마음에 더 들었다.

그가 문을 열고 들어가니 또다시 문 두 개가 있었다. 그나마 기뻤던 것은 이제 선별기가 각 후보의 내적인 조건을 기준으로 분류를 해놓았다는 것이다. 양쪽 문에는 아가씨들의 성격이나 특성 등이 소개되어 있었다. '성실하고 다정함. 경험이 부족함'과 '천재적이며 고도의 지능을 가짐'이었다.

오리슨은 이미 자신의 재능이라면 가족을 부양하기에 부족함이 없다고 생각해 첫 번째 문을 골랐다. 방 안에는 또 문 두 개가 있었다. 오른쪽에는 '남편을 끔찍이도 사랑함', 왼쪽에는 '남편이 항상 곁에 있어 주어야 함'이었다. 오리슨은 고민 없이 남편을 사랑하는 아내를 골랐다.

이제 오리슨에게 아주 결정적인 선택이 남았다. '물려받을 재산이 있고 생활이 유복함. 예쁜 집도 가지고 있음'과 '월급으로 근근이 살아감' 중에 오리슨은 당연히 전자를 택했다.

오리슨은 자신이 선택한 문을 열고 안으로 들어갔다. 그런데 세상에……. 오리슨이 도착한 곳은 예상치도 못한 도로변이었다! 푸른 제복을 입은 경비원이 오리슨을 향해 다가왔다. 그는 아무 말도 하지 않고 아주 정중하게 장밋빛 봉투를 건넸다.

오리슨이 봉투를 열어보니, 안에 있는 종이에는 이렇게 쓰여 있었다.

"눈이 너무 높으시네요."

이 이야기는 완벽하지 않은 인간이 줄곧 그렇게 허황된 완벽함과 아름다움을 쫓다가는 결국 아무것도 얻지 못한다는 교훈을 들려준다.

부모는 아이가 완벽한 존재가 될 수 없음을, 그리고 아이에게 결점이 있다는 사실을 받아들여야 한다. 아이를 향해 불만을 품거나 너무 나무라지 않도록 하자. 새롭고 긍정적인 시선으로 문제를 인식하고, 삶의 곳곳에서 완벽하지 못한 모습이 나타날 수 있음을 아이와 함께 인정하고 받아들여야 한다. 키가 작아도 말솜씨가 좋은 아이가 있고, 학업 성적이 나쁘지만 그림 실력이 뛰어난 아이도 있다. 사람은 누구나 완벽하지 않지만, 남들에게는 없는 장점과 특기를 하나씩 갖고 있다는 것을 아이가 잘 이해하도록 가르쳐야 한다.

보통 유대인 부모들은 아래 두 가지 면을 특히 중점적으로 교육한다.

첫째, 아이의 마음가짐을 변화시킨다. 우리는 주어진 환경이나 사회를 마음대로 바꿀 수 없다. 바꿀 수 있는 것은 자기 자신뿐이다. 사춘기 청소년이 좋은 예가 될 것이다. 얼굴에 여드름이 잔뜩 났다고 해서 그 사실을 받아들이지 않고 온종일 땅만 보고 다닌다면, 건강하고 따뜻한 햇볕을 어떻게 받을 수가 있겠는가? 무슨 일이든 경쟁해서 이기고 완벽한 것만 찾으려는 아이의 마음을 부모가 나서서 바꾸어주어야 한다.

둘째, 아이가 자신의 부족함을 받아들이게 해야 한다. 우리 삶에서 이상과 현실 사이의 차이는 종종 아이를 깊은 절망과 고뇌에 빠지게 한다. 그래서 유대인 부모들은 아이가 자기 자신을 솔직하게 마주하고 인정하며 자신의 불완전성을 그대로 받아들이게 한다.

신은 인간에게 고난과 고통을 달빛처럼 골고루 뿌려주었다고 한다. 누구에게나 결점은 존재하고 누구나 평생 어려움을 피할 수는 없다는 말이다. 그렇기에 자기 자신에 대한 명확한 판단과 인식, 장점을 살리고 단점을 개선해 나가는 자세가 아이의 성장 과정에서 절실히 필요하다.

PART

6

품성 교육: 덕으로 사람을 사로잡는 유대인

유대인들은 훌륭하고 좋은 품성을 갖춘 사람이 성공하고, 매력적인 인격을 지닌 사람일수록 사람들에게 더 호감을 준다고 생각합니다. 큰 성취를 이룬 인물들을 살펴보면 도덕적으로 훌륭한 사람이 많습니다. 고상한 인품을 지녀야 사람들에게 신뢰를 얻을 수 있기 때문이지요. 유대인들은 자녀교육에서도 품성 교육을 대단히 중요시합니다.

01

인품이 성공을 빛나게 한다

얼마나 큰 성취를 이룰지는
그 사람의 인품이 얼마나 고상한지에 달려 있다.
- 유대 잠언

유대인 부모들은 아이에게 지식과 지혜 외에도 올바른 품성의 중요성을 늘 강조한다. 그래서 아이가 어릴 때부터 착한 마음씨를 가질 수 있도록 북돋우고 다른 사람을 돕거나 진실한 마음을 품도록 돕는다.

사실 역사적으로 큰 업적을 남긴 유명인 중에는 도덕적으로 훌륭한 인품과 덕목을 고루 갖춘 사람들이 많다. 퀴리 부인은 자녀들에게 훌륭한 인품을 길러준 어머니로 유명하다. 유대인들은 이런 퀴리 부인의 자녀교육방식을 본받아 실천하려 애쓴다.

퀴리 부인은 평생 과학 연구에 열정을 불태우며 개인적으로는 훌륭한 품성을 갖추기 위해 노력했다. 그리고 자신의 사고방식을 자녀와 학생들에게도 고스란히 물려주며, 그들이 다양한 기회와 방식을 활용해 훌륭한 인품을 갈고 닦을 수 있게 하였다.

남편 피에르 퀴리가 세상을 떠난 후, 퀴리 부인은 혼자서 아이들을 양육해야 하는 부담을 짊어지게 되었다. 당시 그녀가 받는 보조금 일부는 과학 연구에 쓰였기에 생활은 매우 궁핍했다. 그때 그녀는 100만 프랑의 가치가 있는 라듐을 소유하고 있었다. 하지만 이것을 팔아 생활비를 마련할 생각은 전혀 없었다. 생활이 아무리 힘들어도 연구성과를 팔아넘길 수는 없다고 생각한 것이다. 퀴리 부인은 자신이 가진 라듐을 실험실에 무상으로 기증했고, 이것을 이용해 계속해서 연구를 이어갔다.

훗날 그녀는 미국으로 건너가 대통령으로부터 라듐 1그램을 선물로 받았다. 하지만 그때도 딸들에게 똑같은 교훈을 주었다.

"라듐은 과학의 것이지 개인의 것이 아니다."

그녀는 평생 근검절약하는 생활을 했고, 오로지 과학 연구에만 몰두하며 개인의 부귀영화를 탐하지 않는 자세로 두 딸에게 모범을 보였다.

제1차 세계대전 시기에 퀴리 부인은 중대한 결정을 내렸다. 그녀가 받은 노벨상 상금을 전부 프랑스 정부에 헌납해 전쟁 자금으로 쓰이게 한 것이다. 게다가 그녀는 큰딸 이렌을 데리고 직접 전선을 찾아가서 X선을 활용해 부상병을 검사하는 일에 앞장섰다. 전쟁이 끝나자, 프랑스 정부는 이렌의 공헌에 훈장을 하사하였다. 당시로서는 젊은 여인이 이러한 상을 받는 것이 큰 영예였기에 퀴리 부인도 딸의 모습이 흡족했다. 이렌은 특히 전쟁 시기의 경험을 통해서 더욱 성숙하고 고상한 인품을 갖게 되었다.

나중에 퀴리 부인의 두 딸은 사회에 크게 이바지한 인재로 성장했다. 이렌은 남편과 함께 부모인 퀴리 부부의 과학 연구를 계속 발전시켰고, 부모의 숭고한 인품까지 그대로 이어갔다. 1940년, 이렌 부부는 원자로 건설의 권리를 프랑스 국립과학연구센터에 무상으로 제공하기도 하였다.

퀴리 부인과 두 딸의 모습에서처럼, 아름답고 훌륭한 성품은 그 사람의 성과를 더욱 환하게 빛나게 한다. 유대인들이 아직도 따르고 있다는 퀴리 부인의 교육법은 어떤 방식일까?

그녀는 아이들에게 조국을 사랑하라고 가르쳤다. 퀴리 부인은 아이들에게 조국의 언어인 폴란드어를 가르친 것은 물론, 스스로 조국의 과학 발전에 힘썼으며 폴란드 유학생들을 직접 돕는 등 다양한 활동으로 모범을 보이며 아이들에게 애국심을 길러주었다. 또 자녀들에게 자신감 있고 낙천적인 성격, 강인하고 고난을 두려워하지 않는 성격을 심어주려고 노력했다.

그리고 퀴리 부인은 자녀들이 소박하고 성실한 성품을 가지도록 조언을 아끼지 않았다. 두 딸을 향한 그녀의 사랑은 대단히 이성적이고 절제되어 있었다. 두 딸을 엄하게 단속했고, 절제되고 검소한 생활을 통해 큰 뜻을 펼치라고 가르쳤다. 그리고 딸들에게 이런 당부도 했다.

“가난은 물론 불편하지만, 부유하다고 해서 꼭 좋은 것은 아니란다. 우리는 우리 자신의 힘과 능력으로 삶을 꾸려 나가야 해.”

부모가 아이들의 품성과 인격을 제대로 교육하는 것은 대단히 중요한 일이다. 아이가 부모와 소통하고 말귀를 알아들을 수 있을 때부터 시작해 사랑, 우정, 용기, 희생 등 훌륭한 인품과 덕목이 담긴 이야기를 자주 들려준다면 우리 아이 역시 이에 걸맞은 훌륭한 인품을 갖게 될 것이다.

02

윗사람을 공경하는 것이 미덕의 으뜸

큰 죄를 저지른 범죄자든 법을 준수하는 시민이든,
부모에게 효도하는 것을 자신의 업으로 삼아야 한다.
- 유대 잠언

"효는 백행(百行)의 근본이다."라는 말이 있다. 예로부터 효도는 그 무엇보다도 기본이 되는 덕목이었다. 유대인 또한 부모를 공경하고 효도하는 것을 아주 중요한 일로 여긴다. 랍비인 시몬 바르 요하이는 이렇게 말했다. "손자는 노인의 면류관이요, 아비는 자식들의 영광이다."

3대가 한집에서 사는 유대인 가정에서는 중간 다리 역할을 하는 부모 세대가 효도에 온 힘을 다한다. 이처럼 부모가 어른을 받드는 모습을 보고 자란 자녀 세대는 효성심과 어른을 공경하는 태도를 자연스럽게 습득할 수 있다. 또 가정에서 어른과 아이 사이에 지켜야 할 질서가 바로 서고 가족 간에 사랑이 돈독해진다. 이런 화목한 분위기는 모두의 몸과 마음 건강에도 유익한 영향을 미친다.

유대인들은 윗사람을 공경하는 효성심이 인간의 미덕 중에서도 으뜸이라고 생각한다. 그들의 문화 속에는 아이들이 부모를 공경해야 한다는 가르침을 전하는 일화가 많이 전해진다. 아이들은 부모와 선생님에게서 이해하기 쉽고 재미있는 이야기를 들으며 훌륭한 인품과 덕목을 배우게 된다. 특히 유대인 슈무르의 이야기는 효의 도리를 깨우쳐주는 좋은 일화다.

> 슈무르의 아버지는 나이가 들어 손을 떨었다. 식사할 때도 손을 떨다가 수프를 식탁 위에 흘리기 일쑤였다. 어느 날 저녁, 아버지가 고급 찻잔을 사용하다가 손이 떨려 찻잔을 바닥에 떨어뜨리고 말았다. 슈무르가 말했다.
>
> "아버지, 이제부터 식사는 방에서 하세요. 그릇도 나무 그릇을 쓰시고요. 그건 떨어뜨려도 깨지지 않을 겁니다!"
>
> 다음 날, 슈무르가 집으로 돌아오니 어린 아들이 바닥에 앉아서 나무토막을 깎고 있었다. 슈무르가 물었다.
>
> "애야, 지금 뭐 하니?"
>
> "아버지, 아버지께 드리려고 미리 준비하는 거예요. 그래야 아버지가 늙어서 손을 떨 때 방에서 식사하실 수 있잖아요."
>
> 슈무르는 아들의 말을 듣고 너무나 부끄러웠다. 그리고 그 이후로 최선을 다해 아버지를 돌보았고, 슈무르 가족은 화목하게 지낼 수 있었다.

웃어른을 대하는 부모의 태도가 아이에게 얼마나 깊은 영향을 미치는지 알 수 있는 이야기다. 사실 부모에게 효도해야 한다는 것은 누구나 알고 있는 인간의 도리다. 그러나 아이를 교육할 때에는 효도에 소홀해지기 쉽다. 그리고 부모가 세상을 떠난 후에야 지난날의 행동을 후회하고 고통스럽게 자책한다. 그러나 그때는 이미 되돌리거나 만회할 수 없다.

효도는 부모가 곁에 있을 때 해야 한다. 자식으로서 부모에게 필요한 것이 무엇인지 돌아보고, 의식주 등 기본적인 것에 부족함이 없게 해야 한다. 부모가 병들거나 몸이 불편할 때 의지할 곳이 되어주고 심리적인 위안과 정신적인 즐거움을 드리는 한편, 부모에게 영광을 드리는 존재가 되어야 한다. 이는 자식으로서 마땅히 져야 할 책임이다.

아이들에게 효심을 길러주는 일은 어릴 때부터 시작해야 한다. 유대인 부모들은 아이가 어릴 때부터 효도란 아주 중요한 전통 미덕이며 부모를 공경하지 않는 아이는 착한 아이가 아니라고 가르친다. 그리고 어떻게 해야 부모를 공경하고 효도하는 것인지 알려준다. 힘들게 돈을 벌어 가족을 부양하고 자식들을 교육시키는 부모의 노고에 감사하는 마음을 갖고 커서는 부모에게 꼭 보답하겠다고 마음먹어야 한다고 가르친다.

또한, 유대인 부모들은 집안 내에서 올바른 서열관계 및 합리적인 가족관계를 정립하는 데 무척 공을 들인다. 이를테면 부모는 아이의 독립적인 인격을 존중하고, 아이가 어떤 결정을 하는 데 '강압적인 도움'을 주지 않는다. 부모는 아이의 의견을 경청하고 최대한 그 의견에 따른다. 그리고 서로 간의 우애와 화합, 단결을 중시하기 때문에 집안에 무슨 일이 있을 때에도 한 아이만 감싸고돌거나 편드는 일이 없다. 따라서 자녀들도 서로 간에 예의를 지키게 되고 부모에게 감사하는 마음을 갖는다.

마지막으로 유대인 부모들은 아이가 부모에게 효도하는 습관을 들일 기회를 자주 마련한다. 예를 들어 부모가 몸이 안 좋거나 아플 때에는 자녀들이 나서서 부모를 돕고 보살피도록 하고, 집에 손님이 왔을 때에도 부모를 도와 손님 대접을 하게 한다. 또 부모가 외출 준비를 하면 아이가 물건 챙기는 걸 돕게 하고, 잊은 물건이 없는지 확인하는 역할을 맡기기도 한다. 부모 곁에서 효를 습관적으로 행하게 하는 것이다.

유대인들이 부모에게 효도하고 노인을 공경하는 아름다운 미덕을 대대손손 이어온 것은 부모의 교육 덕분이라고 할 수 있다. 물론 유대인 가정에서도 집집마다 아이를 교육하는 방식이 조금씩 다를 수 있다. 그러나 그들이 전하려는 이념은 모두 하나로 일치한다. 유대인 부모들의 이러한 이념과 방법을 교훈 삼아 우리도 자녀에게 깊은 효심을 물려주어야 한다.

03

어릴 때부터 반드시 약속을 지키게 하기

약속을 잘 지키고 성실한 사람이 되어야
죽어서도 천국에 갈 수 있다.
- 유대 잠언

서양의 전통 윤리에는 '계약'이라는 이념이 바탕에 깔려 있다. 이런 이념이 처음 등장한 것은 '신과 인간의 계약'에서부터였다. 《히브리 성경》에는 유대인과 신이 계약관계라는 내용이 나온다. 계약의 본질은 성실과 신용이며, 이익을 얻는 쌍방의 권리와 의무에 관한 상호 의존관계를 규정한다.

이런 계약 정신과 이념은 '세계 제일의 사업가'들을 키워낸 유대민족의 사회문화적 자양분이 되어 왔다. 아래는 유대인이 어려서부터 부모에게 듣는 '노아의 방주' 이야기다.

> 아담과 하와는 금단의 열매를 몰래 따먹고 에덴동산에 쫓겨난다. 인류에게 원죄의 낙인이 찍히자 신은 땅을 저주했고, 인간

은 힘들게 노동을 해야만 배불리 먹을 수 있게 되었다. 그로 인해 원한과 악한 생각이 나날이 쌓였고, 폭력과 죄악이 더할 수 없는 지경에 이르렀다.

오직 노아만이 신의 가르침을 받들어 자신의 본분을 지켰고, 그의 세 아들 역시 엄한 아버지 밑에서 바른길로 나아갔다. 그래서 신은 인류를 궤멸하고자 마음먹었을 때, 노아의 가족을 선택해 다음 인류의 시초로 남겨두고자 했다.

노아의 가족들은 구원을 받은 후, 신을 위해 제단을 지었다. 그리고 다양한 날짐승과 길짐승을 골라 제단 위에 올려 신께 드리는 제물로 바쳤다.

신은 제단 위 제물의 향기를 맡고, "다시는 인간 때문에 땅을 저주하지 않겠다. 그리고 인간이 나쁜 마음을 먹더라도 이번처럼 모든 생명을 몰살시키는 일은 없을 것이다." 하고 약속했다.

노아의 방주는 유대인들이 계약을 철저히 이행하게 된 관습의 기원이 된 이야기다. 유대인들에게 계약이란 그들이 어떤 일을 하는 기준이자 규범이다. "약속을 잘 지키고 성실한 사람이 되어야 죽어서도 천국에 갈 수 있다."라는 말처럼 유대인들은 늘 신의 가르침을 믿고 따른다. 그들은 상업 거래를 하는 중에 계약을 준수하는 것이 얼마나 중요한지 잘 안다. 거래에서 더 큰 성과를 거두는 것은 물론, 상대방의 이해와 지지를 얻어낼 수 있는 가장 효과적인 방법이 바로 계약을 성실하게 이행하는 것이기 때문이다.

유대인 자페르는 식기 유통업자다. 미국의 스탠더드오일사에서 그에게 포크와 나이프 3만 세트를 주문했다. 9월 1일까지 시카고로 납품해 달라는 주문이었다. 주문서를 받아든 자페르는 잠시도 지체할 틈이 없었다. 곧바로 서둘러 제품을 만들어 달라는 주문을 공장에 넣었다.

그런데 그의 예상과는 다르게 공장의 작업 속도는 너무나 더뎠다. 이러다간 기일에 맞춰 납품할 수 없을지도 몰랐다. 너무 화가 났지만, 그 상황에서 그가 할 수 있는 일이라고는 공장에 계속 전화를 걸어 재촉하는 것뿐이었다. 그러나 조금 늦는 것이 뭐 그리 대수냐는 대답만 돌아올 뿐이었다.

"작업이 조금 늦은 걸 가지고 이렇게까지 화를 낼 일은 아니잖아요."

자페르는 계약을 꼭 지키기 위해 고민했다. 그리고 스탠더드오일사에 납품 기한을 연장해 달라는 부탁과 사과의 말을 늘어놓는 편지는 쓰지 않기로 했다. 그 자체가 이미 계약위반이며 책임을 회피하는 태도라는 생각이 들었기 때문이다. 대신에 그는 거금을 들여 비행기를 빌려서 납품 기한을 맞추기로 했다.

공장에서는 포크와 나이프 3만 세트가 다섯 시간 만에 비행기에 실렸고, 9월 1일, 비행기는 시간에 맞추어 납품 장소에 도착했다. 납품 기일을 맞추기 위해서 자페르가 추가로 지출한 비용은 무려 6만 달러였다. 그리고 이 일이 알려지자, 더 많은 사람들이 자페르와 거래하기를 원했다.

동종업계 종사자들이 보기에 자페르의 결정은 '정신 나간' 행동이다. 그러나 자페르의 대답은 "유대인들은 다 그래요."였다. 그가 생각하기에 장사를 하려면 성실하고 정직하며 믿음직해야 한다. 어떤 이유든 납품 기한을 미루는 것은 핑계에 지나지 않는다. 그게 설사 다른 사람이나 상황에 의해서 벌어진 일이라도 말이다.

약속을 반드시 지키려는 정신은 유대인이 상업에서 유례없는 성공을 거둔 중요한 요인이 되었다. 그들은 떠돌이 장사꾼 생활을 하면서 수많은 멸시를 받았고 남들의 계략에 휩싸이기도 했다. 하지만 그런 악조건 속에서도 약속을 끝까지 지켰고, 남들과 한 계약은 어김없이 이행했다. 그렇게 약속을 지키는 품성은 그들에게 세계적인 명예와 부를 안겨주었다.

우리도 유대인의 이러한 정신을 배워야 한다. 그리고 더 중요한 것은 이러한 정신을 우리 아이들에게 물려주고 어릴 때부터 성실하고 믿음직한 성품을 갖도록 가르쳐야 한다는 것이다. 신뢰감 있고 성실한 모습은 다양한 인간관계에서 다른 사람의 호감을 사는 것은 물론 미래에 아이가 어떤 일을 하든 훌륭한 성과를 이루어내는 데 꼭 필요한 조건이다.

04

성실과 신용은 미래의 자산

성실함은 한 사람의 능력을 나타내는 일종의 상징으로,
그의 높은 자존감, 안정감, 존엄을 보여준다.
- 유대 잠언

유대인에게 신용이란 팀워크에 가장 기본적인 전제조건이다. 이는 생활이든 사업이든 가리지 않고 모든 영역에 해당한다. 신용이 없다면 어떤 거래나 계약도 진행되기 어렵다. 특히 경제가 고도로 발전된 현대에는 성실하게 신용을 지키는 것이 한 사람의 인품과 품성을 판단하는 척도 중 하나가 되었다.

또한, 개인의 성실성은 그 사람이 생활을 꾸려나가고 다른 사람과의 인간관계를 이끌어나가는 데 지극히 중요한 기본 덕목이 되었다. 그렇기에 유대인 부모들은 자녀가 성실하고 신뢰가 가는 사람이 될 수 있도록 교육한다. 물론 아이에게 신뢰가 가는 품성을 길러주기 위해서는 부모가 아주 오랫동안 인내심을 발휘해야 하고 시대의 변화에 발맞추는 세심함도 필요하다.

부모는 자녀에게 늘 진실하고 거짓 없는 언행을 하라고 가르쳐야 한다. 동시에 잘못된 행동을 했을 때에는 신속하게 자신의 과오를 인정하고 최대한 빨리 바로잡도록 이끌어주어야 한다. 그리고 본인이 한 말에는 반드시 책임을 지고 행동으로 결과를 보여주어야 한다는 점을 주지시켜야 한다.

어느 저녁, 한 신사가 집으로 돌아가는 길이었다. 헝클어진 머리에 때가 꼬질꼬질하게 낀 사내아이가 신사 앞을 막아서고 얘기했다.

"선생님, 성냥 한 갑만 사주세요."

"안 산다."

신사는 이렇게 대답하고 비켜서서 계속 걸었다.

소년은 그를 따라오며 계속 이야기했다.

"선생님, 제발 한 갑만 사주세요. 오늘 아침부터 지금까지 종일 아무것도 못 먹었어요."

신사는 더 이상 소년을 외면할 수 없어 솔직하게 얘기했다.

"난 잔돈이 없어."

"선생님, 그럼 성냥부터 받으세요. 제가 잔돈 바꿔다 드릴게요."

신사가 1파운드를 건네자 소년은 그 돈을 들고 재빨리 뛰어갔다. 신사는 한참을 기다렸다. 그러나 소년은 그림자도 보이지 않았고, 신사는 하는 수 없이 집으로 돌아갔다.

다음 날, 신사가 사무실에서 업무를 보는데 비서가 와서 이야기했다. 한 소년이 찾아왔다는 것이다. 신사가 들여보내라고 하자 한 소년이 방으로 들어왔다. 어제 만났던 소년보다 작고 어린 데다 행색이 더 남루한 꼬마였다.

"선생님, 죄송합니다. 저희 형이 선생님께 잔돈을 갖다 드리라고 했어요."

신사가 물었다.

"네 형은?"

"어제 선생님께 잔돈을 갖다 드리려고 달려가다가 마차에 치여서 다쳤어요. 지금 침대에 누워 있어요."

이야기를 들은 신사는 약속을 지키려는 형제의 마음씨에 깊이 감동했다.

"같이 가자. 가서 네 형이 어떤지 좀 보자꾸나."

형제의 집에는 의붓어머니가 혼자서 다친 아들을 돌보고 있었다. 신사가 찾아온 것을 보자 소년이 거듭 사과를 했다.

"죄송해요. 어제는 잔돈을 갖다 드리지 못했어요. 잘못했어요!"

신사는 다시 한번 소년의 마음에 탄복했다. 두 아이의 친부모가 이미 세상을 떠났다는 이야기를 들은 신사는 앞으로 두 형제의 모든 것을 자기가 책임지겠다고 결심했다.

이 이야기에서 알 수 있듯, 신뢰란 얼마나 귀한 것인가. 유대인들은 성실하고 믿음직한 성품을 지닌 사람은 신의 가호를 받아 행복한 가정을 이룰 수 있다고 믿는다.

성실과 신용은 자녀가 반드시 갖추어야 할 훌륭한 인품이자 소양이며 능력이다. 그러므로 부모는 아래와 같이 자녀를 교육해야 할 것이다.

1. 화목하고 서로 신뢰하는 집안 분위기 조성

유대인들은 가족끼리 서로 믿고 의지하는 분위기를 만들어 아이도 자연스럽게 그런 분위기에 젖어들게 한다. 가족 구성원끼리 평소 서로를 신임하고 사랑하는 모습을 보이면, 아이도 자신이 존중받고 신뢰받는다는 느낌을 충분히 받을 수 있다. 어릴 때부터 존중받는 아이는 어떻게 남을 존중하고 믿어야 할지, 그리고 반대로 어떻게 자신이 남에게 신임을 얻어야 할지 잘 안다.

2. 성실, 신용의 교훈을 능동적으로 교육하기

유대인 부모들은 성실, 신용 등 추상적인 인간관계의 도리에 대해서 어린아이가 이해하기 쉽도록 구체적이고 흥미로우며 생동감 있는 이야기를 들려준다. 우화나 속담 등 다양한 이야기 속에 깃들어 있는 교훈을 통해 아이들은 성실한 태도가 무엇인지, 남을 속이고 기만하는 것이 무엇인지 습득하고, 자신이 어떻게 해야 하고 어떻게 하면 안 되는지 이해할 수 있다.

성실과 신용은 유대인의 비즈니스에만 적용되는 철칙이 아니다. 이는 유대인들이 생각하는 사람으로서의 근본이나 마찬가지다. 어린 자녀가 성실하고 신뢰할 수 있는 인격을 갖추게 하는 것은 자녀의 미래에 든든한 보험을 드는 것이나 마찬가지다.

한 사람이 성실한지 아닌지는 그의 후천적인 환경, 교육 등과 직접적인 관련이 있다. 특히 유년기에 부모로부터 받은 교육과 지도는 올바르고 훌륭한 성품을 형성하는 데 가장 중요한 관건이 된다. 그러므로 부모는 자녀를 성실하고 믿음직한 사람으로 키워내는 일에 결코 소홀해서는 안 된다.

05

겸손은 가장 기본적인 미덕

지식과 성품을 뽐내는 현자는
부끄러움을 모르는 어리석은 자보다 못하다.
– 유대 잠언

겸손은 사람으로서 갖추어야 할 기본적인 미덕이다. 유대인 부모들은 자녀가 어릴 때부터 겸손하도록 가르친다. "지식과 성품을 뽐내는 현자는 부끄러움을 모르는 어리석은 자보다 못하다."라는 격언에서 겸손을 중요시하는 유대인의 가치관을 엿볼 수 있다.

그들은 자신을 드러내고 뽐내는 것은 다른 사람의 미움을 사고 자신에게 해가 되는 치명적인 행위라고 믿는다. 그래서 자녀에게도 유익한 이야기를 들려주며 항상 겸손한 태도를 가지라고 가르친다.

솔로몬 왕은 세상에서 가장 똑똑하고 지혜로운 사람으로 알려져 있으며 심지어 모든 동물의 언어를 알아들었다고 전해진다.

어느 날 솔로몬 왕이 왕궁의 문밖에 앉아 아름다운 경치를 감상하고 있었다. 때마침 작은 새 두 마리가 즐겁게 지저귀는 소리가 들려왔다.
들어보니 수컷 새가 자기 짝인 암컷 새에게 이렇게 묻고 있었다.
"저기 앉은 사람은 누구야?"
암컷 새가 대답했다.
"온 세상에 이름이 알려진 국왕이시지."
그러자 수컷 새가 비웃으며 말했다.
"궁전 사람들 전부 국왕이 대단하다고 칭찬이 자자하던데 그렇게 대단한 사람이면 이 궁전하고 보루를 떠받칠 수도 있을까? 나라면 날갯짓 한 번에 궁전 전체를 허물어버릴 수도 있는데."
암컷 새가 말했다.
"그럼 한번 해봐. 얼마나 힘이 센지 나한테 보여줘."
솔로몬 왕은 이 대화를 듣고 깜짝 놀라 수컷 새를 가까이 오라고 불렀다. 그리고 왜 그렇게 말도 안 되는 잘난 체를 하는지 물었다. 수컷 새가 덜덜 떨며 대답했다.
"국왕 폐하, 자비를 베풀어 주십시오. 사실 저는 그렇게 큰 힘을 갖고 있지 않습니다. 방금 제 아내를 재미있게 해주려고, 좀 더 대단해 보이려고 장난을 쳤을 뿐입니다."
솔로몬은 그 말을 듣고 속으로 웃음이 났다. 그리고 새를 보내주었다. 그런데 둥지로 돌아간 수컷 새가 암컷 새에게 이렇게 말하는 것이 아닌가?

> "국왕이 나를 왜 불렀는지 알아? 국왕이 내 말을 들은 거야. 내가 왕궁을 쓰러뜨릴까 봐 두려워하며 그러지 말아 달라고 부탁하더라고."
>
> 그 말을 듣고 화가 난 솔로몬은 수컷 새를 돌로 만들어 버리고는 다시는 아무도 허풍을 떨지 못하도록 경고하였다.

책임지지 못할 큰소리를 쳤을 때 어떤 결과가 돌아오는지를 알려주는 이야기다. 유대인 부모들은 아이에게 이런 이야기를 들려주며 매사에 있는 그대로 사실을 말하라고 가르친다. 터무니없는 허풍을 떠는 사람은 다른 사람에게 반감을 불러일으키고 미움을 산다. 그런 상황이 반복되다 보면, 자신을 믿고 따랐던 사람들마저 모두 잃게 된다.

유대인들은 사람이 너무 거만하면 겸손함을 잃고 금세 잘못된 길로 빠진다고 생각한다. 그리고 겸손하고 자기를 낮출 줄 아는 사람만이 성공을 향해 나아갈 수 있다고 믿는다. 유대인 아이들처럼 자녀가 겸손한 태도를 배우기를 바란다면, 아래 두 가지 사항을 꼭 유념해야 한다.

첫째, 아이가 자기 자신을 솔직하고 객관적인 시선으로 보게 해야 한다. 즉, 자기 모습을 스스로 정확하게 알게 하는 것이다. 겸손한 사람은 자신의 장점뿐 아니라 단점도 잘 본다. 그리고 어떤 일을 이루었을 때도 이는 더 크고 위대한 집을 짓기 위한 벽돌 한 장, 기와 한 장이라는 마음을 가진다. 겸손한 사람은 무엇이든 늘 열심히 하고 적극적이고 진취적일 뿐 아니라 언제나 자기 자신을 똑바로 보기 위해 노력한다.

둘째, 타인을 올바른 시선으로 바라보고, 배울 점을 찾아 겸허하게 받아들이게 해야 한다. 겸손한 사람은 다른 사람의 우수하고 훌륭한 장점을 잘 찾아낸다. 언제든 상대에게 가르침을 청하고 타인을 존중하는 법을 안다. 무슨 일이 생기면 주변 사람에게 도움을 청하고 함께 상의하기도 한다. 그런 과정을 거치면서 그들은 다른 사람의 우수한 점을 배우고 자신의 부족한 점을 보완하는 등 집단 속에서 성장의 자양분을 섭취한다. 그리고 자신의 발전과 성공을 위한 여러 가지 조건을 갖추어 나간다.

유대인들은 늘 이야기한다.

"교만과 건방이 가득한 마음속에는 신이 머무실 곳이 없다."

겸손이야말로 부모가 자녀에게 물려주어야 할 가장 기본적인 미덕일 것이다.

06

박애 정신을 갖게 하라

최선을 다해 남을 도와라. 도움을 요청하는
사람은 관심과 사랑으로 배려하고 도와라.
행복하고 아름다운 인생이 펼쳐질 것이다.
– 유대 잠언

사람을 진실하게 대하는 것, 진심으로 남을 돕는 것은 사랑의 또 다른 표현이라고 할 수 있다. 우리는 언제 어디서건 남을 사랑하는 마음을 가져야 한다.

유대인들은 "남에게 상냥한 것은 자기 자신에게 상냥한 것이다. 이는 아무리 베풀어도 그 대가가 나에게 돌아온다."고 생각한다. 어린 시절부터 사랑, 박애 등의 마음을 알게 하는 것이 매우 중요하지만 어린아이들에게 남을 사랑하는 마음이란 아직 이해하기가 어렵다. 그런데 유대인 부모들은 이런 마음가짐 교육에 아주 능하다.

유대인 부모들은 사랑의 본질이 '주는 것'이라고 가르친다. 내가 도움을 받을 때보다 다른 사람에게 도움을 줄 때 더 행복한 감정을 느끼지 않는가. 물론 이때 '주는 것'의 개념이 일방적이고 수동적인 봉사나 우월감에 사로잡힌 동정을 말하는 것은 아니다. 주는 것은 가슴속에서부터 그런 마음이 자연스럽게 흘러넘쳐야만 가능한 것이다.

유대인 부모들은 누군가가 도움을 청했을 때, 그 요구가 정당하고 바르다고 생각된다면 최선을 다해서 상대를 도우라고 가르친다. 또한, 누군가가 곤란에 처했을 때도 먼저 발 벗고 나서서 도우라고 가르친다. 그래야 나의 존재 가치가 더욱 빛나고, 다른 사람들 또한 나에게 사랑을 베풀기 때문이다.

스코틀랜드에 플레밍이라는 가난한 농부가 있었다. 어느 날, 그가 밭에서 일하는데 근처 늪에서 누군가가 고함치는 소리가 들렸다. 얼른 달려가 보니 한 소년이 늪에 빠져 도움을 요청하고 있었다. 플레밍은 재빨리 소년을 구했다.

다음 날, 번쩍거리는 고급 마차가 플레밍의 집 앞에 멈추어섰다. 한 신사가 품위 있는 자태로 걸어와 자신이 어제 플레밍이 구한 소년의 아버지라고 소개했다.

신사는 간곡하게 말했다.

"내 아들의 목숨을 구해 주셨으니 꼭 보답하고 싶습니다."

"제가 아드님을 구한 것은 그저 생명이 소중하다는 당연한 생각과 제 양심 때문이었습니다. 그런데 보답을 받는다는 건 말이 안 되지요."

그때 플레밍의 아들이 허름한 집에서 걸어 나왔다. 그러자 신사가 말했다.

"그럼 이렇게 합시다. 저 아이를 데려가게 해주시오. 배불리 먹이고 좋은 교육을 받게 해드리지요. 저 아이는 훌륭한 인재가 될 것이 분명합니다."

플레밍은 그 제안을 받아들였다. 플레밍의 아들은 런던대학교의 세인트메리병원 의과대학에서 공부하게 되었고, 우수한 성적으로 졸업했다. 그가 바로 훗날 페니실린을 발견하여 노벨 생리학·의학상을 받은 알렉산더 플레밍 박사다.

그리고 오랜 시간이 흐른 후, 플레밍을 데려간 신사의 아들이 안타깝게도 폐렴에 걸리는 일이 일어났다. 예전에는 폐렴은 치료제가 없는 불치병이었다. 그러나 플레밍이 발명한 페니실린 덕분에 그는 생명을 구할 수 있었다. 그때 목숨을 구한 신사의 아들은 바로 영국의 정치가 윈스턴 처칠이었다.

가난한 농부 플레밍은 무심코 도움의 손길을 뻗쳤지만, 이는 결과적으로 인류에게 엄청난 영향을 미쳤다. 유대인들은 아이에게 이런 일화를 들려줌으로써 남을 사랑하고 돕는 일이 얼마나 소중하고 고귀한 일인지 알려준다. 그뿐만 아니라 아이와 함께 사회적 약자를 돕는 사회활동에 직접 참여하기도 한다. 이런 실천 활동을 통해 아이는 박애의 진정한 뜻을 이해할 수 있고 타인을 사랑하는 마음을 갖게 되며 이웃과 함께 어울리면서 친화력을 키울 수 있다.

아이에게 박애 정신을 길러주려면 부모가 어떻게 해야 할까?

1. 격려하고 솔선수범하기

자녀가 남을 잘 돕고 이웃을 사랑하고 배려하는 마음을 가진 아이가 되길 바란다면, 부모가 몸소 실천을 통해 아이에게 모범을 보여야 한다. 주변을 돌보고 사랑하는 마음은 부지불식간에 배우게 되는 감정이다. 친구가 넘어지는 모습을 보았을 때, 아이가 그 친구에게 도움이 되도록 격려하고 힘을 실어주는 말을 하게 해보자.

2. 아이에게 사랑 듬뿍 주기

모든 아이에게는 관심과 보호, 사랑이 필요하다. 부모의 따뜻하고 충분한 사랑을 받아본 아이가 남에게 사랑을 베풀 줄 아는 사람으로 성장한다. 그렇기에 부모는 조금이라도 더 많은 시간을 아이에게 할애하기 위해 노력해야 한다. 만약 원하는 만큼 시간을 내기가 어렵다면 전화나 영상통화 등을 자주 해서 정을 돈독히 하고, 기념일이 될 만한 날에는 꼭 함께 즐거운 시간을 갖도록 한다. 평소 부모에게서 충분한 사랑과 관심을 받은 아이라면 자신이 받은 사랑을 남들과 나눌 줄도 알게 될 것이다.

3. 공감 능력 길러주기

어떤 문제에 부딪쳤을 때, 아이가 다른 사람의 입장에 서서 문제를 바라보고 생각하게 만들자. 어떤 상황을 설정하고 서로 역할을 바꾸어봄으로써 상대의 감정과 생각에 공감하는 능력을 키워주는 것도 좋다. 예를 들어 부모가 아플 때, 아이에게 자신이 아팠던 경험을 떠올리게 하면 다른 가족을 살피고 돌보는 법을 스스로 배우고 익힐 수 있을 것이다.

박애 정신은 우리 생활 속의 실천인 동시에 인간의 숭고한 정신이다. 또한, 인간의 사상과 언론, 다양한 일과 활동의 방향을 이끄는 특별한 힘을 지닌 도덕관념이다. 아이가 훌륭하고 사랑스러운 성품을 가진 사람이 되길 바란다면 사랑과 박애에 관한 교육을 지속적으로 해주어야 한다. 최선을 다해 다른 사람을 돕고, 또 가족과 주변 사람들에게 늘 관심을 기울이는 아이에게는 그들과 더불어 행복한 인생을 누릴 기회가 분명히 주어질 것이다.

07

감사하는 마음을 배우는 유대인

은혜에는 미끼가 달려 있어
그 은혜를 삼킨 입에 걸려 베푼 자에게 다시 돌아간다.
- 유대 잠언

유대인의 위대한 점 중 한 가지는 그들이 감사하고 은혜에 보답하는 것을 목숨보다도 더 중요하게 여긴다는 것이다. 이는 그들이 고난을 뼈저리게 경험한 역사가 있기 때문이다.

유대인들은 다른 사람으로부터 받은 도움과 은혜는 사소한 것이라도 마음속 깊이 새겨두고, 성실하고 진지한 태도로 감사 인사를 전한다. 해마다 신년이 되면 유대인들은 감사하는 마음을 떠올리며 이렇게 기도한다.

"모자라는 것에 대한 욕망에 빠져들게 하지 마시고, 가진 것에 만족할 줄 알게 하소서."

2010년에 개최된 '상하이 엑스포'의 이스라엘관 문 앞에는 감사의 팻말이 설치되었다. 위에는 '유대인을 살린 상하이-생명의 연대'라고 쓰여 있었고, 아래에는 제2차 세계대전 당시 3만 명에 이르는 유대인이 박해를 피해 상하이로 건너와 중국인의 비호 아래 머물렀던 역사적 사실과 중국 인민들의 거룩한 행동이 유대인에게 영원히 기억될 것이라는 감사 인사가 적혀 있었다.

전쟁이 끝난 후, 이들은 이스라엘 재건의 개국 공신이 되었다. 또한, 유대인들의 중국 상하이 피난사는 이스라엘 교과서에도 실리게 되었다. 이스라엘의 한 도시 광장에 세워진 기념비에는 이런 문구가 새겨져 있다.

"중국인들이여, 당신들의 은혜로운 마음을 잊지 않겠습니다."

이처럼 유대민족은 고마움을 아는 민족이다. 감사할 줄 아는 그들의 풍습은 그 역사가 오래되었고, 지금도 세대를 거쳐 계승중이다. 감사하는 마음은 유대인들이 아주 어릴 때부터 꼭 배우고 갖추어야 할 덕목 중 하나로 꼽힌다. 그들은 누군가에게 고마워하고 감사할 줄도 모르는 아이가 다른 사람들을 사랑할 수 있다고 생각하지 않는다.

요즘은 자녀를 하나만 두는 집도 많아서 대다수 아이가 외동으로 가족의 사랑을 독차지하며 자란다. 그래서 부모가 자녀에게 감사하는 법을 제때 가르치지 않으면, 무엇이든 당연하다는 듯 받아들이게 된다. 오랜 시간 이렇게 자란 아이는 남을 배려하고 사랑하는 마음이 결핍될 수밖에 없고, 주위 사람들은 그런 사람을 보면 피하려 할 것이다.

이럴 때 필요한 것이 바로 '감사 교육'이다. 감사 교육이란 사소한 것이라도 다른 사람으로부터 받은 도움을 마음속 깊이 새겨두고 감사 인사를 하게 가르치는 것이다. 감사 교육은 일상 속에서 다방면으로 이루어져야 하며, 특히 가정교육을 주도하는 부모가 자신의 책임과 역할에 최선을 다해야 가능하다.

우선 부모들은 매사에 본인이 직접 나서서 모범을 보여야 한다. 가정 내 여러 가지 일의 책임과 의무를 각자 분담하고 집안일도 나눠서 함께 하도록 한다. 그리고 무슨 일을 할 때는 늘 상대를 배려하고 가족 구성원 한 사람 한 사람의 권익을 존중하고 서로의 요구를 수용해야 한다. "좋아.", "미안해.", "고마워." 등 상대를 존중하고 배려하는 말을 자주 한다. 깨끗한 환경은 모두의 것이므로, 집을 함부로 어지럽히지 않아야 한다. 또 밤에 볼륨을 크게 해놓고 텔레비전을 보는 행동도 모두를 위해 자제해야 한다.

또한, 다른 사람과의 관계에서 늘 감사하는 마음을 잊지 말아야 한다. 남을 돕는 즐거움을 알고, 타인을 아끼고 사랑해야 한다. 가족이든 직장 동료든 내가 더 잘났다는 생각은 하지 말고 나를 중심에 두지도 말자. 내가 감사하는 사람, 감사하는 일을 자주 이야기하고, 남을 칭찬하고 자주 웃음으로써 주변 사람들과의 거리를 더욱 가깝게 만들면 좋다. 모두가 함께 나누고 서로를 도우며 감사하는 마음을 나부터 가져야 한다. 그리고 자녀도 이런 마음을 갖도록 가르쳐야 한다.

마지막으로 부모는 자녀에게 감사하는 마음과 책임감을 길러주어야 한다. 자녀가 할 수 있는 집안일을 나이에 맞게 정해 주고 책임지게 하는 것도 좋고, 양로원을 방문하는 등 지역사회의 봉사활동에 참여하게 하는 것도 좋다. 이런 활동을 통해서 아이는 다른 사람을 돕는 즐거움과 보람을 이해할 수 있고, 부모의 어려움과 고생을 직접 경험해 봄으로써 일상생활의 소중함과 이에 감사하는 마음을 더 깊이 느낄 수 있을 것이다.

08

인간의 필수 덕목, 공동체 의식

내 말과 행동이 우리 민족에 어떤 영향을 끼치는지
늘 생각해야 한다.
- 유대 잠언

유대인들은 성공한 사람은 공동체 의식도 투철하다고 생각한다. 오롯이 한 사람의 재능과 지혜, 역량만으로는 무슨 일이든 성공하기에 한계가 있기 때문이다. 사람은 남들과 똘똘 뭉쳐 함께 해야 더 큰 힘을 발휘할 수 있다. 유대인 부모들이 자녀에게 협동, 공동체 의식을 교육하는 이유도 바로 그것이다.

한 쌍의 젓가락 같은 집단의 힘은 늘 사람들에게 놀라움을 안겨준다. 유대민족은 2,000년이 넘는 긴 유랑 생활을 하면서 공동체의 중요성에 대해 누구보다 뼈저리게 느꼈다. 그리고 공동체를 이루면서 기적과 같은 영광을 하나하나 경험했고, 가난을 벗고 부강해질 수 있었다.

공동체는 그 자체로 힘을 가진다. 말로만 부르짖는 구호가 아니라 우리 후손들에게 평생 득이 되는 유산 같은 것이다. 아래 이야기를 통해 유대인들이 자녀에게 어떻게 공동체 의식을 심어주고 협동하는 법을 가르치는지 엿볼 수 있다.

"엄마, 오늘 선생님이 공동체 의식이 뭔지 알려주셨어요."

학교에서 돌아온 마누가 신이 나서 엄마에게 이야기했다. 거실을 청소하던 엄마가 아들을 보고 미소를 지으며 대답했다.

"아, 그래서 너는 뭘 알게 됐어?"

마누가 펄쩍펄쩍 뛰며 엄마 앞으로 다가왔다.

"선생님이 꿀벌이 꿀을 모으는 얘기를 해주셨어요. 엄마, 그거 알아요? 꿀벌 중에는 꿀을 모아오는 벌도 있고 꿀을 지키는 벌도 있대요. 각자 다른 임무를 맡아서 열심히 일하고 온 가족을 다 함께 지키는 거예요."

엄마는 의기양양하게 고개를 드는 아들을 보며 웃음을 참지 못했다.

"그럼 우리 마누는 네가 더 똑똑한 거 같아? 아니면 협동하는 꿀벌이 더 똑똑한 거 같아?"

마누가 잠시 생각하더니 엄마에게 대답했다.

"나랑 꿀벌이 똑같이 똑똑한 거 같아요. 왜냐하면 나도 협동을 잘 하니까요."

마누는 책가방을 내려놓고 빗자루를 집어 들고 청소를 돕기 시작했다. 그리고 빗질을 열심히 하면서 이렇게 이야기했다.

"엄마, 내가 바닥을 쓸 테니까 엄마가 걸레로 닦아요. 우리 같이 협동해요."

마누를 바라보는 엄마의 얼굴에는 만족한 미소가 흘렀다.

유대인들은 학교에서건 가정에서건 공동체와 협동의 중요성을 가르치는 데 신경을 많이 쓴다. 그들은 공동체가 개인에게 힘을 부여하고 더 열심히 노력하게 만든다고 생각한다.

유대민족은 공동체의 단결과 협동에 대해 누구보다 잘 아는 민족이다. 이런 공동체 의식과 집단주의 정신이 있기에 수없이 박해를 받으면서도 끝까지 의연히 버텨내며 번성을 이루었고, 온갖 풍상을 이겨내고 다시 일어설 수 있었다.

유대인들은 자신들이 단결하여 서로 돕지 않았더라면 그런 숱한 고난과 박해를 이기고 생존해 내지 못했을 거라고 생각한다. 그래서 유대인 부모들은 아이가 어릴 때부터 타인과 단결하고 협동해야 한다고 가르친다. 단결은 곧 힘이기 때문이다. 더 많은 사람이 함께 해야 더 큰 불을 피워올릴 수 있고 더 강력한 힘을 발휘하며, 그래야 더 많은 사람의 어려움을 도울 수 있다. 유대인 부모들은 특히 두 가지 면을 활용하여 아이들의 협동심을 고취한다.

1. 놀이로 협동심 높이기

놀이와 게임은 아이들이 자주 접하는 주요 활동이다. 다양한 사회활동을 모방, 반영한 경우가 많기에 어느 정도의 교육 효과도 기대할 수 있고, 놀이를 통해 단결력, 협동심, 공동의 목표를 향해 노력하는 정신까지도 배울 수 있다. 예를 들어, 협동이 필요한 놀이를 골라 팀 대항전 등을 진행해서, 서로 돕고 힘을 합쳐야 승리를 이룰 수 있다는 점을 배우게 하면 좋다.

2. 다양한 교류로 협동심 높이기

아이들 무리는 특수한 집단이며 그들에게는 나름의 룰이 있다. 아이들은 함께 어울려 놀고 함께 공부하고 함께 생활해야만 비로소 닫혔던 마음을 연다. 다른 사람들과의 다양한 교류를 경험한 아이는 남을 받아들이고 이해하는 법, 양보와 타협하는 법을 배울 수 있고, 이는 아이가 훗날 어엿한 사회 구성원으로 성장하는 데 좋은 밑거름이 될 것이다.

미래 사회는 갈수록 경쟁이 더욱 치열해질 것이다. 그럴 때 모두와 협력하고 힘을 합치는 협동심, 공동체 의식이 투철한 사람은 성공으로 향하는 기회를 더 수월하게 잡을지도 모른다. 그렇기에 우리도 유대인 부모들처럼 자녀에게 공동체 의식, 팀워크, 협동심을 길러주는 데 소홀함이 없어야 하겠다.

PART 7

처세술: 세계 속의 프리패스

유대인은 처세술에 뛰어납니다.
범상치 않은 식견, 뛰어난 지혜, 출중한 사교성을 두루 갖춘 사람들이니까요. 그들은 자녀가 사교성을 기르는 것을 대단히 중요하게 여깁니다. 평소 보고 배운 소양이 사교성에서 그대로 드러난다고 생각하기 때문이죠. 그래서 자녀가 타인과 원활하게 교류하고 사교적으로 지내는 법을 가르치는 것은 유대인 가정교육에서 필수과정이 되었습니다.

01

예절은 타인에 대한 최소한의 존중

아들을 예의 바르게 키우려면 엄격하게 단속하라.
그렇지 않으면 부모에게 반항할 것이다.
- 유대 잠언

예의는 인간과 인간이 교류하는 데 윤활제 역할을 하며 서로 간의 마찰을 줄여주고 관계를 더 가깝게 이어준다. 유대인들은 다른 사람을 대하는 예의범절에서 사소한 부분까지 신경 쓰는 편인데, 아이들에게 아는 사람이 보이면 길 건너편까지 가더라도 먼저 인사를 건네라고 가르친다. 인사가 타인을 대하는 기본 예의라고 생각하기 때문이다. 아이에게 어떻게 인사를 건네고 받는지를 가르치는 문제는 단순히 예절의 문제를 넘어서 인간을 대하는 그들의 사고방식과 열정을 보여준다.

유대인 부모들은 자녀에게 제대로 된 인성과 품격을 길러주는 것을 대단히 중요하게 여긴다. 그래서 자녀가 어릴 때부터 품위 있는 성격에 남을 잘 돕는 친절함과 깍듯하고 예의 바른 태도를 갖추도록 교육한다. 특히 다채로운 이야기와 다양한 인물에 관한 일화를 들려줌으로써 자녀가 예의 바른 성품을 갖도록 노력한다.

마커스는 다섯 살 난 유대인 소년이다. 어느 날, 고무공을 가지고 놀던 마커스가 공을 쫓아 달려가다가 물을 마시던 아빠와 부딪쳤다. 아빠가 들고 있던 물이 쏟아져 아빠의 옷이 흠뻑 적고 말았다. 그런데 마커스는 아빠의 젖은 옷에는 아랑곳하지 않고 여전히 고무공에만 빠져 있었다.

아빠는 마커스를 불러세우고 젖은 옷을 가리키며 물었다.

"마커스, 너 때문에 아빠 옷이 다 젖었는데, 그럼 너는 어떻게 해야 할까?"

마커스는 고개를 숙이고 아무 대답도 하지 않았다. 그러자 아빠가 마커스를 일깨워주었다.

"아빠가 들려줬던 레닌 이야기 기억하니? 레닌이 다른 사람하고 부딪쳤을 때 어떻게 했지?"

마커스는 얼굴을 붉히며 대답했다.

"레닌은 다른 사람하고 부딪치자 먼저 미안하다고 했어요."

아빠는 그 대답을 듣고 마커스의 머리를 쓰다듬으며 말했다.

"그래, 마커스. 너도 다른 사람하고 부딪치면 먼저 미안하다고 해야지. 그렇게 고개만 숙이고 가만히 있으면 안 돼. 이건 가장 기본적인 예절이야. 꼭 기억해 두렴."

그러자 마커스가 고개를 끄덕이며 대답했다.

"아빠, 꼭 기억할게요. 레닌처럼 착한 아이가 될 거예요."

유대인들은 품성이 훗날의 성공 여부를 결정한다고 생각한다. 그래서 마커스의 일화처럼 자녀에게 자신만의 노하우를 동원해 예의범절을 가르친다.

유대인 부모들은 자녀에게 예의 바르고 교양 있는 인사말을 가르친다. 생활 속에서 자주 쓰는 "~ 해주세요.", "고맙습니다.", "미안합니다.", "괜찮습니다." 같은 공손한 표현을 가르치는 데 특히 신경 쓴다. 그뿐만 아니라 부모가 자주 이런 표현을 사용해 아이에게 모범을 보이는 것은 물론이다. 자주 듣고 익숙해지도록 만드는 것이다. 누구를 만나든 먼저 반갑게 인사하는 것 또한 꼭 가르쳐야 할 기본 예의다.

그리고 유대인 부모들은 아이가 친구들과 사이좋게 지낼 수 있도록 친구들과 놀 때는 늘 양보하라고 가르친다. 친구의 장난감을 빼앗거나 친구에게 짜증을 내서는 안 되고, 때리고 욕하는 것도 절대 해서는 안 되는 행동이라고 가르친다. 또 친구의 장난감을 가지고 놀고 싶으면 상냥하고 예의 바르게 부탁하고, 놀다가 실수로 부딪쳤을 때도 먼저 "미안해!"라고 사과하라고 알려준다.

예의범절은 사회 질서를 유지하기 위해 인류가 공통으로 준수해야 할 최소한의 도덕 규범이다. 이는 인류의 오랜 공동생활과 상호교류 과정에서 점진적으로 형성된 규범이며 풍속, 습관, 전통 등의 형식으로 우리 삶에 자리 잡았다. 또한, 개개인을 놓고 보자면 예의는 그 사람의 품성과 내적인 수양의 외적인 표현이다. 그래서 유대인 부모들이 자녀들에게 예의 바른 습관을 길러주는 데 크게 신경을 쓰는 것이다.

고귀한 품성과 예의범절에 밝은 성격이 아이들의 미래에 더 큰 성공을 가져다줄 수 있다. 게다가 유대인 부모들처럼 아이가 어릴 때부터 예의를 갖추도록 가르치는 것은 부모로서 반드시 해야 할 일이다. 착한 일이 무엇인지 나쁜 일이 무엇인지, 해야 할 일과 해서는 안 될 일을 분명히 주지시켜서 타인을 교양 있고 예의 바르게 대하는 태도를 심어주도록 노력하자.

02

진실한 마음, 사람을 사귀는 필수 원칙

남에게 상냥하고 진실한 태도는 아무 대가 없는 지출 같지만,
그에 상응하는 수확이 언젠가는 돌아온다.
- 유대 잠언

유대인은 남에게 잘하는 것이 바로 자기 자신에게 잘하는 길이라고 생각한다. 남에게 잘하면 무리 속에 스며들어 우정을 나눌 수 있고 남들의 신뢰와 지지를 얻을 수도 있기 때문이다. 남에게 잘하면 인생이 즐겁고 유쾌해질 뿐 아니라 좋은 기회를 얻을 가능성도 커진다. 밝고 희망찬 미래에 한 걸음 다가가는 것이다.

그래서 유대인 부모는 자녀들에게 늘 자신을 사랑하듯 남을 사랑하고 자신을 대하듯 남을 대하라고 교육한다. 인류는 같은 조상에서 나왔으니 모든 사람이 한 가족처럼 서로를 사랑하고 타인을 우애로써 대해야 한다는 것이다. 유대인 부모들은 자녀에게 이런 이야기를 자주 들려준다.

어느 해변에 유대인 청년이 살고 있었다. 그는 갈매기를 너무나 좋아했고, 시간이 지나자 주변을 맴돌던 갈매기들도 그에게 친근감이 생겼다. 매일 아침 해가 뜨고 그가 배를 저어 바다로 나가면 갈매기 한 무리가 그의 고깃배 주위를 빙빙 돌며 온종일 따라다녔다. 갈매기들은 공중에서 선회하기도 하고 그의 어깨 위나 발치, 고깃배 위에 내려앉기도 하며 자유롭게 장난을 치며 놀았고, 그의 존재에 대해서도 전혀 위화감이나 두려움을 느끼지 않았다. 아주 평화롭고 정다운 모습이었다.
그러던 어느 날, 청년의 아버지가 사람들이 하는 이야기를 듣고 그에게 말했다.
"사람들 말로는 갈매기가 네 배 위에서 노는 걸 좋아하고 경계심도 없다던데. 그럼 몇 마리 잡아보는 건 어떠냐?"
그러자 청년이 시원스레 대답했다.
"그게 뭐 어렵겠어요."
다음 날 청년은 아침 일찍 집을 나서서 배를 띄우고 갈매기들이 몰려오기를 초조하게 기다리고 있었다. 그러나 갈매기들은 공중에서 빙빙 돌 뿐, 평소처럼 배 위에 내려앉을 생각을 전혀 하지 않았다. 똑똑한 갈매기들은 그가 평소와 다르다는 것을 이미 눈치챈 것이다. 한참 후에야 몇 마리가 배에 내려앉았다. 하지만 청년이 그들을 잡으려고 손을 뻗자, '끼룩' 하는 소리와 함께 모두 날아올랐다. 결국 청년은 갈매기는 한 마리도 잡지 못한 채 눈을 동그랗게 뜨고 멀뚱멀뚱 바라보기만 했다.

사람과 동물 사이든, 사람과 사람 사이든 상호교류를 통해 우애를 쌓기 위해서는 반드시 진실된 마음이 전제되어야 한다. 자신의 영리함을 믿고 친구를 이용하려 하거나 계산적으로 대하는 사람은 친구들로부터 버림받을 수밖에 없다.

유대인들은 사람을 대할 때는 언제 어디서나 진심을 담아야 한다고 생각한다. 아무 조건 없이 정성껏 내리쬐는 햇볕만이 온 하늘을 포근히 뒤덮을 수 있는 것이 아닌가. 우리 삶에는 즐거움과 꿈을 향한 의지도 있지만, 걱정과 실패도 있다. 그렇기에 푸른 하늘과 따뜻한 햇볕을 즐기면서도 언젠가 나타날 구름 뒤의 비바람을 잊어서는 안 된다. 다른 사람을 진심으로 따뜻하게 대하는 것은 타인과 온정을 나누는 것인 동시에 자신을 향한 온정이기도 하다.

아이들의 세계는 아름답고 다채로우며 생동감이 넘친다. 그러나 때로는 어두운 부분도 존재한다. 그렇기 때문에 어른들의 관심과 사랑이 필요하다.

유대인 부모는 자녀들에게 늘 자기만 생각하고 신경 쓸 것이 아니라 주변의 다른 사람들을 살피고 그들에 대해 자주 생각하라고 이야기한다. 명랑하고 활기찬 마음, 우정 어린 태도로 다른 사람을 존중하고 따뜻하게 보살피라고 이야기한다. 그렇게 진심에서 우러나오는 사랑으로 상대방을 대하면 그 사람으로부터 존중과 사랑을 받을 수 있기 때문이다. 또한, 남을 돕는 보람 있는 생활은 우리의 삶을 조금 더 충실하고 풍요롭게 변모시킨다.

유대인 부모들은 아이가 어릴 때부터 “사람은 누구나 중요하고 소중하다. 내 생각이 중요하다면 다른 사람의 생각도 똑같이 중요하다. 그래서 서로의 처지에서 사고하는 법을 배워야 한다."는 생각을 심어준다. 경전 속의 이야기를 자주 들려주며 아이가 남을 존중하고 배려하며 사랑할 수 있도록 가르친다.

그리고 역지사지로 상대의 관점에서 한 번 더 생각하고 상대가 누구든 늘 소중한 사람이라 생각하고 대하도록 가르친다. 또한, 아이가 다른 사람을 면밀히 관찰해 그들의 희노애락에 공감하고 적절한 타이밍에 위로와 응원을 전하는 법도 익히게 한다.

사랑은 상호작용이다. 아무런 사심 없이 주변 사람들을 사랑하고 돌본다면 그들의 관심과 사랑이 나에게도 돌아올 것이다. 아이가 주변인들과 깊은 우애를 나누게 하는 데 관심과 지원을 아끼지 말자. 아이의 봉사 정신과 박애 정신을 길러주는 것은 물론, 나중에 아이가 다른 사람을 포용하고 돕는 일에 적극적으로 나서게 하는 데 큰 도움이 될 것이다.

03

한번 한 약속은 반드시 지켜라

말로 약속을 하지 마라.
만 마디 약속은 진실한 행동 하나보다 못하니, 약속은 반드시 행하라.
– 유대 잠언

유대인 사업가의 신용도는 전 세계의 비즈니스계에서도 칭찬이 자자하다. 각국의 사업가들은 유대인들과 거래를 할 때, 그들이 계약을 철저히 이행할 거라고 믿어 의심치 않는다. 동시에 자신에게도 아주 엄격한 기준을 적용해 계약을 이행한다. 유대인의 철저한 계약 관념이 비즈니스계 전체에 영향을 미치는 것이다.

성공한 유대인 사업가들이 수없이 많다는 사실은 그들의 철저한 계약 관념과 불가분의 관계에 있다. 계약의 이행이란 약속을 잘 지키는 것을 말한다. 유대인에게 약속을 지키는 것은 비즈니스 분야에서뿐만 아니라 인간으로서 기본적으로 지켜야 할 도리이자, 그들이 대단히 중요시하는 인품이다.

유대인들 사이에는 이런 이야기가 전해진다.

먼 옛날, 한 장사꾼이 배를 타고 강을 건너고 있었다. 그런데 강의 중간쯤 건넜을 때 배가 갑자기 뒤집히고 말았다. 수영을 못하는 장사꾼은 허우적거리며 지푸라기를 움켜쥔 채 살려달라고 소리를 질렀다.

때마침 근처에 있던 한 어부가 장사꾼의 비명을 듣고 얼른 다가왔다. 장사꾼은 누군가가 다가온 것을 보고 고래고래 소리를 질렀다.

"나는 부자요. 구해만 주면 황금을 얼마든지 주겠소."

어부는 그를 얼른 물 밖으로 꺼내주었다. 그런데 장사꾼은 뭍에 오르고 나자 태도를 싹 바꾸며 어부에게 금화 열 닢만 건넸다. 어부는 약속을 지키지 않은 장사꾼을 나무랐지만, 그는 되려 어부를 향해 비아냥거렸다.

"아니, 어부 주제에 평생 뼈 빠지게 일해도 손에 쥐어보지 못할 돈이 갑자기 생겼는데도 만족을 못한단 말이오?"

어부는 그의 말을 듣고 일언반구도 없이 돌아갔다.

얼마 후, 장사꾼은 장사를 하러 가기 위해 또다시 그 강을 건너게 되었다. 그런데 그는 이번에도 물에 빠지고 말았다. 살려달라고 소리를 지르자, 그를 구하러 사람들이 달려왔다. 그때 어디선가 익숙한 목소리가 들려왔다.

"지난번에 물에 빠져 기껏 구해 줬더니 약속도 안 지키고 큰소리만 친 그 장사꾼 놈이군."

그러자 가까이 다가왔던 사람들이 모두 머뭇거렸고, 장사꾼은 그대로 물속으로 가라앉고 말았다.

약속은 함부로 하는 것이 아니다. 그리고 약속한 것은 반드시 지켜야 한다. 유대인들은 성실과 신용을 모든 인간관계의 기본이라고 보기 때문에 말로 한 약속도 구속력이 있다고 생각한다. 그리고 약속을 지키는 것은 당연한 의무이며 다른 사람의 신임을 얻기 위해서는 반드시 언행일치를 이루어야 한다고 믿는다. 유대인 부모들은 아이를 신뢰할 수 있는 사람으로 길러내기 위해 아래와 같은 노력을 한다.

첫째, 부모가 솔선수범해서 믿음직한 사람이 되고, 자녀에게 신뢰를 잃지 않는다. 아이가 어릴 때는 신뢰나 믿음, 정직 같은 도덕관념에 대해 아무것도 모른다고 생각하는 부모들도 있다. 하지만 이것은 완전히 잘못된 생각이다. 신뢰감이 가지 않는 부모의 태도는 자녀에게 쉽게 영향을 미쳐 아이들의 행동에 고스란히 반영된다. 아이들의 모방능력은 상상을 초월한다. 부모가 평소 아이에게 믿음직하지 못한 모습을 보이면 아이는 금세 보고 배운다.

둘째, 말을 신중하게 하고 한번 뱉은 말은 꼭 지키도록 가르친다. 물론 아이가 어릴 때는 자신이 한 말이 지켜지지 않았을 때의 결과에 대해 의식하지 못한다. 실수를 하고 몇 번 혼이 나면 그제야 조금씩 이해하게 될 것이다. 그래서 부모는 자녀에게 유익한 이야기를 들려주거나 인간관계의 도리를 정확하게 짚어주면서 본인이 한 약속은 반드시 지켜야 한다고 가르쳐야 한다. 다른 사람의 믿음을 저버리는 사람은 결국 주변에 친구든 가족이든 찾는 사람이 없어 외로워질 수 있다는 사실도 함께 알려주어야 한다.

셋째, 아이가 약속한 일이 본인의 능력 밖의 일이거나 경험이 부족해서 진척이 없는 경우, 야단치고 비난해서는 안 된다. 아이가 제대로 해내지 못한 원인이 무엇인지 함께 분석하고, 다음에 약속할 때는 자신의 능력 안에서 가능한 일인지 충분히 생각하고 결정하도록 가르친다. 그렇게 해서 약속한 말을 천금처럼 지키는 아이가 될 수 있도록 독려하고 도와주어야 한다.

04

내 자랑보다는 상대방 칭찬을

사람은 다른 사람의 칭찬을 가슴 깊이 갈망한다.
칭찬은 비 온 뒤의 화려한 무지개보다 더 아름다운 응원이다.
사람들 마음속 깊이 믿음과 힘을 심어주고 당당히 뻗어나갈 싹을 틔우게 한다.
- 유대 잠언

칭찬은 상대에 대한 인정과 긍정이다. 칭찬은 듣는 사람을 활력 넘치게 하고 기운을 북돋운다. 다른 사람에게 힘을 북돋우고 칭찬을 아끼지 않는 사람은 친구들과 더욱 우애 깊게 지낼 수 있다. 사람은 누구나 긍정적인 말과 칭찬을 듣고 싶어 한다. 부정적인 평가나 자극적인 공격을 받고 싶은 사람은 없을 것이다.

유대인들은 대인관계 속에서 다른 사람을 자주 칭찬함으로써 만남이 더 유쾌해지도록 한다. 부모와 자녀 간 역시 예외가 아니다. 부모의 칭찬은 아이들을 더 발전적으로 변모시킨다.

심리학자 로젠탈과 오랜 기간 학교 교장을 지낸 제이콥슨의 실험은 칭찬과 기대가 미치는 긍정적인 영향을 직접 증명해냈다.

로젠탈과 제이콥슨은 실험을 진행했다. 한 초등학교의 1학년부터 6학년 학생 중 세 개 반 정도의 학생들을 선별해 명단을 작성했다. 그리고 교사들에게 명단을 전달하며 이 학생들이 발전 가능성이 있는 특별한 학생들이라고 이야기했다. 그리고 이 일을 절대 비밀에 부치라고 지시했다.

그런데 사실 그들은 특별한 학생이 아니었다. 무작위로 뽑은 보통 학생들이었다. 두 사람은 '권위에 의한 거짓말'을 통해서 교사들에게 암시를 심어준 것이었다.

실험 기간이 끝났다. 그 '발전 가능성이 있는 특별한 학생들'은 하나같이 성적이 향상되었고 감정표현이 풍부해졌으며 성격도 활발해지고 학습 욕구 또한 더 강해졌다는 유의미한 결과가 나왔다.

왜 이런 결과가 나왔을까? 교사들은 거짓으로 인한 암시를 통해서 자기도 모르게 이 학생들이 우수하다고 믿게 되었다. 그래서 그들에게 기대와 칭찬의 눈빛을 수시로 보냈고 학생들 또한 선생님의 기대에 긍정적으로 부응하게 되었다. 자신감이 높아지고 매사에 더 노력하니 학업성적도 오른 것이다.

부모와 선생님들은 아이들에게 편견이나 선입견 없이 공평하게 사랑을 주어야 한다. 일상생활과 학업에 관련해서도 늘 아이들을 칭찬하고 수시로 좋은 말을 해서 힘을 실어주어야 한다. 그리고 아이에게도 마찬가지로 다른 사람과 어울릴 때는 상대방을 자주 칭찬해야 관계가 좋아질 수 있다고 알려주어야 한다.

또한, 유대인 부모들은 자녀에게 다른 사람 앞에서 잘난 척하거나 으스대지 말고 자신을 낮추라고 교육한다.

> 한 랍비가 깊은 잠에 빠져 있었다. 그런데 옆에 앉아 있던 신도들이 이 랍비에 대해 이야기를 나누기 시작했다.
>
> "얼마나 독실하고 믿음이 경건하신지 몰라! 전국을 뒤져봐도 이런 분은 또 안 계실 거야."
>
> 한 신도가 심취한 듯 그의 칭찬을 늘어놓았다.
>
> "이렇게 인자하신 분이 또 있겠어? 언제나 사심 없이 큰 은덕을 베푸시는 분이지."
>
> 다른 신도 역시 열광적으로 부르짖었다.
>
> "게다가 성격도 그렇게 온화하실 수가 없지! 어디 한 번이라도 역정 내시는 걸 본 사람이 있어?"
>
> "아! 박학다식하기까지 하시다고! 아마 역사상 두 번째로 훌륭한 랍비이실 거야!"
>
> 신도들이 모두 이야기를 쏟아놓고 나서 잠시 침묵이 흘렀다. 그때 랍비가 천천히 눈을 뜨더니 불만 섞인 눈빛으로 그들을 바라보며 이야기했다.
>
> "제가 겸손하다고 말씀하시는 분은 어찌 한 분도 안 계실까요!"

'겸손한 랍비'라는 이야기다. 유대인 부모들은 이 이야기를 자녀에게 자주 들려준다. 자녀가 이야기 속의 랍비처럼 잘난 체하는 사람이 되지 않기를 바라는 마음에서다. 자신이 잘났다고 생각해서 남들에게 우쭐거리고 뽐내는 사람은 어디서도 환영받을 수 없기 때문이다.

타인을 칭찬하는 것은 듣는 사람을 기쁘게 하지만, 칭찬하는 사람에게도 좋은 점이 있다. 가는 말이 고와야 오는 말이 곱다고, 칭찬을 주고받는 것은 상호관계에서 일어나는 긍정적이고 유쾌한 순환이기 때문이다. 다른 사람에게 좋은 평가를 하는데 인색한 사람은 친구를 사귀기도, 좋은 관계를 쌓기도 힘들다. 그리고 칭찬받지 못하는 자기 자신 때문에 열등감이 생기기도 한다. 그러므로 아이가 칭찬을 자주 주고받는 화목한 환경에서 자랄 수 있도록 부모가 칭찬과 배려를 생활화하자.

05

남을 깔보지 않는 사람

어떤 상황에서도 남을 깔보고 업신여기거나
외모로 판단하지 마라.
– 유대 잠언

유대인들은 신이 인간을 모두 공평하게 창조하셨다고 믿는다. 그래서 지위가 낮거나 가난한 사람이라고 해서 자신보다 아래라고 생각하지 않는다. 그들의 눈에 사람은 누구나 똑같이 평등한 존재다. 거지라고 해도 그렇다. 그래서 유대인들은 교양이 없거나 배우지 못한 사람을 포함해 그 어떤 사람도 무시하거나 차별대우하지 않는다. 그런 사람들은 예의와 지식을 쌓을 기회를 얻지 못했을 뿐이라고 생각한다.

그리고 유대인들은 여러 가지 흥미로운 일화를 통해 자녀가 누구를 대하든 진심으로 성심성의를 다하도록 가르친다.

해머와 엄마는 채소를 사려고 시장으로 가는 중이었다. 그런데 얼굴이 너무나도 못생긴 남자가 길가에서 도자기 그릇을 팔고 있었다. 해머는 기분 나쁜 듯 엄마에게 말했다.

"엄마, 저 사람 좀 봐요. 진짜 이상하게 생겼어요."

엄마는 아무 대답도 하지 않았다. 시장으로 간 두 사람은 술을 파는 가게 앞을 지나가게 되었다. 선반 위에는 술이 담긴 단지가 일렬로 나란히 진열되어 있었다. 엄마는 술 단지를 가리키며 해머에게 물었다.

"아들아, 이 술 단지들이 못생겼니?"

"못생겼어요. 조금 전에 길에서 본 그 아저씨랑 똑같아요."

그들은 다시 은그릇을 파는 가게 앞을 지나가게 되었다. 은으로 만든 그릇들은 눈이 부실 정도로 반짝반짝 빛이 났다. 엄마가 이번에는 은그릇을 가리키며 해머에게 물었다.

"은그릇은 예쁘니?"

해머가 신이 나서 대답했다.

"당연히 예쁘죠. 그 못생긴 술 단지보다 천 배는 더 예뻐요."

그러자 엄마가 이야기했다.

"은그릇은 예쁘긴 하지만 술을 담을 수 없단다. 술 단지는 못생긴 것 같아도 사람들이 마시는 향기로운 술을 담을 수 있어. 사람의 생김새도 똑같단다. 못생긴 외모를 가졌어도 누구보다 뛰어난 지혜와 착한 마음씨를 가질 수 있단다."

해머는 엄마의 말을 가슴 깊이 새기고 다음부터는 다른 사람을 외모만 보고 함부로 판단하거나 무시하지 않았다.

평소에 학문을 숭상하고 배움을 중시하는 전통을 가진 유대인은 외모가 잘나지 못했거나 행색이 남루하다고 해서 그 사람을 무시하거나 헐뜯지 않는다. 유대인들은 마을에서 구걸하는 거지를 봐도 멸시하고 업신여기지 않았다. 구걸 역시 신이 허락한 일이고 거지는 사람들이 은혜를 베풀 수 있게 하는 대상이라고 생각하며 보통 사람들과 똑같이 존중해야 한다고 생각했다. 거지도 자기 자신을 부끄럽고 얕잡아볼 수 있는 사람이라고 생각하지 않았다.

무엇보다도 유대민족의 거지 중에는 책 읽기를 좋아하는 사람도 있었다. 비록 초라한 행색의 거지꼴을 하고 있지만 책을 읽고 학식을 쌓으면 더 훌륭한 인품을 갖춘 현명한 사람이 될 수 있다고 생각한 것이다.

사람을 깔보지 않는 문화가 유대인들에게 자리 잡은 것은 아이가 어릴 때부터 부모가 그렇게 가르친 영향이 크다.

유대인 부모들은 무엇보다도 자녀가 우열이나 등급, 서열에 대한 생각을 갖지 않도록 가르친다. 부유한 사람은 성공한 사람이고 가난한 사람은 실패한 사람이라거나 학식이 높고 성품이 훌륭한 사람은 존중받아 마땅하지만 배운 것이 없는 무식한 사람은 저속하고 상스럽다는 식의 고정관념을 갖지 않도록 지도한다. 그들은 아이들에게 사람은 누구나 평등하다고 가르친다. 그래서 유대인 아이들은 주변 사람들에게서 장점이나 뛰어난 점을 잘 찾아내고 이를 본받아 쉽게 따라 배운다. 또 진실한 마음으로 타인을 존중하고 칭찬할 줄 안다.

또한, 유대인 부모들을 아이가 정신적, 학문적 수양을 할 수 있도록 배려한다. 배움이 얕은 사람은 삶의 참뜻과 도리를 깨닫기 힘들다고 생각하기 때문이다. 겉모습으로 그 사람을 이러쿵저러쿵 함부로 말하는 사람은 강자에게는 아첨하고 약자는 무시하려는 좁은 마음을 먹는다. 그러나 학식이 깊고 지혜로운 사람은 생각도 마음도 그만큼 넓고 깊으며 포용력이 있어 타인을 존중하는 경우가 많다. 그래서 유대인 부모들은 아이에게 여러 가지 다양한 책을 많이 읽히며 지식의 폭을 넓히기 위해 노력한다. 아이가 학문적, 정신적 소양을 쌓아 남을 존중하는 사람이 되게 하려는 것이다.

다른 사람을 얕잡아보지 않고 누구든 넓은 마음으로 받아들이고 이해해야 상대방으로부터 존중받고 원활한 인간관계를 만들 수 있다. 현대 사회에서 한 사람이 성공하기 위해서는 주위 사람들의 지지와 긍정적인 평가가 필수적이며 끈끈한 인맥은 성공의 필수 조건이라 할 수 있다. 그렇기에 부모들은 자녀가 주위 사람들을 평등한 시선으로 바라보고 혹시라도 누군가를 폄하하거나 깔보지 않도록 참된 교육을 해야 한다.

06

내 말을 하기보다 남의 말을 경청하라

신이 인간에게 입은 하나, 귀는 두 개를 준 것은
많이 듣고 적게 말하라는 뜻이다.
- 유대 잠언

평소에 "입이 방정이다."라는 말을 들어보았을 것이다. 불필요한 말을 많이 하면 괜한 화를 부른다는 뜻이다. 유대인들은 사람의 말을 약에 비유한다. 때와 장소에 딱 맞는 적절한 말은 서로 간의 유대관계에 아주 유용하게 쓰일 수 있지만 쓸데없는 말이 많아지면 약을 과다복용했을 때처럼 부작용이 생긴다는 것이다.

유대인은 말이 많은 사람이 도둑보다 더 사람을 불안하고 힘들게 한다고 생각한다. 하찮은 거짓말도 돌고 돌아 오랜 시간이 지나다 보면 마치 '진리'인 것처럼 받아들여지고, 나쁜 소문은 친한 친구 사이도 서로 믿지 못하게 만들기 때문이다. 또 유대인들은 입을 쉴 새 없이 놀리는 촉새 같은 사람은 실제로는 똑똑한 사람이 아니라고 생각한다. 진정으로 현명한 사람은 자기 이야기를 늘어놓기보다는 다른 사람의 말을 듣고 잘 이해하는 사람이라는 것이다.

유대인들 사이에는 이런 말이 전해진다. "똑똑하지 못한 사람이 큰 소리로 웃고 떠들 때, 똑똑한 사람은 미소지을 뿐이다."

이런 인식 때문에 그들은 평소에 말을 함부로 하지 않도록 조심하고 입단속을 잘하는 편이다. 그리고 침묵해야 할 때 침묵하고 남의 말을 경청하여 큰 덕을 본다.

어느 날, 로스가 학교에서 돌아와 엄마에게 말했다.

"엄마, 오늘 축구를 하는데 경기 시작도 하기 전에 파커가 긴장해서 다리를 덜덜 떨었어요. 하하하. 우리 반에 한나는 머리가 맨날 사자 갈기처럼 헝클어져 있어요. 그래서 우리가 사자 머리라고……"

엄마가 아들의 말을 끊으며 말했다.

"로스, 엄마가 예전에 너한테 해준 혓바닥 이야기 잊어버렸니?"

로스는 어리둥절해서 대답했다.

"기억해요! 랍비가 하인에게 시장에 가서 세상에서 제일 좋은 물건을 사오라고 했더니 하인이 혓바닥을 사서 돌아왔잖아요. 며칠 후에 랍비가 또 하인에게 시장에 가서 세상에서 제일 나쁜 물건을 사오라고 하니까 하인이 이번에도 혓바닥을 사서 돌아왔어요."

"그럼 너는 그 이야기가 우리한테 무슨 교훈을 주는지 다 잊어버렸구나?"

"세상에서 제일 좋은 물건도 혀이고 제일 나쁜 물건도 혀이니 말을 함부로 하지 말라는 거잖아요!'

말을 마친 로스는 그제야 엄마의 의도를 눈치챘다.

"엄마, 알겠어요. 앞으로 다시는 다른 사람에 대해 함부로 말하지 않을게요."

엄마는 미소를 지으며 로스의 머리를 쓰다듬어주었다.

아이들은 다른 사람에 대해 이야기하는 걸 좋아한다. 가끔 자신이 무엇을 잘못하는지 인식하지도 못한 채 실수를 저지르기도 한다. 그때 부모들은 로스의 엄마처럼 아이에게 남에 대해 이러쿵저러쿵 비난하지 말라고 가르쳐야 한다.

유대인들은 수다쟁이를 싫어하고 헛소문과 유언비어를 퍼뜨리는 사람을 혐오한다. 그래서 그들은 말수가 적은 것처럼 보인다. 하지만 그들이 말하는 걸 싫어하거나 말재간이 없는 것은 아니다. 단지 공공장소에서 수다스럽게 떠드는 일을 하지 않을 뿐이다.

한 철학자가 이런 말을 했다. "때로는 침묵이 그 어떤 화술보다 효과적일 때가 있다."

유대인 부모들은 아이를 훈육할 때 이런 말을 자주 한다. "신이 인간에게 입은 하나, 귀는 두 개를 준 것은 많이 듣고 적게 말하라는 뜻이다."

유대인 아이들은 어릴 때부터 남의 말을 경청하는 데 익숙하다.

다른 사람과 가까워지고 좋은 관계를 유지하기 위해서는 말을 많이 하려 하지 말고 남의 말을 경청해야 한다는 것을 아는 것이다. 남의 말을 귀담아들을수록 사람은 현명해진다. 그래서 더 많은 사람들에게 환영받고 더 많은 친구를 사귈 수 있다.

그런데 아이를 남의 말을 경청하는 사람으로 키우기란 쉽지 않다. 유대인 부모들은 자녀의 귀가 활짝 열리게 하려고 아래와 같은 내용을 교육한다. 우리 아이들에게도 유익한 내용이니 잘 살펴보고 가르치도록 하자.

1. 타인에 대한 평가는 금물

다른 사람에 대해서 함부로 평가하지 말아야 한다. 소문이란 구르는 눈덩이처럼 전해질수록 더 보태어지다가 결국에는 그것이 '사실'인 것처럼 굳어지기 때문이다. 또한, 유언비어는 친구 사이에도 의심과 불신을 불러일으키고 서로의 마음에 상처를 줄 수 있다. 유대인 부모들은 혀를 칼에 빗대어 말을 할 때는 늘 신중해야 한다고 가르친다. 일단 입 밖으로 나온 말은 주워 담을 수도 없고, 날카로운 칼처럼 다른 사람을 다치게 할 수도 있다.

2. 경청의 방식

사람을 대할 때는 늘 진실하고 솔직한 태도로 대하고 이야기를 경청해야 한다. 또한, 대화를 나누는 중에 상대방의 감정변화를 잘 파악하고 적절한 타이밍에 공감하고 호응하는 반응을 보임으로써 상대방에게 존중받고 이해받는다는 느낌을 주는 것이 좋다.

3. 얼굴에는 미소를

상대의 말에 귀를 기울이는 중에도 얼굴에는 미소를 잃지 말아야 한다. 상대방이 존중받지 못한다는 느낌이 들지 않도록 딴생각이나 딴짓을 하지 말아야 한다. 도중에 적절한 표정과 손짓, 말투를 사용하면 어색한 분위기를 녹이고 이야기를 잘 듣고 있다는 인상을 줄 수 있다. 이런 태도 덕분에 상대에게 나의 진심이 닿으면 서로 간의 감정과 우애 역시 자연스럽게 깊어질 수 있다.

07

손님을 반기는 아이가 되게 하라

매사에 열정적인 인생이
매사에 만족하는 인생이다.
- 유대 잠언

손님을 초대하고 대접하는 풍습은 민족마다 다르다. 유대민족은 손님에게 친절하고 열정적인 민족 중 하나다. 친구나 회사 동료, 심지어는 낯선 사람에게도 다정하게 대한다.

오래전부터 유대민족은 손님을 잘 대접하는 풍습이 이어져 내려오고 있다. 그중에서도 아브라함의 이야기는 유명하다. 그는 길손으로 위장한 신의 사자(使者) 세 사람을 위해서 아내와 함께 푸짐한 만찬을 차려내었다. 이를 모범으로 삼은 유대인들은 손님을 정성스럽게 대접하는 것을 미덕으로 여기기 시작했다.

바알 요하니는 로마의 귀족들을 초대해 연회를 열 준비를 하고 있었다. 경험이 부족했던 그는 랍비를 찾아가 가르침을 청했다.

그러자 랍비가 이야기했다.

"만약 스무 명을 초대한다면 스물다섯 명을 대접할 만큼 준비를 하고, 스물다섯 명을 초대한다면 서른 명을 대접할 만큼 준비를 하면 됩니다."

그러나 바알 요하니는 랍비의 말을 알아듣지 못했고 그의 의견을 무시했다. 연회가 열리는 날, 연회장에 도착한 귀족은 스물다섯 명이었다. 그러나 준비된 요리는 스물네 명분밖에 되지 않았다. 바알 요하니는 한 손님에게 빈 접시를 내놓을 수밖에 없었다. 손님은 버럭 화를 냈다.

"나더러 접시를 먹으란 말이야?"

나중에 바알 요하니는 랍비를 찾아가 이렇게 털어놓았다.

"어떻게 해야 할지 다 말씀해 주셨는데, 그 말씀을 허투루 듣지 말아야 했습니다. 알려주신 대로 제가 따르지 않은 거예요. 그 때는 그럴 필요가 없다고 생각했거든요."

최소한의 손님 대접도 제대로 못하면서 어떻게 손님들에게 인정받을 수 있겠는가? 이는 손님을 민망하고 난처하게 할 뿐만 아니라 자신의 체면까지 깎아내리는 짓이다.

그 뒤 유대인들에게는 대접을 받은 손님이 자기 접시에 음식을 어느 정도 남겨서 초대한 쪽의 대접이 충분하고 융숭했음을 나타내는 관습이 생겨났다. 물론 초대한 쪽에서 "남기지 말고 다 드세요."라고 특별히 권하면 음식을 남겨 낭비하는 것 또한 예의가 아니니 다 먹기도 한다.

유대인들이 손님을 집에 초대하는 것을 좋아하는 것은 어린 시절부터 보고 배운 가정교육의 영향이 크다. 유대인 부모들은 자녀가 친구를 집에 데려와서 놀 때 친구에게 어떻게 해야 할지도 미리 가르친다.

먼저 유대인 부모들은 집에서 어떤 모임이 있을 때 자녀도 준비에 참여하게 한다. 보통 우리는 집에 손님이 오시거나 모임, 행사가 있을 때, 부모가 아이와 상의를 하지 않는다. 그래서 손님이 오시면 아이는 어찌할 바를 모르고 부모의 지시에 따라 수동적으로 움직일 뿐이다. 하지만 유대인 부모들은 손님 초대와 모임에 관해 자녀와 미리 이야기를 나누고 자리를 준비한다. 가능하면 아이에게 그 자리에서 해야 할 중요한 역할을 맡기며 본인이 직접 주체성을 갖고 손님을 대접하도록 만들기도 한다.

또한, 모임이 끝난 후에는 자녀와 상세히 평가하는 시간을 갖는다. 유대인 부모들은 예의범절이 자신의 행동을 되짚어보는 과정에서도 형성된다고 생각한다. 그래서 모임이나 행사가 끝나고 가족들이 다 같이 둘러앉아 지난 시간을 평가하면서 자녀가 어느 부분에서 의젓하고 예의바르게 행동했는지, 또 어느 부분이 좋았는지 이야기를 나눈다. 이때 부모들은 자녀의 행동을 유심히 관찰한 결과를 토대로 다양한 의견을 제시함으로써 아이가 자신의 모습이 어떠했는지를 명확하게 인식하도록 해준다.

부모들은 누구나 자신의 아이가 손님에게 활달하고 열정적이기를 바랄 것이다. 그렇다면 자기 자신부터 열정적이고 친절한 호스트가 되어야 하고, 자주 손님을 초대해 교류해야 한다.

유대인들은 사람을 초대하기를 좋아해서 다양한 모임의 자리를 마련하고, 주말이면 친구나 직장 동료, 친척 등 사람들을 식사에 초대해 함께 즐긴다. 심지어 그들은 모르는 사람이 찾아와서 함께 밥을 먹는다 해도 전혀 어색함을 느끼지 않는다고 한다. 이것만 봐도 유대인이 얼마나 손님을 환영하고 대접하기를 좋아하는지 충분히 알 수 있다.

08

감정과의 거리 두기

심사숙고할 때는 감정과 멀어져라.
그 순간 필요한 것은 이성이다.
- 유대 잠언

유대인들은 함부로 사람을 좋아하거나 싫어하지 않는다. 순간적이고 감정적인 판단은 실수로 이어지기 쉽고, 사람에 대해서는 이성적이어야 현명한 판단을 내릴 수 있다는 것을 알기 때문이다.

한 유대인 현자가 이런 말을 했다. "심사숙고할 때는 감정과 멀어져라. 그 순간 필요한 것은 이성이다."

물론 그런 이치는 누구나 알고 있지만, 진정으로 이성적이고 논리적인 사람이 되기란 여간 어려운 일이 아니다. 사람들은 무슨 일이 닥쳤을 때 감정이 앞서게 마련이다.

한 유대인 소년이 있었다. 소년은 누나와 장난감 때문에 자주 싸웠는데, 언제나 장난감을 독차지하는 쪽은 누나였다. 그럴 때마다 소년은 엉엉 우는 것으로 자신의 불만을 표시하곤 했다.

어느 날, 소년이 또 누나와 싸우고 울었다. 그러자 아빠는 소년의 누나에게 뭐라고 하기는커녕 소년에게 알쏭달쏭한 말을 했다.

"웃음은 바람이고 눈물은 강물이란다."

소년은 억울하다는 듯 아빠를 보고 물었다.

"왜 웃음이 바람이고 눈물이 강물인데요?"

"웃음은 바람처럼 흩어지고 눈물은 강물처럼 흘러 사라지잖아. 네가 그렇게 운다고 해서 문제가 해결되지는 않아."

그날 이후 소년은 다시는 울며 떼쓰지 않았다.

유대인 부모들은 자녀가 생떼를 부리며 울 때도 곧바로 요구사항을 들어주거나 달래주지 않는다. 아이의 울음은 자신의 불쾌한 감정을 배설하는 행동이며 그러한 행동은 긍정적인 사고나 생각을 통하지 않고 해결방법을 찾으려는 무능함의 표현일 뿐이라고 생각하기 때문이다. 유대인 부모들은 이렇게 감정에 치우친 방식을 용납하지 않는다. 그들은 아이가 지혜롭고 차분하게 생각을 통해서 문제의 해결방법을 찾기를 바란다.

사실 감정에 치우쳐 진실을 보지 못하는 것은 어린아이뿐만 아니라 성인들에게도 다반사로 일어나는 일이다. 심지어 위대한 인물이나 과학계 역시 마찬가지다. 물리학의 역사를 살펴보자. 사람들이 빛의 본질에 대해서 이해하게 되었을 때, 광파 학설은 이미 검증된 결과를 도출하였다. 하지만 당시 과학계에 뉴턴은 대단한 영향을 미치고 있었다. 뉴턴이 미립자 학설을 고수하자 사람들은 뉴턴을 믿을 뿐, 검증된 과학적 사실마저 신뢰하지 않았다. 광파 학설은 그렇게 100년 동안 외면받았고 실험실에서 다시 시연을 거쳐 재조명받은 후에야 점차 받아들여졌다.

사람들은 왜 저명한 과학자의 말은 덮어놓고 신봉하면서 과학적 사실에는 눈길조차 주지 않았을까? 이는 사람들이 감정에 기대어 판단하고 결정하기 때문이다. 사람들은 유명한 위인들은 실수하지 않을 거라고 생각한다. 그러나 위인들도 실수를 하고 잘못도 저지른다. 감정에 기댄 판단이 잘못된 인식을 심어준 경우다. 이는 유대인 부모들이 자녀에게 감정적으로 판단하고 행동하지 말라고 가르치는 원인 중 하나다.

유대인 부모들은 자녀에게 어떤 일의 잘잘못을 가릴 때 감정에 치우쳐서는 안 되고 맹목적으로 타인을 믿고 따라서도 안 된다고 가르친다. 무슨 일이든 감정적인 부분을 배제하고, 냉정하고 이성적인 사고로 잘잘못을 판단해야 한다는 것이다.

우리 사회는 매우 복잡하다. 아이들을 둘러싼 환경과 사람들 역시 복잡다단하다. 아이들은 자라면서 각양각색의 사람들을 만나고 온갖 상황과 마주칠 것이다. 그러다가 한 번쯤 이성을 잃는 일이 생기는 것도 전혀 이상하지 않다. 그렇기에 우리 아이들에게 어떤 일을 시작할 때는 항상 세 번은 고쳐 생각하고, 경솔하게 일을 벌이지 말아야 한다고 가르쳐야 한다. 이성적이고 차분한 사람은 무슨 일을 하든 평정심을 유지하고 여유가 넘치며 포용력과 유연성이 있어서 주변에서 일어나는 일을 빈틈없이 보살필 수가 있다.

그런데 반대로 감정적인 사람은 충동적이고 맹목적이며 독단적이어서 무슨 일이 생기면 자신의 감정을 주체하지 못하고 자신 또는 타인에게 해가 되는 일을 벌일 수 있다. 심지어 극단적인 생각에 빠져 죄악의 구렁텅이에 빠지기도 한다.

이성은 인간을 더 고상하고 품격있는 존재가 되게 한다. 그러나 지나친 감정은 무모하고 원시적인 충동만을 일으킬 뿐이다. 아이들이 이성의 힘과 귀한 품성을 지니게 하는 데 유대인 부모들의 교육방식을 활용한다면 도움이 될 것이다.

PART 8

건강 교육: 건강한 몸은 행복의 시작

유대인은 강한 생존력을 가진 민족입니다.
제아무리 고되고 열악한 상황에서도 그들은 강인한 정신과
지혜를 지키며 살아왔죠. 이는 유대인들이 어릴 때부터 받은
엄격한 건강 교육 덕분이라고 할 수 있습니다.
유대인들은 자녀의 식습관이나 운동, 심리적 방면의 교육을
매우 중시하고, 어릴 때부터 다양한 환경에서의
적응능력을 키워주려고 노력합니다.

01

자신을 사랑하는 것은 모든 행복의 시작

사람은 자기 자신을 유쾌하게 만들수록 더 현명해진다.
자신을 받아들이면 된다. 자신을 사랑하는 것은
다른 사람의 시선과는 상관없다.
- 유대 잠언

그리스의 파르나소스산 중턱 아폴로 신전 앞에는 소크라테스의 명언인 이런 글귀가 새겨져 있었다고 한다. "너 자신을 알라."

신의 뜻을 받든 유대인들은 사람이 우선 자기 자신을 알고 사랑해야 다른 사람을 소중히 여기는 법을 알 수 있다고 생각했다. 그래서 유대인 부모들은 자녀에게 자기 자신을 사랑하라고 가르친다.

한 유대인 소녀가 랍비에게 이렇게 물었다. "제가 어떻게 해야 삶을 충실하게 살 수 있나요?"

랍비의 대답은 간단했다. "있는 그대로."

있는 그대로 자기답게 사는 것은 본능이고 본색이다. 유대인 부모들은 자녀에게 자아라는 개념을 가르치는 것이 매우 중요하다고 생각한다. 아인슈타인은 그 자체로 있는 그대로의 삶을 산 사람이다.

> 아인슈타인의 대학 재학 시절, 페르네 교수가 제자인 그에게 이렇게 물었다.
> "자네는 학문에 관한 관심과 열정은 모자라지 않지만, 능력이 그에 모자란 것 같네. 의학이나 법학, 철학을 공부하지 않고 물리학을 공부하려는 이유가 무엇인가?"
> 교수로부터 이런 말을 들어도 아인슈타인의 생각은 흔들림이 없었다. 그는 여전히 물리학에만 관심이 있었다. 자기 자신을 누구보다 잘 이해하고 믿었으며 어떤 사람인지 정확하게 인식하고 있었기 때문이다. 그는 자신이 물리학에 재능이 있다는 것을 알았다. 계속해서 열심히 연구하면 좋은 성과를 거두리라고 확신했다. 그리고 결국 그는 자신의 생각이 옳았음을 증명해 냈다.

유대인의 세계관 속에서 '나'는 유일무이한 개체다. 우리는 자신만의 환상, 희망, 꿈과 두려움을 품고 있으며, 자신의 주인으로서 무엇이든 원하는 대로 할 수 있다. 그렇기에 우리는 나 자신의 모든 것을 받아들일 수 있고, 동시에 자신의 가장 좋은 면을 끌어낼 수가 있다.

유대인들은 수천 년의 세월 동안 유랑하고 표류하며 세계 곳곳에서 냉대와 멸시, 박해로 고통받았다. 이국 만리타향에서 그들이 믿을 사람이라고는 자기 자신밖에 없었다. 그들을 도와줄 이는 아무도 없었다. 이런 역사적 경험으로 유대인들에게는 자기 자신을 믿는 신념만이 자신을 구할 수 있다는 인식이 깊게 자리 잡았다.

유대인들은 자기 자신의 안전과 행복, 안정을 최우선으로 도모해야 한다고 생각한다. 자기가 안정을 얻고 여유가 있어야 다른 사람을 도울 능력도 생기기 때문이다. 경제적으로 성공하거나 가치 있는 일을 한 사람은 자신의 힘으로 세상과 싸우고 헤쳐나간 사람이다. 그러나 온종일 세상일을 걱정하기만 하고 자신의 가난조차 이겨내지 못하는 사람은 존경받을 수 있을지는 몰라도 남을 돕거나 사회에 공헌할 능력도 방법도 없는 무능력한 사람일 뿐이다.

물론 자기 자신을 사랑하는 방식은 가지각색이다. 부자가 되거나 능력을 쌓는 등 거창한 일 말고도 자신의 외모와 신체를 좋아하고 사랑하는 사소한 일에서부터 시작할 수도 있다. 성인들은 자신의 외모, 성격, 능력의 장점, 단점 등에 대해 어느 정도 인식하고 있지만, 아이들은 아직 인식능력이 완전하지 못하기 때문에 자신을 객관적으로 보거나 사랑하지 못하는 경우가 많다. 그래서 아이가 자신을 정확하게 인식하고 나아가 자신을 사랑하도록 부모들이 어느 정도 이끌어줄 필요가 있다. 유대인 부모들은 보통 이런 단계를 거쳐 자녀를 교육한다.

1. 인생 목표 정하기

인생의 목표를 정하기란 쉬운 일이 아니다. 이것은 아이 스스로 자신이 처한 상황에서 가장 유리한 방향이 무엇인지 이성적으로 분석,

판단해야 하는 과정이다. 그 이후에는 적절한 기회를 이용해 앞으로 닥칠 수 있는 위험의 소지를 줄이고 자기 자신의 가치를 높여가야 한다. 여기서 가장 중요한 것은 변화를 용감하게 직시하고 받아들이는 것이다. 자신만의 확고한 방향성과 이를 이룰 충분한 능력이 있어야 인생의 목표를 설정하고 이룰 수 있다.

2. 자신의 위치 정확하게 인식하기

우리 사회는 복잡다단하다. 그 속에서 사람들은 각자 자신에게 어울리는 위치와 지위를 찾아야 한다. 예를 들어 아이가 어울리지 않는 옷을 입고 부적절한 자리에 있다면, 자신감이 떨어져 괴로움과 내면의 공포감이 커질 것이다. 이와 마찬가지로 자신이 있어야 할 자리가 아닌 곳에 있다 보면 매사에 점점 소극적이고 진취적이지 못한 아이가 될 것이다.

3. 자신을 사랑하는 법 알기

자기애란 자신을 이해하고 사랑하는 마음을 말한다. 다른 사람의 사랑에 구애받지 않기에 다른 사람에게 나를 설득하고 이해시킬 필요가 전혀 없는 것이다. 아이가 자신을 제대로 인식하고 충분히 이해하고 받아들인다면, 다른 사람이 자신을 어떻게 보는지는 전혀 상관하지 않게 될 것이다.

아이가 자신을 사랑하도록 교육할 때는 '본인의 이미지가 긍정적인지 부정적인지' 등의 생각은 일단 접어두도록 한다. 사람은 누구나 고유한 이미지를 갖고 있지만, 사실 그것도 자주 변하기 때문이다. 예를 들어 “자기 자신을 좋아하세요?”라는 물음에 부모는 자신의 부정적인 이미지들을 생각해 “아니오.”라고 대답할 수도 있다. 하지만 아이들은 자기 자신에 대해 긍정적인 생각을 더 많이 하여 그 물음에 “네.”라고 대답할 수 있게 이끌어주어야 한다. 자신을 사랑하고 인정하는 사람이 보다 행복한 삶을 누릴 수 있기 때문이다.

02

자신을 사랑하듯 자연을 사랑하라

푸른 공원이 하나도 없는 도시에서 살지 마라.

- 유대 잠언

유대인들은 깨끗하고 청결한 환경에서 살아야 한다고 생각하며, 그 누구도 도시의 위생에 해를 끼치는 행위를 해서는 안 된다고 생각한다. 그래서 이런 규칙이 있을 정도였다. "사람들이 사는 도시에서 50피트(약 15미터) 거리 이내에는 영구적인 탈곡장, 묘지를 지을 수 없다. 가죽을 만드는 곳은 도시에서 50피트 거리 이내에 지을 수 없으며 도시의 동쪽에만 지을 수 있다."

이런 규정이 생긴 것은 먼지나 악취로 피해받는 주민들이 없게 하기 위해서였다. 가죽 공장이 동쪽에 지어져야 하는 것 역시 동풍이 비교적 약하니 악취가 도시를 덮치지 않게 하기 위함이었다.

유대인들은 환경보호자라고 할 수 있다. 그들은 인간의 생활환경을 인간 문명의 중요한 내용으로 삼았다. 또한, 대자연을 아끼고 소중히 하는 것은 생명을 소중히 하는 것과 같이 신에 대한 경배라 생각한다.

유대인들은 이 세상이 신과 신에게 선택받은 자들에 의해 창조되었다고 생각한다. 유대인들은 선택받은 자들이며, 그래서 이 세상은 그들에 의해, 그리고 그들을 위해 창조된 것이다. 그러므로 유대인들은 언제 어디서든 이 세상과 자연을 잘 돌보고 필요한 부분을 채워가야 한다고 생각한다.

> 일꾼 몇 명이 랍비 요셉의 땅에서 밭일을 했다. 날이 어두워졌지만, 그들에게는 먹을 것이 전혀 없었다. 그래서 랍비의 아들에게 먹을 것이 없어 배가 고프다고 푸념을 늘어놓았다.
>
> 마침 무화과나무 아래에 있던 랍비의 아들은 무화과나무에 말을 걸었다.
>
> "무화과나무야, 무화과나무야. 열매를 맺어다오. 아버지의 일꾼들이 허기를 채울 수 있게."
>
> 그러자 무화과나무가 정말로 무화과 열매를 맺었고, 일꾼들은 열매를 맛있게 먹었다. 그때 랍비가 돌아와 일꾼들에게 미안함을 전했다.
>
> "구제 사업을 하느라 늦었습니다. 용서하십시오."
>
> "신께서 그에 응답하시기를 바랍니다. 당신의 아들이 저희에게 응답한 것처럼요."
>
> 일꾼들은 랍비에게 이렇게 말하고는 아들이 무화과 열매를 준 이야기를 했다.

랍비는 그 이야기를 듣자 아들을 향해 돌아서서 노여움에 찬 목소리로 말했다.

"아들아, 너는 제철이 오기도 전에 무화과나무에 열매를 맺게 했구나. 조물주의 뜻을 거스르다니. 그렇게 하다가는 너도 너의 날이 오기 전에 이 세상에서 사라져버릴 것이다!"

자연을 아끼고 배려하는 유대인의 마음을 알 수 있는 이야기다. 자연을 사랑하고 집을 가꾸는 것은 유대민족의 가장 뛰어난 장점이라 할 수 있다. 환경을 아끼고자 하는 유대인들의 의지는 책임감의 발로인 동시에 지혜의 산물이다. 세상에 책임감이 강한 사람은 많고 지혜로운 사람도 많지만, 환경의 중요성에 대해 그토록 책임감을 느끼는 사람은 그다지 많지 않다. 앞으로 더 나은 삶을 누리기 위해서 우리는 자녀가 책임감 있고 지혜로운 환경보호자가 되도록 가르쳐야 한다.

그렇게 하려면 먼저 아이에게 자연환경을 아끼고 사랑해야 한다는 생각을 심어주어야 한다. 부모가 시간이 날 때마다 아이를 데리고 근처 공원이나 친환경적인 시설 등에 방문해 자연에 관해 알려주는 것이 좋다. 봄에는 나무에 잎이 나고 땅에서 싹이 트는 모습을, 여름에는 올챙이가 개구리가 되는 과정을, 가을에는 나무의 푸른 잎이 노랗게 변하고 낙엽이 되어 땅으로 돌아가는 변화를, 겨울에는 겨울잠을 자는 작은 동물들의 생태를 관찰하게 해준다. 아이가 계속해서 자연을 접하고 직접 체험하다 보면 자연을 사랑하는 마음이 점점 배가될 것이다.

그리고 아이들이 여러 가지 물건과 자원을 아끼도록 가르친다. 이런 습관은 아주 어릴 때부터 몸에 완전히 배도록 하는 것이 좋다. 아이가 좋아하는 장난감을 아끼고 소중히 여기는 것부터 시작해서 생활의 다른 영역까지 아끼고 절약하는 습관을 확장해 나가면 된다. 아이는 일상생활 속에서 쉽게 할 수 있는 환경친화적인 일을 통해 자원 절약의 중요성과 방법을 이해하게 될 것이다.

유대인들은 하늘은 포근한 요람이니 연기를 내뿜어 지구를 아프게 해서는 안 되고, 목초지는 부드러운 카펫이니 함부로 쓰레기를 버려 지구를 힘들게 해서는 안 된다고 생각한다. 우리 부모들 역시 자연을 사랑하고 보호해야 한다는 점을 유념하고 환경보호와 관련된 개념과 실천 습관을 아이에게 잘 물려주어야 할 것이다.

03

적절한 식습관, 건강의 근본

먹기 싫은 음식을 억지로 먹지 마라.
이는 자기 자신에 대한 경시이자 음식에 대한 경시이고
축복에 어긋나는 일이다.
- 유대 잠언

유대인들은 정처 없이 떠도는 세월을 보내면서 제대로 먹지 못하는 굶주림을 깊이 경험했고, 음식물에 대한 이해도 깊어졌다. 그들은 음식을 적절히 절제하면서도 소홀히 하지 않는 것이 신체 건강과 장수의 중요한 요인이라고 생각한다.

랍비인 가말리엘은 이런 말을 했다. "나는 세 가지 이유로 페르시아인을 흠모한다. 그들은 음식을 먹는 것에 정도를 알고, 화장실 가는 것에 정도를 알고, 성생활에 정도를 안다."

유대인들의 식습관에서 기본 원칙은 "위 용량의 삼 분의 일은 먹어서 채우고, 삼 분의 일은 마셔서 채우고, 삼 분의 일은 비워둔다."라고 한다. 유대인들은 가난 때문이든 절약이나 절제 때문이든 어쨌

든 최대한 간단하고 소박하게 먹는다. 유대인 부모들은 자녀가 절제된 식습관을 갖길 바란다.

점심시간이 되자, 엄마는 호프만이 제일 좋아하는 파이를 구웠다. 호프만은 뛸듯이 기뻐하며 파이를 맛있게 먹기 시작했다. 파이를 다 먹은 호프만이 엄마에게 물었다.

"엄마, 파이 하나만 더 주세요."

"호프만, 너 파이를 벌써 몇 개 먹었는지 알아?"

"이게 세 개째예요."

호프만은 파이를 입안으로 우걱우걱 밀어넣었다.

"그게 마지막이야. 그거 다 먹으면 이제 없어."

"왜요? 한 개 정도는 더 먹을 수 있는데. 제 배 좀 보세요. 아직 이렇게 홀쭉하잖아요!"

"한 개가 더 들어가면 배가 터지려고 할걸?"

"그래도요, 엄마. 파이가 너무 맛있어요. 한 개만 더 주시면 안 돼요?"

"호프만, 지난번에 요한이 왜 병원에 갔는지 잊었니?"

"너무 많이 먹어서요."

"너도 파이를 더 먹으면 요한처럼 위가 탈이 나고 말 거야. 엄마 말 잘 들어. 정해진 시간에 적당한 양으로 먹는 게 좋은 거야. 알겠니?"

"엄마, 잘 알겠어요. 많이 먹으면 배가 아프고, 병원에 가면 주

사도 맞아야 하니까 과식하면 안 돼요."

호프만은 손에 든 파이를 다 먹어치우고는 친구들과 놀기 위해 신나게 달려나갔다.

유대인들은 음식의 양을 적절히 조절하는 것을 비롯하여 식습관과 관련해서도 엄격한 편이다. 유대인 부모들이 자녀의 식습관을 엄격하게 관리하는 것은 아이가 건강하게 성장하기를 바라기 때문이다. 유대인 부모들의 식습관 관리법을 몇 가지 살펴보자.

1. 정결하지 않은 음식은 먹지 않는다

유대인들은 그들의 율법에 따라 정결한 음식, 즉 코셔(Kosher) 식품만 먹는다. 낙타, 토끼 등의 고기는 먹을 수 없을 뿐만 아니라 만져서도 안 된다. 그러나 양, 소 등은 먹을 수 있다. 수생 동물 중에서도 비늘과 지느러미가 있는 어류만 먹을 수 있고 그렇지 못한 새우, 조개 등은 정결하지 못한 것으로 분류되어 먹을 수 없다. 다른 동물의 썩은 고기를 먹고 사는 동물, 늙고 병들어 죽은 동물 또한 먹을 수 없다. 또한, 정결한 동물이라도 율법에 규정된 방식으로 도살된 고기만 먹을 수 있다.

2. 식사 시간을 정확하게 지킨다

유대인들은 몸에서 필요로 할 때만 식사를 하면 된다고 생각하여 "배고플 때 먹고 목마를 때 마시라."고 한다. 그들은 때가 되지 않았는데 식사를 하는 사람은 위장장애가 쉽게 일어난다고 여긴다.

한 랍비는 자기 아이들을 이렇게 가르쳤다. "일찍 일어나고 일찍 먹어라. 여름에는 덥고 겨울에는 춥기 때문이란다. '아침을 일찍 먹으면 누구보다 빨리 뛸 수 있다.'라는 속담을 꼭 기억하렴."

그는 아이들이 스스로 식사 시간을 합리적으로 안배하고 이를 자율적으로 지킬 수 있는 역량을 키워주려 했다.

3. 절제된 자세로 식사를 즐긴다

유대인들은 식사할 때 되도록 말을 아낀다. 혹시라도 음식물이 호흡기관으로 들어가 몸을 해치는 것을 피하기 위해서다. 유대인 가정에서는 아이들이 식탁 앞에서 소란을 피우며 밥을 먹는 것은 절대 허락되지 않는다. 식사 중에는 온 가족이 음식에 집중한다. 이런 식습관은 음식물의 소화 흡수에 도움이 되어 아이들의 위장을 보호하는 기능도 한다.

유대인 부모들은 자녀에게 유년기부터 위와 같은 식사규칙을 가르친다. 자녀들에게 올바르고 건강한 식습관을 길러주려는 목적에서다. 좋은 식습관은 아이들의 건강과 발육에 이로운 영향을 미친다. 유대인들의 지혜를 살펴보았으니 우리 자녀들도 건강한 식습관과 식문화를 통해 건강하게 성장할 수 있도록 잘 이끌어주자.

04

유대인의 독특한 식탁문화

식탁은 가족들이 함께 모여앉아
즐거운 시간을 보내고 삶을 즐기는 공간이다.
- 유대 잠언

유대인은 가족이 모여 함께 식사하는 분위기를 매우 중요하게 여긴다. 이는 유대인의 식탁문화 중에서도 아주 전통적인 습관이며, 모두가 이 전통을 지킨다. 그들은 가족이 다 함께 식사해야 가족 간의 정이 쌓인다고 생각한다. 유대인 부모들은 자녀가 어릴 때부터 식사 예절을 정확히 익히게 한다. 식탁에서 보이는 모습이 그 사람의 수준과 교양을 나타낸다고 생각하기 때문이다.

유대인 자녀들은 일정한 나이가 되면 어른들과 함께 식탁에서 식사하게 된다. 그리고 그 순간부터 식탁에서 식사 예절을 엄격하게 지키게 된다. 집에 아주 중요한 손님이 오면 자녀들은 손님과 함께 식사한다. 이런 문화 덕분에 유대인 아이들은 식탁에서 아주 의젓하고 예의 바르다.

찰스는 늘 사람을 기분 좋게 만들어서 주변 사람들로부터 귀여움을 받는 아이다. 그런데 어느 날, 찰스는 기분이 좋지 않았다. 학교에서 만들기 시간에 찰스가 배를 만들었는데, 친구들이 그 배를 햄버거 같다고 놀린 것이다.

저녁식사 시간, 찰스는 무겁고 침울한 표정으로 식탁 앞에 앉아 있었다. 밥도 먹는 둥 마는 둥 했다. 엄마는 찰스가 우울하게 앉아 있는 모습을 보고 이야기했다.

"얘야, 식사 중에는 다른 일은 생각하지 마. 밥 먹는 데 집중해야지. 꼭꼭 씹어서 맛있게 먹고 기쁜 마음을 가져야 소화도 잘 된단다. 안 그러면 건강에 좋지 않은 영향을 주거든. 그러니까 안 좋은 일이 있었으면 밥 먹고 나서 엄마한테 얘기해. 무슨 일이든 엄마가 도와줄 테니까."

찰스는 엄마의 말씀을 듣고서야 기운을 차리고 밥을 먹기 시작했다. 식사가 끝난 후 엄마는 학교에서 있었던 일을 듣고 찰스에게 종이배를 예쁘게 접는 법을 알려주었다. 그러자 찰스는 금세 기분이 좋아졌다.

엄마의 다정하고 배려심 있는 교육 덕분에 찰스는 가족들이 식사하는 분위기를 망치지 않을 수 있었다. 그리고 잠깐의 기분보다는 건강이 훨씬 더 중요하다는 것을 이해하게 되었다.

보통 유대인 부모들이 식탁에서 하는 교육은 아래 두 가지 사항으로 요약된다.

첫째, 기본적인 식탁 예절을 잘 지킨다. 유대인 부모들은 웃어른을 공경하고 서로 예의를 갖추어야 함을 우선으로 가르친다. 그래서 식사를 시작할 때나 마칠 때 꼭 서로 인사를 한다. 식사하는 중에는 소란스럽지 않고 차분하게, 손님이 함께 식사할 때는 적절하게 서로 담소를 나누기도 한다. 이러한 식탁 예절과 문화는 가족 구성원들끼리 정이 돈독해지는 것은 물론 자녀들의 소통능력을 높이고 대인관계를 원활하게 하는 효과가 있다.

둘째, 식사는 가능하면 함께 한다. 유대인들은 가족과의 일상을 아주 중요하게 여긴다. 그래서 시간이 허락하는 한 가족들과 함께 식사하는 것을 당연하다고 생각하기에 가족들의 식사 자리에 빠지는 일이 드물다. 그래야 가족 간의 유대관계가 깊어지고 결집력이 높아진다. 또 이런 분위기 속에서 자란 아이들은 가족과 끈끈한 정을 나누었기에 부모를 존경하고 전통을 지키는 것은 물론 그들의 민족정신까지 함양하게 된다.

유대 가정 특유의 식탁문화는 아이들에게 가정 내 소속감을 길러주는 동시에 민족을 사랑하는 마음마저 고취한다. 이로써 유대민족 전체가 강한 응집력과 결집력을 가질 수 있었고, 오늘날의 영광을 누릴 수 있게 되지 않았을까.

05

운동을 좋아하는 아이로 만들기

사람들은 나쁜 습관으로 인하여 건강을 해치고 있다.
신체단련은 이런 폐해를 없애준다.
- 유대 잠언

운동은 사람을 건강하게 만든다. 유대인 부모들은 자녀들에게 건강을 해치는 나쁜 습관에 물들지 말라고 가르치고, 체력단련을 통해 아이들의 체질을 건강하게 만들기 위해 노력한다.

종목이 무엇이든, 계속 열심히 하면 운동은 몸을 건강하게 만든다. 두뇌를 맑게 하고 몸을 튼튼하게 해주는 것은 물론 인내력까지 길러줄 수 있다. 그래서 유대인 부모들은 아이가 좋아하는 운동 종목 하나는 꼭 배우게 하고, 그로 인해 생활을 더 활기차게 즐기도록 해준다. 보어가 축구를 좋아하길 바라는 보어 아빠처럼 말이다.

어느 주말, 보어의 아빠는 축구를 하러 나가려고 운동복을 갖춰 입었다. 호기심 어린 눈으로 아빠를 보던 네 살짜리 보어가 물었다.

"아빠, 어디 가요?"

아빠는 쭈그리고 앉아 보어에게 이야기했다.

"아빠는 친구들하고 축구 경기를 하러 갈 거야. 너도 같이 갈래?"

"어, 아빠, 축구가 만화 보는 것보다 재미있어요?"

보어는 눈을 깜빡거리면서 물었다. 아빠가 웃으며 대답했다.

"보어, 만화에 나오는 대장이 어떤지 아빠한테 말해 줄래?"

"엄청 용감해요. 몸도 튼튼하고요. 다른 작은 동물들은 절대 못 이겨요."

보어는 만화에서 본 것을 열심히 되짚었다.

"아들아, 축구는 몸을 튼튼하게 하는 운동이야. 축구를 하면 너도 대장처럼 강한 어깨와 힘센 다리를 가질 수 있어. 아빠하고 같이 축구 하러 갈까?"

"응. 나도 튼튼해질래요. 요셉보다 더 힘이 세질 거예요."

보어는 힘차게 고개를 끄덕였다.

"그래, 아빠하고 같이 가보자."

보어의 아빠는 아들이 운동에 눈을 뜨고 건강한 신체에 건전한 정신을 갖게 되길 바랐다. 이는 대다수 유대인 부모들의 공통된 생각이다. 그들은 아이가 나중에 어떤 일에 종사하든 건강한 몸이 삶의 가장 중요한 기초가 된다고 생각한다. 그래야 몸과 마음을 다해 열심히 일해도 뒤탈이 없기 때문이다. 그리고 운동은 건강한 몸과 마음을 기르는 가장 강력하고 효과적인 방법이다.

물리학자 막스 플랑크가 평생 제일 좋아한 운동은 등산이었다. 여든이 되기 전, 그는 유럽의 가장 높은 산맥인 알프스를 정복했다. 오랜 기간 즐겨온 운동은 플랑크에게 강건한 신체와 정신력을 선사했고, 그는 84세가 될 때까지도 아주 건강한 몸으로 젊었을 때처럼 일했다. 이처럼 잦은 운동과 신체단련은 사람의 두뇌 역시 깨어 있게 하고 낙관적인 태도를 유지할 수 있게 해서 어떤 일의 성취와 성공에 큰 도움이 된다.

유대인 가정에서는 아이가 운동을 좋아하는 습관을 갖게 만든다. 육체적인 활동에 참여함으로써 아이에게 생기는 이점이 많기 때문이다. 운동을 열심히 하면 신체가 건강하게 발육하는 것은 물론 두뇌 발달이 촉진된다. 또한, 아이가 올바른 정체성을 가지는 데 도움이 되는 한편, 정서적이고 감정적인 부분까지 영향을 미쳐서 아이가 즐겁고 유쾌하게 성장하도록 한다.

그렇다면 운동은 어떻게 시켜야 할까?

우선 아이 신체가 종합적으로 발달하는 데 중점을 두어야 한다. 유대인 부모들은 자녀의 신체가 구석구석 조화롭게 발전하고 성장하는지는 물론 힘과 속도 등 신체적인 능력 및 자질의 발전까지 파악해서 달리기, 뛰어오르기 등도 함께 단련하게 한다. 그런 운동을 통해서 아이들은 민첩성, 결단력, 인내심, 침착함 등의 자질을 익힐 수 있고, 신체 능력이 발달하는 동시에 강한 정신력, 의지력, 올바른 인성을 키울 수 있다.

그리고 운동 역시 아이의 상황에 맞춰 적절히 진행해야 한다. 유대인 부모들은 체력단련 시간이 무조건 길거나 또는 운동 강도가 강하다고 해서 효과가 좋다고 생각하지 않는다. 체력단련은 신체의 생리기능에 적절히 맞추어 진행되어야 한다. 그래서 아이의 신체발달 상황이 어떠한지 이해하고, 적절한 강도와 시간을 합리적이고 과학적으로 계획해서 실시해야 한다.

"운동이 생명이다."라는 말이 있다. 우리도 유대인 부모들처럼 자녀의 신체단련에도 신경을 써야 한다. 튼튼하고 건전한 성장 환경을 통해 자녀가 육체적, 정신적으로 종합적인 발달을 이룰 수 있도록 지속적인 노력을 기울이자.

06

충분한 휴식의 중요성

강철로 만든 활이라도 계속 당기면 탄력이 떨어진다.
- 유대 잠언

유대인은 시간을 소중히 여기고 열심히 산다. 그렇지만 편안하게 쉬어야 한다는 것 또한 잘 알고 있다. 아무리 좋은 머리도 오랫동안 쉬지 않고 긴장 상태를 유지하면 지치고 피곤해지기 때문이다. 그래서 그들은 효율적이고 능률적인 업무 수행을 위해 바쁜 와중에도 망중한을 즐긴다. 이것은 어릴 때부터 길러온 습관이다.

유대인 부모들은 자녀에게 생활이나 학업에서도 밀고 당기기, 즉 언제 공부를 하고 언제 쉬어야 할지가 적절히 조화를 이뤄야 한다고 가르친다. 누구나 긴장을 푸는 시간이 있어야 하고 여가를 갖고 여유를 즐길 수 있어야 한다. 유대인들은 이 점을 분명히 알고 있다. 그래서 근면성실한 생활 태도를 부르짖으면서도 맹목적으로 일 중독이 되는 것은 지양해야 한다고 생각한다. 아이들에게도 휴식시간이 꼭 필요하다는 점을 잊지 않고 가르친다.

안나가 기대감이 가득한 목소리로 엄마에게 말했다.

"엄마, 내일은 일요일이에요. 아빠한테 놀러가자고 해요."

엄마가 대답했다.

"일요일은 쉬면서 에너지를 회복하는 날이야. 밖에 놀러 나가면 몸이 더 피곤해지고 제대로 쉬지도 못하고, 그러면 다음 주에 공부하는 데에도 영향이 있을 텐데. 이번 일요일에는 그냥 밖에 나가지 말고 집에서 편안하게 쉬자. 알았지?"

안나는 포기하지 않고 엄마를 설득했다.

"엄마, 안 그럴 거예요. 선생님이 어린이들은 자주 놀러 나가고 여행을 하면서 시야를 넓혀야 한다고 했어요. 그래야 이해력도 높아진다고 했단 말이에요. 그러니까 공부 열심히 하고 쑥쑥 자라는 데 여행이 도움이 될 거예요."

엄마는 아주 평온한 태도로 말했다.

"안나, 엄마한테 말해 보렴. 작년 여름방학은 어떻게 보냈지?"

안나는 고개를 갸웃거리며 한참 생각하더니 대답했다.

"작년 여름방학 때, 엄마하고 아빠하고 영국에 가서 배도 타고 빅벤에서 다 같이 사진도 찍었잖아요."

"그것 봐. 엄마는 너한테 여행을 가지 말라는 게 아니야. 네가 충분히 쉬고 건강할 때 여행을 가자는 거잖아. 그래야 네 시야도 넓힐 수 있고 공부에도 지장이 없겠지."

엄마는 안나에게 참을성 있게 설명해 주었다. 그러자 안나가 잘 알겠다는 듯 대답했다.

"아, 엄마, 알았어요. 그럼 이번 주는 푹 쉴게요."

특히 아이들은 휴식이 필요할 때 우선 푹 쉬고 나서 다른 일을 시작해야 한다. 유대민족은 일과 휴식을 제대로 구분하고 즐기는 민족이다. 그들이 기념일을 얼마나 중요하게 생각하고 또 어떻게 보내는지를 보면 알 수 있다.

이스라엘에는 유대교와 관련된 많은 명절과 기념일이 있다. 그렇게 쉬는 동안 유대인들은 업무 관련으로 서로 논의하거나 깊이 생각하는 법이 없다. 오로지 기념일이나 명절에 맞게 즐거운 마음으로 가족들과 시간을 보낸다. 친구를 찾아가 살아가는 이야기나 취미활동을 공유하거나 자녀들과 둘러앉아 학교생활에 관해 이야기를 나누는 식이다.

유대인들은 상업에 종사하는 경우가 많다. 그래서 늘 바쁘다. 본인만 원한다면 평생 열심히 일하며 계속 바쁘게 지낼 수 있다. 그러나 그들은 자신의 건강을 끔찍이 생각하고 챙긴다. 건강을 유지하기 위해서는 휴식이 필수적인데, 사실 휴식은 필연적으로 일과 충돌하게 된다. 그럼 어떻게 해야 할까? 유대인들은 이럴 때 지체없이 일을 포기한다. 그리고 달콤한 휴식을 선택한다.

심리학자들에 따르면 인간의 의식은 지속적이고자 하는 특성을 보인다. 충분한 휴식을 취하지 못하면 깨끗이 잊은 줄 알았던 이전의 잔상들이 잠재의식 속에 그대로 남아 있다고 한다. 라디오의 음량을 줄여서 완전히 소거한다고 그 채널 자체가 사라지는 것이 아니듯 말이다. 그래서 유대인들은 휴식과 일, 학업을 똑같이 중요하게 생각하고, 자녀에게 휴식이 필요할 때는 언제든지 학업에서 완전히 벗어나 편안하게 즐길 수 있는 환경을 조성해 준다. 쉬어야 하는 시간에 자신의 컨디션을 회복하고 조절하지 못하면 심신의 안정을 얻기 힘들다고 생각하는 것이다.

한 유대인 랍비는 학생들에게 이런 말을 했다. "장시간 공부를 할 때, 한 시간에 한 번씩은 쉬면서 자신의 마음을 끝없이 넓은 세계로 향하게 하라."

유대인 부모들처럼 우리도 학업과 휴식을 적절히 조절하도록 가르쳐야 아이들이 삶을 더 건강하고 탄력적으로 영위해 나갈 수 있을 것이다.

PART

9

금융지수(FQ) 교육: 유대인의 탁월한 선견지명

유대인 거부와 거상은 하늘의 별처럼 많습니다.
이것은 유대인이 어릴 때부터 부와 재산을 중시하는
가정교육을 받은 것과 깊은 관련이 있습니다.
유대인은 사람이 지혜로워야
돈을 벌 능력이 있다고 생각합니다.
그리고 수익을 내는 능력은 후천적으로
충분히 기를 수 있다고 믿는답니다.

01

경제관념 교육은 어릴 때부터

돈은 잘 사용한다면 좋은 노예 같지만,
잘못 사용하면 도리어 주인행세를 한다.
– 유대 잠언

유대인들은 어릴 때부터 부모로부터 이런 교육을 받는다. “신은 보이지 않고 만질 수도 없다. 그러니 현실세계의 금전은 정신세계의 신보다 더 가깝다.”

유대인들은 돈과 자산이 세속의 신이며, 세속의 신은 정신적인 신보다 더 실재적이고 현실적인 존재라고 여긴다. 그들의 금전에 대한 숭배는 신을 향한 숭배에 뒤지지 않는다. 바로 이런 금전에 대한 숭배가 전 세계의 유대인 거부들을 탄생시켰다.

유대인들에게 돈을 버는 것은 대단히 중요한 일이다. 그러나 그들은 돈을 벌기 위해 수단과 방법을 가리지 않는 파렴치한 짓을 해서는 안 된다는 것을 잘 알고 있다. 그들은 성실함과 뛰어난 두뇌로 열심히 돈을 번다. 흔히 사람이 큰돈을 벌면 변한다고 하지만, 유대인들은 그렇게 생각하지 않는다. 사람을 변하게 하는 것은 돈이 아니라 인간의 탐욕이라고 생각한다. 유대인 부모들에게 돈에 대한 올바른 생각과 의식을 심어주는 교육은 자녀의 성장에 큰 영향을 미치는 중요한 일이 아닐 수 없다. 석유 재벌 록펠러가 그 좋은 예다.

> 록펠러는 전형적인 유대 가정에서 태어났다. 그의 아버지는 유대식 교육방식으로 그를 가르쳤다. 아버지는 그가 네다섯 살 때부터 할 수 있는 집안일을 최대한 돕게 했고 일을 잘 해내면 용돈을 조금씩 주었다. 용돈은 어떤 일을 했는지에 따라서 가격이 다르게 매겨졌다.
>
> 록펠러가 조금 더 크자, 아버지는 그에게 용돈을 아예 주지 않았다. 그리고 돈을 쓰고 싶으면 나가서 직접 벌어서 쓰라고 했다. 그래서 록펠러는 아버지의 농장에 나가 소젖을 짜고, 소젖을 받은 통을 직접 나르는 등 여러 가지 일을 도왔다. 그리고 아버지가 시킨 일의 품삯을 전부 자신의 장부에 기록해 두었다가 얼마간 시간이 지나면 아버지와 함께 돈을 정산했다. 그럴 때마다 두 사람은 장부에 써놓은 일의 완성도를 두고 값을 흥정했고, 때로는 사소한 문제로 말다툼을 벌이기도 했다.
>
> 록펠러는 여섯 살 때 아버지에게서 받은 용돈을 알뜰하게 모아 저축한 50달러를 인근에 사는 농부에게 빌려주었다. 빌려줄 때 상환 일자와 이자를 정해 놓았는데, 날짜가 되어 농부가 돈을 갚으러 왔다. 록펠러는 농부에게 53달러 75센트를 돌려받았다.

이렇게 어린 꼬마가 이토록 철저한 경제관념을 가졌다는 사실에 놀란 농부는 혀를 내두를 수밖에 없었다.

어릴 때부터 경제관념에 대한 조기교육을 철저히 시킨 가정환경 덕분에 록펠러는 사업에서 놀라운 경영수완을 발휘하여 엄청난 부와 성공을 거두었다. 그리고 록펠러도 자신의 자녀들을 유대식 교육 방식으로 엄격하게 가르쳤다.

유대인들은 돈벌이에 관해 이렇게 열정적이고 솔직하며, 자신의 경제관을 숨김없이 드러낸다. 그들은 명확한 목표를 세우면 그 과정에 완전히 뛰어들어 최선을 다해서 돈벌이에 집중한다. 유대인에게 돈은 평생 추구해야 할 목표다.

유대인 부모들은 자녀에게 어떻게 경제관념을 심어줄까?

1. 돈이 어떻게 생기는지 알려준다

유대인 부모들은 돈이 노동으로부터 나온다는 것을 자녀에게 꼭 알려준다. 예컨대 아이들을 큰길가로 데려가, 교통정리를 하는 교통경찰, 가판대에 물건을 늘어놓고 파는 상점 주인, 택시를 운전하는 택시 기사 등 다양한 노동 형태를 살펴보게 한다. 그리고 이 사람들이 모두 자기 일을 하는 것이며, 이런 노동을 통해서 돈을 벌 수 있다는 사실을 알려준다. 또는 부모가 하는 일이나 업무 내용 등을 아이에게 설명해 주고 여건이 허락한다면 아이가 직접 부모의 일을 체험해 보게 한다.

2. 합리적이고 계획적인 소비를 가르친다

부모는 자녀에게 돈에 너무 욕심을 부리거나 너무 인색해서는 안 되고, 합리적이고 계획적인 소비를 해야 한다고 가르쳐야 한다. 적당한 수준의 용돈을 주고 문구류나 책 등 꼭 사야 할 중요한 것에 올바르게 돈을 쓰는 법을 배우게 하면 좋다. 남은 동전을 모아 불우이웃을 돕는 성금을 낸다든지 용돈을 아껴 웃어른의 생일 선물을 사게끔 해서 동기부여를 한다면 아이들은 합리적인 소비와 더불어 나누는 즐거움을 함께 얻을 수 있을 것이다.

3. 스스로 돈을 벌도록 독려한다

돈이 주는 편리함과 좋은 점을 알게 된다면, 아이는 돈을 갖고 싶다는 생각을 하게 될 것이다. 이때 성실하고 정직하게 돈 버는 법을 알게 하는 것이 좋다. "군자는 재물을 좋아하되 도리를 지켜 얻는다."라는 말이 있다. 자신의 노력과 번뜩이는 지혜를 발휘하여 얻은 정당한 돈만이 진정한 행복과 즐거움을 줄 수 있다는 사실을 아이에게 반드시 알려주어야 한다.

02

돈 때문에 자신을 잃지 않기를

돈에 대한 탐욕은 인간의 영혼을 타락시키고,
인류의 가장 숭고한 감정을 파괴한다.
- 유대 잠언

유대민족은 돈을 사랑하는 민족이다. 그들은 부(富)가 그들에게 행복을 가져다줄 수 있다고 여겨왔다. 그렇다고 해서 그들이 자신을 버리고 돈에 휘둘리는 것은 아니다. 또한, 자녀들에게도 제대로 된 금전관을 심어주기 위해 노력한다.

금전관이란 금전, 재화에 대한 생각과 태도를 말한다. 인생관과 똑같이 중요한 개념이며, 한편으로는 인생관을 반영하고 있기도 하다. 사람은 돈이 있어야만 필요한 물건을 구매하고 풍요로운 가정을 이루고 물질적으로 풍부한 삶을 영위할 수 있다. 그러나 인간의 삶이 물질로만 이루어진 것은 아니다. 정신적인 즐거움과 행복 또한 빠져서는 안 될 요소다. 이때 인간에게 정신적인 만족감과 행복을 가져다줄 수 있는 것이 바로 올바른 금전관이다.

유대인 부모들은 아이들에게 늘 재미있는 이야기를 들려주며 돈에 대해 어떤 생각을 가져야 할지 알려준다.

유대인이 유랑하던 시대에 일어난 일이다. 두 친구가 길을 가는데, 한 랍비가 수풀에서 깜짝 놀라 뛰쳐나오더니, 두려움에 벌벌 떨며 그들에게 말했다.

"저 숲속에서 사람을 잡아먹는 무언가를 보았소."

"호랑이를 말씀하시는 겁니까?"

두 사람이 불안한 기색으로 물었다. 그러자 랍비가 대답했다.

"아니요. 호랑이보다 훨씬 무서운 놈이지요. 바로 약초를 캐다가 땅속에서 발견한 황금 더미입니다."

두 사람은 황급히 되물었다.

"그게 어딥니까?"

"바로 저 수풀 속이오."

말을 마친 랍비는 허둥지둥 자리를 떠났다.

두 친구는 랍비가 말한 곳으로 다급하게 뛰어갔다. 거기에는 정말로 황금 더미가 있었다. 한 친구가 말했다.

"그 랍비 정말 멍청하잖아! 이렇게 귀한 황금을 보고 사람을 잡아먹는 것이라니."

그러자 다른 친구가 입을 열었다.

"일단 어떻게 해야 할지 생각해 보자. 대낮에 이걸 가지고 마을로 돌아가는 건 안전하지 않잖아. 밤에 몰래 집으로 가져가야

해. 한 사람은 여기서 황금을 지키고 한 사람은 집에 가서 먹을 것을 가져오자."

두 사람은 그렇게 흩어졌다. 숲에 남은 친구는 생각했다.

'혼자 이 황금을 다 가지면 얼마나 좋을까! 이 황금을 절반으로 나눠야 하다니. 나는 먹여 살려야 할 식구도 많으니까 이 황금을 다 가져야겠다. 녀석이 오면 아예 칼로 찔러 죽이자.'

집으로 가던 친구도 생각했다.

'그런데 황금을 왜 반으로 나눠야 하지? 나는 빚도 많은 데다가 늘그막에 저축해 놓은 것도 없는 형편이잖아. 그 친구에게 절반이나 떼어줄 순 없지. 밥에다 독을 넣어서 가져다줘야겠다.'

그는 독을 넣은 밥을 들고 친구에게 돌아갔다. 그런데 황금이 있던 숲에 도착했을 때, 어디선가 갑작스레 칼이 날아왔다. 그는 찍소리도 못하고 목숨을 잃었다.

남은 친구가 혼자 중얼거렸다.

"불쌍한 친구야, 황금 절반이 네 목숨을 앗아간 거야. 그럼 나는 밥이나 먹어볼까."

그는 아무것도 모르고 독이 든 밥을 맛있게 먹어치웠다. 삼십 분이 흘렀을까, 그는 숨이 넘어가기 직전에 마지막으로 이렇게 중얼거렸다.

"랍비의 말이 맞았구나!"

이 이야기는 돈에 너무 집착하면 돈 때문에 망한다는 교훈을 준다. 유대인들은 사람이 돈에 집착할수록 원래의 목적을 잃고 자기 자신을 잃은 채, 돈의 노예가 되어 목숨까지 바친다고 생각한다.

그렇기에 자녀가 돈에 대해 정확하고 올바른 인식을 가질 수 있도록 부모가 교육을 잘 해야 한다. 정정당당한 수단으로 돈을 버는 것은 물론 돈에 끌려가는 노예가 아닌 당당한 주인이 될 수 있도록 말이다. 돈은 오로지 인간의 삶을 위해 필요한 수단일 뿐이다. 아이가 어릴 때부터 올바른 금전관, 경제관을 배워서 돈에 대해 바른 인식을 하게 된다면, 돈을 좋아하고 또 많은 부를 지닌다 해도 자기 자신을 잃는 일은 결코 없을 것이다.

03

가난이 고난보다 더 무거운 짐이다

세상의 모든 고난을 저울의 한쪽에 놓는다 해도
반대쪽에 놓인 가난의 무게가 더 무겁다.
– 유대 잠언

우리는 "황금 보기를 돌같이 하라."라고 말하며 돈을 추구하는 것을 죄악시한다. 그러나 유대인들은 반대로 "가난이야말로 죄악이다."라고 말한다. 그 말이 너무 과하다고 느껴지기도 하지만, 가난과 빈곤의 원인이 어느 정도는 개인의 능력 부족에서 기인한다는 데에는 이견이 없을 것이다. 그런 관점에서 유대인들은 부유한 사람이 가난한 사람보다 더 존경받아야 한다고 생각한다.

유대인의 인생관은 금전이 기준이 된다고 해도 과언이 아니다. 그들은 매일 저녁 식사를 푸짐하게 차려놓고 마음껏, 양껏 즐길 수 있는 사람만이 존경받을 가치가 있다고 생각한다. 학식과 지혜가 풍부해서 저명한 학자가 되면 풍족한 생활을 누리고 사람들의 존경도 한몸에 받는 것처럼 말이다. 할리우드의 한 스타가 아들에게 이런 말을 했다고 한다. "사치스럽게 살아라! 돈을 흥청망청 물 쓰듯 쓰면서! 네 수입에 맞춰서 살려고 생각하지 마. 그래야 더 벌겠다는 자신감과 의욕이 생기지. 돈이 없으면 모든 건 다 환상일 뿐이야."

그와 마찬가지로 유대인 역시 가난을 벗어나지 못하는 것은 죄악이라고 생각한다.

한 게으름뱅이가 있었다. 그는 아무것도 하기 싫고 만사가 귀찮았다. 어떻게 하면 아무것도 하지 않고 무엇이든 공짜로 얻을 수 있을까 하는 생각뿐이었다.

어느 날, 그는 돈나무가 있다는 소문을 들었다. 흔들기만 하면 나무에서 돈이 우수수 떨어져 내린다는 것이다. 그는 돈나무를 찾기 위해 사방팔방 돌아다니며 나무를 흔들어댔다.

그렇게 몇 달이 지났다. 수만 그루는 족히 되는 나무를 흔들었지만, 떨어지는 것은 전부 나뭇잎뿐이었다. 돈나무를 찾아 헤매던 그는 어느 날 밭에서 일하던 농부를 보자 물었다.

"어르신, 혹시 돈나무가 어디 있는지 아세요? 돈나무는 어떻게 생겼나요?"

그러자 농부가 대답했다.

"돈나무에는 큰 가지가 두 개 달렸고, 그 큰 가지 끝에는 각각 작은 가지가 다섯 개씩 나 있지."

게으름뱅이는 농부의 말에 뛸 듯이 기뻐했다. 그리고 마침내 그렇게 생긴 나무 한 그루를 찾아냈다. 그는 곧바로 나무를 열심히 흔들기 시작했다. 그런데 나무를 아무리 흔들어도 원하는 돈은 나오지 않고 나뭇잎만 떨어질 뿐이었다.

그는 농부가 자신을 속였다고 생각해 억울한 마음에 농부를 찾아가 따졌다. 그러자 농부가 이렇게 말했다.

"돈나무가 세상에 어디 있나! 돈이 떨어질 수 있는 가지는 자네의 그 두 팔뿐이야! 자기 두 손으로 열심히 일을 해야 돈을 벌 수 있지."

가난은 나태와 게으름 때문일 수도 있다. 이 이야기는 부와 재산을 얻으려면 자신의 두 손에 의지할 수밖에 없다는 메시지를 전한다. 이는 유대인 부모들이 자녀에게 전하고 싶은 교훈이기도 하다. 그들은 돈에 대한 이해와 가치관을 아이에게 물려주고, 돈이 인생에서 차지하는 중요성에 대한 인식을 심어주는 것을 대단히 중요하게 여긴다.

아이가 세 살이 되면 유대인 부모들은 곧바로 돈의 사용과 목적에 대해 교육한다. 왜 상점에서 돈을 주고 물건을 사야 하는지, 또 어떻게 물건을 사는지를 알려주고 상품의 구매와 애프터서비스 등에 대해서도 교육한다. 아이를 데리고 쇼핑을 할 때도 다양한 제품들의 가격과 품질을 비교해 돈을 절약하는 방법을 가르친다. 돈은 우리 생활에 꼭 필요한 것이지만, 요술처럼 그냥 얻어지는 것이 아니라 노동을 통해서 벌어들이는 것이라는 점도 아이에게 꼭 설명한다.

유대인 가정에서는 10살 미만 아이 중에 90% 이상이 저축의 개념을 이해한다. 어릴 때부터 부모가 본인에게 생기는 수입 일부를 저금, 저축하도록 가르치기 때문이다. 또한, 유대인 가정에서는 아이에게 가정 살림의 예산을 어떻게 세워서 지출하는지까지 공유하고 가르친다. 식비와 의류비, 주거비 등이 어떻게 분배되어 지출되는지 알려주고 자기 용돈을 어떻게 쓰는지 기록하도록 독려한다.

또한, 유대인 부모들은 아이에게 일찍부터 스스로 돈을 벌라고 가르친다. 그들에게 가난을 벗어날 가장 훌륭한 방법은 제힘으로 돈을 버는 것이기 때문이다. 아이들이 아르바이트할 수 있는 합법적인 나이가 되면 직접 일거리를 찾고 세상과 부딪쳐 돈을 벌게 한다. 가능하다면 우리 아이들 역시 안전하고 시간을 많이 빼앗기지 않는 일거리를 찾아 직접 체험하게 함으로써 돈의 소중함, 노동의 중요성과 즐거움을 맛보게 하면 좋을 것이다.

04

돈은 돈일 뿐, 귀하지도 천하지도 않다

돈은 누구에게나 평등하다.
높고 낮음, 귀하고 천함의 차별이 없다.
- 유대 잠언

자녀가 말귀를 알아듣고 사리 분별이 가능해질 무렵이면, 유대인 부모들은 이런 생각을 주입한다. "돈은 신이 내리신 가장 좋은 선물이며 인간에게 다양한 기회와 즐거움을 준다."

그와 동시에 돈에 관해 열린 생각과 태도를 갖도록 가르친다. 돈을 벌기 위해서라면 어느 나라 사람이든, 어떤 믿음을 가졌든 상관없이 누구와도 어울리고 거래할 수 있다는 생각을 심어준다. 돈은 그 자체로 좋고 나쁨이 없고 천하고 귀한 것의 구분이 없기 때문이다. 유대인들은 아이들에게 이런 이야기를 자주 들려준다.

어느 공공장소에서 강연이 열렸다. 강연자는 50달러짜리 지폐를 머리 위로 높이 들고 말했다.

"보십시오. 50달러입니다. 빳빳한 새 돈이죠. 갖고 싶은 분 계세요?"

강연을 듣고 있던 사람들이 모두 손을 들었다. 그러자 강연자가 지폐를 손에 넣고 마구 구겼다. 지폐는 꼬깃꼬깃해졌다. 그가 다시 청중을 향해 물었다.

"자, 이 50달러를 갖고 싶은 분 계십니까?"

이번에도 사람들은 모두 손을 들었다. 그가 이번에는 지폐를 바닥에 놓고 발로 여러 차례 밟기까지 했다. 지폐는 완전히 더럽고 너덜너덜해졌다. 그가 돈을 집어들고 다시 물었다.

"아직도 이 지폐를 갖고 싶은 분 계세요?"

이번에도 사람들은 모두 손을 들었다. 그러자 그가 말했다.

"여러분, 돈은 어떻게 해도 돈입니다. 구겨지고 더러워져도 그 가치는 언제나 변함이 없습니다. 새 돈과 똑같이 상점에서 물건을 살 수 있죠."

지폐가 구겨지고 낡고 더러워졌는데도 사람들이 갖고 싶어 한 이유는 무엇일까? 지폐는 여전히 지폐이고, 돈은 귀하고 천함이 없기 때문이다. 돈은 좋은 대우를 받든 나쁜 대우를 받든 차이가 없다. 액면가만 같다면 새로운 것이든 오래된 것이든, 깨끗하든 낡았든 똑같은 가치를 지닌다.

유대인 부모들은 이와 같은 맥락으로 아이들에게 소규모 장사를 한다고 해서 부끄러워하거나 열등감을 가질 필요가 없다고 가르친다. 모든 장사는 작고 사소한 것부터 시작해 크게 키워갈 수 있기 때문이다. 입만 열면 큰 사업이 어쩌고 하면서 다른 장사꾼들을 무시하고 비하하는 사람들은 허풍만 셀 뿐, 결국에는 아무것도 제대로 이루지 못하는 경우가 많다. 상업의 역사를 이끌어온 유대인들은 장사를 하며 큰 것을 선호하고 작은 것을 기피한 적이 없다. 그들에게 돈이란 출처를 묻지 않는 평등한 존재다.

돈벌이와 직업에 대한 관념도 마찬가지다. 그들은 힘든 막노동을 해서 번 돈은 천한 돈이고 관리자나 사장 노릇을 해서 번 돈은 귀한 돈이라는 생각을 전혀 하지 않는다. 돈이란 누구 손에 있든 똑같은 돈이라 생각한다. 유대인들은 자기가 종사하는 직업이 부끄럽거나 천하다고 여기지 않는다. 다른 나라 사람들이 보기에는 왠지 꺼려지고 좋아 보이지 않는 직업이라도 그들은 전혀 개의치 않는다.

유대인들은 금전에 대해 이런 인식을 하고 있으므로 본인에게 이익이 되는 일이라면 법에 저촉되지 않는 한 최선을 다하고 어떤 수단이든 충분히 이용하려고 노력한다.

유대인들은 "돈에는 성씨도 없고 이력서도 없다."라고 한다. 그들은 어떤 방식이나 경로를 통하든 자신의 힘으로 구슬땀을 흘려 돈을 번다면 그것만큼 떳떳하고 자랑스러운 일은 없다고 믿는다. 이는 우리도 배워야 할 바른 마음가짐이며 우리 아이들에게도 알려주어야 할 훌륭한 교훈이다.

05

돈벌이를 놀이처럼

돈은 신성한 존재나 넘볼 수 없는 성스러운 것이 아니다.
- 유대 잠언

유대인은 아이가 아주 어릴 때부터 금전 교육을 시켜 아이가 돈을 버는 수완을 갖게 한다. 그렇지만 돈에 대해 늘 평정심을 유지해야 한다는 것도 확실히 가르친다. 돈이란 우리가 늘 입고 있는 옷과 마찬가지로 사는 데 유용한 것일 뿐이라는 사실을 알려주는 것이다. 돈에 지나치게 집착하고 매몰되면 돈의 노예가 될 수밖에 없다.

돈이 많은 유대인은 헤아릴 수 없이 많다. 그들은 수중에 백만, 천만, 수억 달러 이상의 재물과 부를 가지고 있지만, 자기 수중의 돈이 한낱 종잇조각에 불과하다고 생각한다. 만약 유대인 부자들이 돈을 중시한 나머지 돈에 부들부들 떨고 자나 깨나 돈 걱정만 했다면 그렇게 큰돈을 벌지 못했을지도 모른다.

돈을 벌고 싶다면 자신의 마음을 옭아매고 부담을 주기보다는 느긋하고 침착한 마음으로 기다려야 한다. 돈에 관심조차 두지 않는 사람이 돈을 잘 벌 리야 없겠지만, 돈에 목숨을 걸고 학수고대하는 것은 스스로 무거운 짐을 짊어지는 것이다. J. P. 모건의 이야기가 그 좋은 예가 될 것이다.

> 저명한 금융가인 모건은 돈을 버는 행위를 스트레스나 부담이라고는 전혀 생각하지 않았다. 오히려 신선한 자극, 재미있는 놀이라고 생각했다. 그는 재미로 돈벌이를 하는 것이야말로 돈을 대하는 가장 아름다운 마음가짐이라 여겼다. 물론 다른 사람들이 보기에는 모건이 완전히 돈벌이에 미친 사람처럼 보였고, 실제로 그러했지만 말이다.
>
> 그에게는 매일 똑같이 하는 일이 있었다. 황혼이 질 무렵이면 신문 가판대에서 그날의 주식 거래 상황이 실린 신문을 사다가 집에서 읽는 것이었다. 친구들이 오늘 저녁에는 무얼 하면서 재미있게 보낼까 대화를 나누자 그는 이렇게 말했다. "어떤 사람들은 야구와 축구에 열광하지만, 나는 돈을 어떻게 벌어야 할지 연구하는 것이 좋아."
>
> 그리고 투자에 관해서는 이런 말을 했다. "포커를 칠 때 당신은 카드를 들고 있는 사람들을 하나하나 잘 관찰하고 제일 얼뜨기 같은 사람을 찾아내야 한다. 만약 그런 사람이 보이지 않으면 그 얼뜨기는 바로 당신이다."
>
> 모건은 자기가 좋아하지 않는 일에 돈을 흥청망청 쓰는 짓은 전혀 하지 않았다. 그는 오로지 돈을 버는 방법만 궁리했다.

한 동료가 그에게 물었다.

"모건, 당신은 이미 백만장자잖아요. 기분이 어떤가요?"

모건이 대답했다.

"내가 갖고 싶고 돈으로 살 수 있는 물건이라면 뭐든 다 살 수 있죠. 그런데 다른 사람들이 꿈꾸는 고급 차나 명화, 호화주택 등은 내가 원하는 게 아닙니다."

모건은 돈을 위해 사는 사람이 아니었다. 자신의 삶을 돈으로 치장하고 싶은 마음은 더더욱 없었다. 그가 바라는 것은 돈을 투자해 자신의 선견지명으로 더 많은 돈을 거두어들일 때 느끼는 쾌감이 전부였다. 그는 그런 자극을 좋아했다.

"돈은 나에게 중요하지 않아요. 돈을 버는 과정, 그 도전을 계속해 나가는 것이야말로 진정한 즐거움입니다. 돈이 필요한 것이 아니라 돈벌이를 즐기는 것이지요. 돈을 굴려 더 큰 돈을 버는 것이야말로 유의미한 일입니다."

모건은 이 정도로 돈벌이를 즐겁게 생각하는 사람이었다. 유대인이 돈벌이를 추구할 때의 마음가짐도 이와 같다. 그들은 돈벌이는 사람들을 자극하고 몰입시키는 너무나 재미있는 놀이라고 생각한다. 투자란 위험을 떠안는 행위이기도 하지만, 사람들은 지칠 줄 모르고 계속해서 그 게임을 즐긴다.

유대인들은 "돈을 버는 것은 게임 세계로 들어가는 것 같다."라고 표현한다. 돈을 벌기 위해서는 이 머니게임의 참여자로서 상대방과 계속 힘겨루기를 하고 각축을 벌여야 한다. 그리고 모든 수단과 방법을 총동원해서 다른 사람을 이기고, 그렇게 모든 이들을 앞서야 최후의 승리를 거둘 수 있다.

이것이 유대인들이 돈벌이를 대하는 모습이다. 그들은 돈을 일상의 평범한 물건과 똑같이 생각하고 돈벌이를 놀이로 여긴다. 그리고 그렇게 해야 큰 부와 재산이 저절로 따라온다고 생각한다.

우리는 전통적으로 "황금 보기를 돌같이 하라."고 가르친다. 돈의 노예가 되지 않고 돈을 비판적이고 이성적으로 바라보는 관점은 아이들의 성장과 발전에 건전한 영향을 미친다. 아이들이 평정심을 갖고 돈을 벌 수 있도록 유대인들의 진취적인 경제관, 돈벌이 개념을 가르치는 것이 좋다.

06

윈윈게임, 부를 거머쥐는 가장 현명한 방법

협업할 때는 계약을 파기하더라도
함께 잘돼야 한다는 원칙을 고수하라.
- 유대 잠언

고난의 역사를 지닌 유대인들은 경쟁을 좋아하고 즐기는 성격이 몸에 배었다. 이는 그들의 비즈니스 스타일에서도 여실히 드러난다. 그러나 그들에게는 '일방적으로 싸우기만 해서는 안 된다.'는 원칙이 있다. 싸움이 계속되면 양쪽이 모두 다치게 되지만, 힘을 합치면 상생할 수 있다는 사실을 잘 알기 때문이다. 어떤 사업이든 쌍방이 모두 이익을 얻는 방식으로 협조를 해야 서로 승승장구할 수 있다.

그래서 유대인들은 자녀들에게 금융, 상업에 대한 지식을 가르칠 때, 서로 협력하는 사이에는 계약을 파기하는 한이 있더라도 윈윈하는 방향을 고수해야 한다는 원칙을 주지시킨다. 그리고 이런 교육을 위해서 리먼 형제와 루돌프의 이야기를 예로 든다.

리먼 브라더스는 유대인 삼 형제에 의해 1850년에 설립된 미국의 금융회사다. 그 창업 스토리는 지금도 전설로 전해진다.

1844년, 독일 뷔르츠부르크에 살던 헨리 리먼은 미국으로 이주했다. 잠시 남부에 머물던 그는 동생인 엠마누엘, 메이어와 함께 앨라배마주에 자리를 잡고 잡화를 파는 장사를 시작했다.

앨라배마주는 미국의 주요 목화 재배지로, 농민들은 일상생활에 쓰이는 잡화를 살 돈이 넉넉하지 않은 형편이었다. 대신에 목화를 생산해서 얻은 면화는 흔했다. 그래서 그들은 돈 대신 면화를 받고 잡화로 물물교환을 해주었다. 그렇게 해서 농장의 농민들은 생필품을 얻었고, 그들은 면화를 갖게 되었다.

그들의 이런 방식은 유대인이 강조하는 '현금 제일'의 경영원칙에는 어긋나는 것이었지만, '장사는 서로 이익을 보아야 한다.'는 리먼 형제의 원칙에 부합하는 일이었다. 돈이 없이도 생필품을 살 수 있다는 말에 손님들이 몰려들었고 장사는 점점 규모가 커졌다. 면화의 값은 점점 내려가고 생필품의 가격은 점점 올랐다. 그리고 형제들은 잡화점에 물건이 들어올 때 물건값으로 모인 면화를 실어 내면서 운반비용까지 절약할 수 있었다.

이런 방식으로 리먼 형제들은 면화 장사를 주종으로 하는 사업가로 변모했다. 미국의 남북전쟁 기간에 리먼 형제는 그렇게 모은 면화를 유럽에 판매했다.

전쟁이 끝나자, 큰돈을 번 그들은 뉴욕에 사무소를 열었다. 그리고 1877년, 뉴욕 거래소에서 한 자리를 당당히 차지하게 되었고, 그때부터 대규모 발전의 길로 접어들었다.

영리한 사업가는 장사를 할 때도 서로 윈윈하는 전략에 능하다. 쌍방 간에 이익이 있어야 상대를 만족시키며 거래를 이어나갈 수 있고 본인 역시 더 큰 이익을 거둘 수 있기 때문이다. 자신의 이익만 추구하며 상대방과 그 이로움을 나누지 않는 사람은 상대방이 그 사실을 깨닫는 순간 거래 관계가 더 이상 유지되기 힘들다. 이는 양쪽 모두에게 득보다는 실이 큰 결과를 낳는다. 고집스러운 루돌프는 바로 이런 경우를 겪은 당사자다.

루돌프는 회사를 경영할 때 무엇이든 일방통행인 사람이었다. 자기가 하고 싶은 일이 있으면 누가 뭐라든 무조건 추진하고 보는 식이었다. 처음 사업을 시작했을 때 그의 머릿속에는 거래처와 자기가 서로 상생하고 함께 가는 파트너라는 생각은 전혀 없었다.

어느 날, 회사에서 워크숍이 열렸다. 루돌프는 아주 타당한 이유를 들어 조목조목 자신의 논점을 밝혔다. 그는 경쟁상대는 원수나 마찬가지라며 그 상대를 쓰러뜨리고 완전히 짓밟아야 자신이 살아남을 수 있다고 했다.

루돌프의 이와 같은 의견에 누군가가 장사는 선의의 경쟁이며 서로를 발전시키는 평화적인 협력이라고 반박했다. 그런 협력을 통해 서로 윈윈하고 모두가 승리하는 긍정적인 효과가 나타난다는 것이다. 그러나 루돌프는 시장 경쟁에서 자신과 맞붙은 상대는 무조건 적이라는 의견을 꺾지 않았고, 상대와 승리의 열매를 나누는 것은 큰 성과를 거둘 수 없는 방법이라 생각했다.

누군가가 그에게 왜 그렇게까지 생각하는지 캐물었다. 루돌프는 솔직하게 자신의 생각을 이야기했다.

첫째, 동종업계 사람들 모두가 공정하게 경쟁을 한다 해도 비밀이 생기게 마련이고 서로 그런 비밀을 공유하지 않는다. 상대의 정보를 정탐하고 상대를 이길 전략을 몰래 준비해서 공격하는 존재가 어떻게 적이 아닐 수 있단 말인가.

둘째, 사람은 누구나 자신의 회사가 가장 큰 이익을 얻기를 바란다. 그래서 시장에서의 점유율을 높이기 위해 수단과 방법을 가리지 않고 경쟁 상대보다 조금이라도 더 큰 파이 조각을 차지하기 위해 서로 아귀다툼을 벌인다.

그리고 마지막으로, 시장은 언젠가는 포화상태에 이르고 동종업계의 경쟁자들을 더 이상 수용할 수 없는 상태가 될 것이다. 자신의 생존과 최소한의 이익을 보장받기 위해서는 어떻게 하면 상대를 쓰러뜨릴지, 그래서 어떻게 내가 더 많이 가져갈지 서로 주판알을 튕길 수밖에 없다. 그러므로 약육강식은 시장 경쟁에서 필연적이다.

결국, 루돌프의 이런 사업 마인드와 방식 때문에 그와 협력하던 많은 파트너가 떠나갔고, 그는 사업에서 번번이 실패의 쓴맛을 보았다. 그렇게 여러 차례 시행착오를 겪은 결과, 그는 정신을 차렸고 윈윈의 중요성을 깨닫게 되었다. 그 후, 루돌프가 변하고 회사가 경쟁자들과 협력하자 그의 제품은 엄청난 인기를 끌게 되었고, 기적과 같은 성공을 거두게 되었다.

윈윈 전략은 장사나 사업에만 적용되는 개념은 아니다. 사람과 사람 사이의 관계에서도 꼭 필요하다. 유대인 부모들은 이런 전략을 자녀에게 가르치고 전수하려 노력한다. 인간관계에서 또는 비즈니스에서 스스로 발붙일 자리를 찾고, 지속적이고 건설적인 관계를 유지할 수 있는 기초를 마련해 주는 것이다. 아이들에게 반드시 협력과 상생의 이념을 가르쳐야 한다. 이는 아이들이 성장하고 성공을 이루는 데 없어서는 안 될 필수적인 마음가짐이다.

07

미소가 부를 불러들인다

손님을 속이면 원한이 싹트고
미소를 지으면 돈이 쉴 새 없이 굴러들어온다.
- 유대 잠언

우리는 "장사꾼은 간사하고 약아빠졌다."라는 말을 많이 한다. 장사하는 사람에 대해서는 왠지 모르게 그렇게 느낀다. 그러나 유대인들의 머릿속에 있는 장사꾼의 이미지는 전혀 그렇지 않다. 그들은 진지하고 냉혹한 사람은 장사꾼으로 성공할 수 없다고 생각한다. 오히려 생활에서나 자신의 업무에서나 밝고 유쾌하며 적에게도 미소를 지을 수 있는 사람이 성공할 수 있다고 생각한다.

사실 웃는 얼굴에 침 못 뱉는다고, 미소는 비즈니스에서 가장 기본적인 태도다. 유대 상인들은 이 점을 간파하고 있었다. 그들이 크게 성공할 수 있었던 것은 온화한 미소 덕분이다. 그들과 거래를 해본 사람이라면 단박에 알 수 있을 것이다. 유대 상인들은 협상을 할 때 늘 얼굴에서 미소를 잃지 않는다.

유대인들은 사업상 담판을 짓는 자리에 나설 때 시간을 철저히 지킨다. 약속한 장소에 약속한 시각에 아주 정확히 나타나는 그들은 상대를 단 1분도 기다리게 하지 않는다. 또한, 얼굴에는 시종일관 미소를 띤다. 상대를 만났을 때는 먼저 상냥하게 안부 인사를 건네고, 대화를 나누는 내내 부드럽고 화목한 분위기를 만든다.

그러나 거래를 담판 짓는 자리가 늘 화기애애할 수만은 없다. 서로 조건이 맞지 않거나 계약상 사소한 문제로 실랑이를 하는 일도 있다. 이때 견해차가 큰 경우, 분위기가 격앙되거나 말다툼이 일어 이야기가 마무리되지 못하고 끝나는 상황이 생기기도 한다. 그럴 때도 유대 상인들은 다음 날이 되면 언제 그랬냐는 듯 전날의 불쾌한 감정을 깨끗이 씻어버린다. 다시금 열정적이고 진정성 있는 자세로 돌아가 의사소통을 하고, 처음과 똑같이 정중하고 부드러운 자세를 유지한다. 마치 어제 상대와 싸움을 하던 몸속 세포는 죽어서 사라지고 오늘 화기애애한 새 세포가 그 자리를 대신하고 있는 것처럼 말이다. 사실 사업을 하면서 서로 앙심을 품을 일을 만들 필요는 없지 않은가.

힐튼은 유명한 호텔 경영인이다. 그의 호텔 사업이 안정적인 궤도에 들어서서 꽤 높은 이윤을 거둬들이고 있을 때, 그는 아주 자신만만했다. 그러나 그의 어머니는 그렇게 생각하지 않았고, 그에게 새로운 의견을 제시했다.

"넌 지금도 예전이랑 달라진 게 하나도 없어. 수천만 달러보다 더 가치 있는 그것을 찾아 제대로 해내야지. 고객에게 친절하고 마음을 다하는 것은 기본이야. 힐튼 호텔에 묵었던 사람이 다시 힐튼 호텔에 묵고 싶게 만드는 방법을 찾아야 해. 쉽고 간단하면서도 돈이 들지 않고 오랫동안 지속 가능한 방법을 찾아서 고객을 끌어들이라는 말이야. 그래야 네 호텔의 전망이 밝아질 거야."

'쉽고 간단하면서도 돈이 들지 않고 오랫동안 지속 가능한 방법', 이 네 가지 조건을 충족하는 방법이란 과연 무엇일까? 힐튼은 몇 날 며칠을 고심했지만, 여전히 답을 알 수 없었다. 그는 직접 상점과 호텔을 찾아다니며 고객의 관점에서 생각하고 느끼기 시작했다. 그제야 눈앞이 환해지는 것 같았다. '미소', 그게 바로 쉽고 간단하면서도 돈이 들지 않고 오랫동안 지속 가능한 방법이었다.

그 뒤 그가 직원들에게 자주 하는 말이 있었다. "오늘, 고객님에게 미소 지었나요?"

그는 직원들에게 일이 아무리 힘들어도 얼굴을 찡그리지 말고 환한 미소를 지으라고 당부했다. 대공황이 닥쳐 호텔이 경영난에 빠졌을 때에도 직원들은 환한 미소로 고객을 맞이했다. 대공황이 지나가자 힐튼 호텔은 누구보다도 먼저 경기침체를 딛고 일어나 호황기를 누리며 세계적인 호텔로 발돋움하게 되었다. 이렇게 미소는 힐튼을 성공시킨 비결이었다.

훗날 그는 이런 말을 했다. "우리 호텔이 일류 시설을 갖추고 있어도 직원들이 일류 미소를 짓지 않았다면 따뜻한 햇볕이 들지 않는 호텔과 같았을 것이다."

힐튼은 미소를 이용해 호텔 사업을 성장시켰고 큰 부를 쌓았다. 유대인들은 그의 이런 점을 높이 평가한다. 오랜 세월 갈 곳 없이 떠돌던 그들 역시 겸손과 다른 사람과의 조화가 몸에 배었기 때문이다. 유대 상인들은 친절과 겸손을 무기로 내세워 다른 사람과 자연스럽게 어울리고 관계를 맺으며 비즈니스에 아주 유용하게 활용한다.

사람과 사람 사이는 서로 밀접한 영향을 주고받는 관계이기에 둘 사이의 조화, 화목함은 사업에 결정적인 영향을 미친다. 예컨대, 기업가가 만들어낸 상품이나 서비스는 좋아해 주는 사람이 있어야 수익을 올릴 수 있고, 성악가의 노래는 멋지고 훌륭해야 관객들의 호응과 칭찬을 얻을 수 있다.

유대인들은 사람과 사람 사이의 관계를 대단히 중요시한다. 그리고 자녀들에게도 이를 꼭 가르치기 위해 애쓴다. 다른 사람과 이루는 조화롭고 원만한 관계가 바로 미래에 사업을 활짝 펼치고 부를 거머쥐게 하는 필수조건이기 때문이다.

08

지식과 지혜로 돈 벌기

올바르게 사용할 수만 있다면,
두뇌는 그대가 가진 가장 쓸모있는 자산이다.
- 유대 잠언

"사람들의 생각 속에서 끄집어낸 금광은 땅속에서 파낸 황금보다 낫다."는 말이 있다. 유대인들은 인간의 가치는 손이 아닌 두뇌에 있다는 사실에 동의한다. 그들은 사업을 하면서 이런 말을 자주 한다. "돈은 얼마든지 있는데 안타깝게도 당신의 주머니가 너무 작다. 생각의 폭을 활짝 펼치면 당신의 지갑도 따라서 쑥쑥 커질 것이다."

모두가 알다시피 유대인들은 장사와 사업에 아주 능하다. 그들은 똑똑하고 명석한 두뇌를 이용해 머릿속의 생각과 지혜를 현실화하고 진짜 돈으로 탈바꿈시킨다. 유대인들이 그렇게 해서 부를 쌓게 된 것은 다른 사람들이 예사롭게 보아 넘기는 부분을 무궁무진한 기회로 여기고 번뜩이는 재치를 활용해 돈을 벌 방법을 고안해 냈기 때문이다.

유대인들은 돈벌이에 대해 그들만의 철학이 있다. 돈을 버는 방식은 세 가지로 나뉜다. 그것은 바로 몸으로, 체력으로, 그리고 머리로 버는 것이다. 자신의 몸을 팔아 돈을 버는 것은 가장 서럽고 가장 하등한 방법이고, 체력에 기대어 돈을 버는 것은 그보다는 나은 방법이다. 하지만 가장 좋은 방법은 역시 머리로 돈을 버는 것이다. 유대인들은 자신들의 명석한 두뇌로 부를 축적하는 방법을 이미 오래전부터 알고 있었다.

1910년, 많은 유대인이 북미로 이주하였다. 처음에는 그들도 영국, 스페인, 포르투갈 출신 이주민들과 똑같이 단순 육체노동에 종사했고, 열에 여덟은 품삯을 받고 일하는 일용직 노동자였다. 그러나 그들은 곧 육체노동에서 벗어나기 위해 노력했다. 박해를 받으며 미국으로 건너와 아무 기회도 얻지 못한 상황에서는 가진 것이 힘밖에 없었기에 그런 일이라도 해야 했다. 그러나 어느 정도 기본적인 생활환경을 갖추고 나자 더 이상 육체노동을 하지 않으려 했다. 수고한 것에 비해 보수가 적었고 안정적이지 못할 뿐만 아니라 자신의 격을 떨어뜨리는 일이었기 때문이다. 이는 유대인들이 추구하는 모습과는 전혀 부합하지 않았다.

그래서 그들은 자신들의 훌륭한 교육수준을 무기 삼아 급여도 높고 보다 어울리는 일을 찾기 시작했다. 그렇게 수십 년이 흘렀고, 수많은 유대인 사업가들이 백만장자가 되었다. 열에 하나 정도만 블루칼라 노동자로 남아 있고 나머지는 전부 자산가로 변모한 것이다. 다른 나라 출신 이주민들이 아직도 먹고살기 위해 땀을 뻘뻘 흘리며 호미와 곡괭이를 휘두르는 사이, 유대인 이주민들은 한 사람 한 사람 그렇게 미국에서도 내로라하는 거물 사업가가 되었다.

유대인들이 그러했듯, 부와 재물은 영특한 머리와 지혜로움에서 얻어진다. 특히 갈수록 정보의 중요성이 높아지는 현대 사회에서는 지식과 정보를 갖고 있는 사람이 세상을 지배하게 될 것이 불을 보듯 뻔하다.

유대인들은 머리를 써서 부자가 되기 위해서는 사고(思考)하는 법을 배워야 한다고 생각한다. 억만장자였던 헨리 포드는 이렇게 말했다. "사고하는 것은 세상에서 가장 힘들고 어려운 작업이다. 그래서 이 일을 하려는 사람이 적다."

유대인들에게 부와 성공의 멘토라 불리는 나폴레온 힐은 강연 중에 사고를 통해 성공과 부를 쌓을 수 있다는 이야기를 반복적으로 강조했다. 그리고 부자들에게 최고의 자산은 보통 사람들과 다른 그들의 사고방식이라고 이야기했다. 다른 사람이 하는 일을 그대로 답습하면 남들이 가진 것만 가질 수 있지만, 독립적으로 사고하고 행동으로 옮기면 남들이 얻지 못하는 것을 얻을 수 있다는 뜻이다.

유대인 부모들은 자녀교육 중에서도 지식과 교양을 쌓는 교육을 대단히 중시한다. 머릿속에 한번 들어간 지식과 지혜는 아이들이 평생 꺼내 쓸 수 있는 자산이라는 점을 잘 알기 때문이다.

자녀가 자신만의 사고와 지혜로 부자가 될 수 있도록 그들은 이런 것을 가르친다.

첫째, 알뜰하게 절약하는 습관을 길러준다. 물론 아이들에게 인색해지라고 가르치는 것이 아니다. 꼭 필요한 곳에 돈을 쓰고 불필요한 지출을 줄이라는 것이다. 아이에게 돈을 아껴 쓰는 버릇을 길러준다면, 아이 스스로 씀씀이를 상세히 관찰하며 계산하게 되고, 그 과정을 통해 돈을 벌 기회를 잡아 이를 잘 활용할 수도 있다.

둘째, 쉬는 시간 없이 돈벌이에만 집중하지 않도록 가르친다. 유대 상인들은 돈이 아무리 중요해도 휴식시간도 없이 일만 하지는 않는다. 휴식시간이 줄어든다는 것은 그만큼 자신의 수명도 줄어든다는 의미이기 때문이다. 그들은 자식들에게도 몸이 건강해야 무엇이든 이룰 수 있다고 강조한다. 돈을 벌기 위해 몸을 망치면 이는 득보다 실이 더 큰, 밑지는 장사가 아닌가. 그래서 유대인 부모들은 아이에게 무조건 돈을 좇지 말고, 자신의 몸을 아끼고 돌보는 일에도 최선을 다하라고 가르친다.

셋째, 인맥을 넓히라고 가르친다. 똑똑한 유대인들은 사람들 사이의 인연과 좋은 관계가 사업상의 큰 추진력이 된다는 걸 오래전부터 알고 있었다. 그래서 사람들과 좋은 인맥을 쌓기 위해 노력을 아끼지 않았다. 물론 인맥을 하루아침에 쌓을 수 있는 것도 아니고 인맥의 효과라는 것이 곧바로 나타나는 것도 아니다. 인맥이란 오랜 시간 공을 들여 충분한 정을 쌓고 상대와 지속적으로 원만한 관계를 맺으면서 형성되는 것이다. 그렇기에 아이들이 어릴 때부터 친구들과 사이좋게 지내며 쌓은 인맥이 나중에 사회에 진출했을 때 기댈 수 있는 든든한 토대가 되도록 부모가 잘 이끌어주는 것도 잊지 말아야 한다.

PART

10

즐기는 삶: 유대인의 행복 비결

유대인들은 삶을 누리고 즐길 줄 압니다.
"인생의 목표가 무엇이냐?"라는 물음에 그들은 "삶을 열정적으로 즐기는 것"이라고 대답하죠. 진실과 실체를 중시하는 그들은 잠깐 나쁜 생각이 들었더라도 실제로 행하지 않았다면 그 또한 훌륭한 인품이라고 생각합니다. 그래서 생활의 기본 원칙을 잘 지킨다면 우리는 살아가면서 얼마든지 자유롭게, 마음껏 즐길 수 있다고 아이들에게 가르칩니다.

01

일하는 즐거움을 두 살부터 가르쳐라

지혜를 갈고 닦아 생계를 꾸리는 사람만이
인생의 정도(正道)를 선택했다 할 수 있다.
이는 타인의 찬사와 영광을 한몸에 받을 수 있는 길이다.
- 유대 잠언

두 살이 되면 아이는 스스로 무언가를 해내는 능력이 점점 발달하고 자립심도 높아진다. 그래서 유대인 부모들은 이 시기를 놓치지 않고 아이가 스스로 할 수 있는 일을 최대한 혼자 하도록 가르친다. 어린 시절 아이의 성장 환경은 아이가 앞으로 이루어낼 성적, 성과와 직접적인 관련이 있기 때문이다. 특히 아이들이 성장기에 부모로부터 받은 교육은 미래의 근면성, 성실성과도 깊은 관련이 있다. 그래서 아이에게 일을 하는 습관을 길러주는 것은 앞으로의 성장과 발전에 큰 도움이 된다.

하버드 대학교에서는 한 지역에 사는 유아 400명을 대상으로 추적 조사를 시행했다. 그 결과, 육체노동을 좋아하고 잘하는 아이와 그렇지 않은 아이가 성인이 된 후, 범죄를 저지른 비율은 1:10, 실업률은 1:15였다. 그리고 육체노동을 좋아하는 아이의 평균 수입은 그렇지 않은 아이보다 평균 20%가 높았고, 이혼율과 질병에 걸릴 확률은 더 낮았다.

유대인들은 총명하고 부지런한 사람이 무언가를 이룰 수 있다고 믿는다. 그래서 자녀가 어릴 때부터 부지런히 움직이는 습관을 길러주는 것이 균형 잡힌 성장발달에 꼭 필요하다고 생각하고, 유아 조기교육의 중요한 구성요소로 삼는다. 그들은 자녀의 신체와 정신이 함께 발달하는 유아기 단계에서부터 자주 움직이는 활동을 시키고 노동에 대해 일찍부터 교육한다. '혼자 힘으로 할 수 있는 일을 스스로 하는' 좋은 습관을 들임으로써 해낼 수 있다는 자신감과 독립심을 키워주는 것이다.

유대인 부모들은 자녀에게 이런 이야기를 들려주면서 노동의 중요성을 가르친다.

오래전, 한 마을에 가난뱅이가 살았다. 찢어지게 가난한 그는 가진 것도 없고 그럴싸한 재주도 없어서 먹고살 길이 막막했다. 그래서 날마다 마을을 떠돌며 구걸을 해서 하루하루 간신히 연명하며 살았다.

그가 사는 마을은 아주 작아서 몇 번만 골목을 왔다 갔다 하다 보면 그 집이 그 집이었고, 먹을 것을 주는 집도 몇 집밖에 없었다. 처음에는 사람들도 불쌍한 마음에 먹다 남은 음식을 챙겨주기도 하였다. 하지만 점점 시간이 지나고 그가 시도 때도 없이 나타나자, 귀찮아하며 그를 피했고 음식을 나눠주지도 않았다. 결국 그는 굶주림에 시달릴 수밖에 없었다.
그때 마침, 말을 치료하는 마의(馬醫)가 일이 너무 바빠지자 일손을 도울 조수를 구한다는 소문이 돌았다. 가난뱅이 남자는 직접 마의를 찾아가, 마구간에서 허드렛일을 도울 테니 하루 세 끼 밥을 먹여달라고 부탁하여 허락을 받았다.
그렇게 해서 그는 더 이상 거리에서 구걸하지 않게 되었고, 밤에도 이곳저곳을 떠돌지 않았다. 그는 하루하루 최선을 다해 일했고, 생활도 점점 안정되기 시작했다.
그런데도 그를 비웃는 사람이 있었다.
"마의야말로 사람들한테 비웃음을 사는 일인데 자네는 밥을 벌어먹겠다고 마의 밑에서 허드렛일을 하고 있으니 부끄럽지 않은가?"
그러자 가난뱅이가 차분하게 대답했다.
"내가 보기에는 빌붙어사는 기생충보다 부끄러운 것은 없는 것 같소. 예전에는 먹고사는 게 급해서 밥을 빌어먹으면서도 부끄러운 줄 몰랐지만, 마의를 돕고 내 힘으로 일을 해서 스스로 살아가는 지금 부끄러울 것이 뭐가 있겠소?"

위 이야기에 등장하는 가난뱅이 말은 옳다. 사람이 하는 일과 직업에는 귀천이 없다. 유대인 부모들은 이 이야기를 통해 어떤 상황에서든 자기 밥벌이는 스스로 해야 한다는 교훈을 자녀에게 심어준다. 또한, 이야기의 교훈을 생활 속에서 실천할 수 있도록 가르친다. 한 유대인 어머니는 이렇게 말한다.

"저에게는 자녀가 일곱이 있습니다. 가정형편은 꽤 좋은 편이지만, 아이들이 직접 노동을 경험하고 다양한 기술을 배울 수 있도록 매년 여름이면 일정 기간 아이들을 데리고 산으로 들어갔지요. 소를 먹이고 장작을 패고 도랑을 파고 울타리를 치고 말을 씻기는 일을 아이들이 직접 하게 했어요.

매일 아침 제가 아이들에게 그날 할 일을 정해 줘요. 각자 다른 임무를 주는데요, 큰 애들한테는 도랑 파기, 울타리 치기 같은 일을 하게 하고, 작은 애들한테는 어린 동생을 돌보는 일을 시킵니다. 자기가 맡은 일을 하면서 문제에 부딪치고 그 문제를 해결하면서 아이들은 역경과 고난에 어떻게 맞서 싸워야 하는지를 배우게 됩니다. 그게 바로 아이들에게 이런 일을 시키는 목적이지요.

다시 집으로 돌아온 아이들은 생활의 경험과 자연에 대한 지식이 풍부해져 있습니다. 다른 아이들보다 훨씬 더 많은 것을 알고 이해하지요. 그리고 산에서 몸으로 익힌 기술과 문제 해결 방법을 공부에까지 접목할 수 있습니다. 물론 가장 중요한 것은 아이가 고생과 어려움을 두려워하지 않는다는 것이지요.

지금은 일곱 아이가 모두 대학을 졸업하고 각자 일을 하고 있습니다. 돌이켜보면, 아이들이 크는 동안 산에서 생활했던 경험이 아주 긍정적인 영향을 주었다는 생각이 듭니다.”

이 유대인 어머니의 방법은 꽤 유익하고 따라해봄직하다. 아이들의 육체활동은 신경, 골격, 근육과 몸의 각 기관을 단련시켜 성장에 도움을 주는 동시에 노동의 의미와 중요성을 알게 하여 노동에 대한 바른 시각을 갖게 하기 때문이다. 유대인 부모들은 자녀가 어릴 때부터 다음과 같은 방법을 활용하여 육체노동에 관한 교육을 한다.

첫째, 아이가 할 일을 정해 준다. 예를 들어 설거지, 침대 정리 등의 일을 오랫동안 도맡아서 하도록 역할과 기준을 정해 주는 것이다. 아이가 일을 잘 해내면 칭찬과 보상을 해준다. 만약 아이가 그 일을 하기 싫어하거나 피하는 경우, 대화를 통해 심리상태를 이해하고 상황에 맞게 적절한 대처를 한다.

둘째, 아이에게 일하는 법을 수시로 가르친다. 아이는 어른들을 따라하는 건 좋아하지만 아직 나이가 어리다 보니 오히려 방해가 되거나 실수를 해서 일을 더 번거롭게 만들 수도 있다. 그럴 때 부모가 아이를 야단치거나 하던 일을 멈추게 해서는 안 된다. 참을성 있게 기다리고 알아들을 수 있게 타이르면서 다시 한번 요령을 가르치는 것이 좋다.

셋째, 아이가 일을 어떻게 했든 충분히 칭찬하고 격려해 주어야 한다. 자신이 한 일이 가족들에게 도움이 되었으며 자신이 이 집에 없어서는 안 될 존재라고 느끼고 부모가 늘 자신을 지켜보고 있다는 생각이 들게 해야 한다.

아이들은 어리고 아직은 능력이 부족하지만, 그건 아무 문제가 되지 않는다. 무슨 일이든 경험하고 익숙해지면 요령이 생기지 않는가. 부모의 더 큰 격려와 박수가 있다면 아이들은 앞으로 무슨 일이든 더 잘해 나갈 수 있을 것이다.

02

어떻게 스스로 결정하는 삶을 살 것인가

인간은 늘 행복과 즐거움을 누리며 살아간다.
다만 그게 어떨 때는 이 사람에게, 어떨 때는 저 사람에게 주어질 뿐이다.
- 유대 잠언

유대인들은 삶을 누리고 즐길 줄 아는 사람들이다. “인생의 목표가 무엇이냐?”라는 물음에 대답은 나라별로, 시대별로 천차만별일 것이다. 유대인들 역시 그들만의 대답이 따로 있다.

만약 그 대답이 “돈을 버는 것”이라고 생각한다면, 그건 큰 오산이다. 그들의 답변은 의외로 소박하다. “인생의 목표는 삶을 열정적으로 즐기는 것이다.” 이것이 바로 유대인들의 인생관이다. 유대인들은 자신의 삶을 스스로 결정해야 한다고 생각한다.

제임스는 미국의 한 레스토랑에서 지배인으로 일했다. 그는 언제나 즐겁고 유쾌한 사람이다. 요즘 어떻게 지내냐는 사람들의 물음에 그는 항상 최근에 일어난 좋은 소식을 기분 좋게 전해 주었다. 그가 직장을 옮겼을 때는 수많은 아르바이트 직원이 그를 따라 레스토랑을 옮길 정도였다. 그가 타고난 모티베이터(motivator), 즉 동기부여자이기 때문이었다. 그날따라 운이 좋지 않거나 실수를 하는 직원이 있으면 제임스는 그 직원을 위로하고 힘이 나도록 응원을 아끼지 않았다.

제임스의 이런 모습에 호기심을 느낀 요한이 그에게 물었다.

"당신처럼 늘 적극적이고 낙관적인 사람은 한 번도 본 적이 없어요. 어떻게 그럴 수 있는 거예요?"

제임스가 대답했다.

"저는 아침마다 일어나자마자 생각해요. 오늘 선택지가 두 개 있는데, 하나는 즐거운 기분이고 다른 하나는 불쾌한 기분이라고요. 저는 매일 즐거운 기분을 선택합니다. 예상치 못한 나쁜 일이 생겼을 때도 생각하지요. 선택지가 있는데, 하나는 피해자가 되는 것이고 다른 하나는 그 일을 통해 배울 점을 찾는 것이라고요. 그럼 저는 늘 배울 점을 찾는 쪽을 택합니다. 혹시 누가 저에게 불평할 때도 저는 그걸 가만히 듣고 있는 것과 삶의 긍정적인 면을 보는 것 중에서 늘 후자를 선택합니다."

"하지만 모든 일이 그렇게 생각한다고 해서 간단하게 해결되진 않잖아요!"

요한이 반박했다.

"그렇긴 하죠. 하지만 산다는 건 끊임없는 선택의 연속이잖아요. 우리는 매 순간 좋은 선택을 할 수 있어요. 어떻게 반응해야 할지 선택할 수 있고, 그래서 사람들이 나의 마음에 어떤 영향을 미칠지 선택할 수 있어요. 그리고 좋은 기분이 될지 나쁜 기분이 될지도 선택할 수 있고, 내 인생을 어떻게 살아갈지 선택할 수도 있지요."

삶은 늘 동전의 양면과 같다. 제임스는 그때마다 낙관적이고 즐거운 쪽을 선택했고, 그런 생활 방식이 그의 하루하루를 즐겁게 만들었다. 유대인들이 추구하고 갈망하는 삶이 바로 이런 것이다. 그래서 그들은 불운이 닥쳐도 생을 포기하지 않았고, 모든 상황을 낙관적으로 받아들였다. 그리고 이런 생각들은 자연스럽게 그들의 가정교육에도 깊은 영향을 미쳤다. 유대인 부모들은 자녀가 적극적인 생활 태도를 보이길 바라며 다음과 같은 원칙을 가르친다.

첫째, 자신의 운명을 원망하지 마라. 유대인들은 출신 배경이나 외모 등은 태어날 때 선택할 수 없지만, 어떻게 살아갈 것인지는 스스로 선택할 수 있다고 생각한다. 그래서 부모들이 자녀에게 이를 잘 가르치기 위해 노력한다. 예를 들어 사소한 일에 불평불만이 많고 사사건건 남들과 자신을 비교하는 아이가 있다면 그런 부정적인 마음가짐은 잘못된 것이므로 불만을 더 토로하지 않도록 부모가 나서서 잘 타이르고 이해시킨다. 또한, 불만이 새로운 동력으로 작용해 자신을 긍정적으로 바꾸어 갈 수 있도록 이끌어준다.

둘째, 삶에 감사할 줄 알아라. 감사할 줄 아는 아이는 도량도 넓고 마음 씀씀이도 성숙하다. 그렇기에 아이가 매사에 감사할 줄 아는 마음을 갖도록 가르쳐야 한다. 부모와 스승, 친구는 인생에 없어서는 안 될 아주 중요한 사람들인 동시에 자신이 성장하는 내내 함께할 동반자라는 사실에 감사하는 마음을 갖게 하고, 또 우리 삶이 주는 여러 고난과 역경에도 감사하는 마음을 갖게 해야 한다. 감사하는 마음은 아이들이 삶을 건설적이고 발전적으로 바라보게 할 뿐만 아니라 인생의 참뜻을 깨닫게 한다.

셋째, 삶을 사랑하고 즐겨라. 삶의 모든 순간이 만족스러울 수는 없지만, 그렇다고 해서 우리가 즐겁지 못한 것은 아니다. 주변에서 일어나는 작은 일부터 시작해 생활이 주는 '소확행'을 아이들도 느낄 수 있도록 해주자. 맛있는 음식을 차려놓고 차분하고 여유 있게 저녁 식사를 즐긴다든지, 아이들과 함께 잔디밭에 누워 푸른 하늘을 본다든지 하는 소소한 일상도 얼마든지 아름답고 행복한 생활이다.

유대인들은 "당신이 삶을 대하는 방식이 곧 삶이 당신을 대하는 방식이 될 것이다."라고 말한다. 바른 생활 태도를 자녀에게 가르치는 것은 물질적으로 부족함 없이 키우는 것보다 훨씬 더 중요하다. 삶을 사랑하고 자신의 인생을 소중히 여기며 범사에 감사할 줄 아는 아이는 평생 행복하고 즐거운 삶을 살아갈 것이다.

03

게으른 사람은 미움받는다

아침에 늦잠자고 낮에 음주하고
저녁에 노닥거리는 생은 금세 끝이 난다!
- 유대 잠언

유대민족은 무척 부지런하다. 이는 그들의 특수한 역사와 관련이 있다. 여기저기를 떠돌던 그들에게 빈곤과 가난은 흔한 일이었고, 바로 그런 열악한 생활환경이 그들을 더 열심히 일하게 만들었다. 그렇지 않으면 최소한의 생존도 보장받지 못했기 때문이다. 근면성실은 그들이 생존하기 위한 필수조건이었다.

유대인 가정에서는 노동의 가치에 대한 교육을 중요하게 여긴다. 그래서 유대인들은 어릴 때부터 땀 흘려 일하지 않으면 먹을 것도 머물 곳도 없다는 걸 잘 안다.

정신분석학을 창시한 것으로 유명한 심리학자인 지그문트 프로이트는 유대계 가정에서 태어났다. 아버지는 프로이트가 여섯 살 때부터 이렇게 교육시켰다.

"우리 유대인은 수천 년 동안 줄곧 억압, 착취, 박해, 치욕, 학살에 시달렸단다. 그런데도 우리는 살아남았고 심지어 사회와 국가를 지배하고, 전 세계의 은행과 화폐 공급, 상업과 경제를 지배하는 존재가 되었어. 그건 유대인이 근면성실하고 필사적으로 노력했기 때문이야."

국가와 민족의 부흥을 바라는 유대식 가정교육을 받으며 자란 프로이트는 스스로 큰 명예와 긍지를 느꼈다. 그래서 이렇게 말했다.

"저의 아버지와 어머니는 모두 유대인이고, 저는 제가 유대인이어서 기쁩니다. 제가 유대인이라는 사실 때문에 부끄러울 일은 평생 없을 것입니다. 저는 제 선조들이 성전을 지키기 위해 그 무엇도 두려워하지 않았던 열정적인 마음이 저에게 계승되었다고 생각합니다. 역사적이고 위대한 일이 일어날 그때를 위해서 저의 전부를 바치고 싶습니다."

유대인으로서 프로이트가 가졌던 자긍심은 그를 현대 심리학의 개척자로 만드는 데 큰 역할을 하였다.

유대인 부모들은 부지런함과 게으름이 인간의 타고난 본성이라고 생각하지 않는다. 평생 개미처럼 일만 하도록 태어난 사람도, 평생 놀고먹는 베짱이로 태어난 사람도 없다. 사람의 부지런함과 게으름은 대부분 유년기의 가정환경 및 교육 등 후천적인 습관에 의해 형성되는 것이다. 그래서 유대인 부모들은 아래와 같이 자녀에게 집안일을 시키며 노동을 경험하게 하고 부지런한 습관을 길러준다.

3~4세: 더러워진 옷을 세탁기에 직접 넣는다. 부모를 도와 방 청소를 하거나 장난감을 정리한다. 세탁한 옷가지를 잘 개고 정리한다.

4~5세: 집 안에 있는 식물에 물을 준다. 식탁을 차리거나 설거지를 하는 부모를 돕는다. 반려동물에게 먹이를 준다.

6~8세: 배달 온 신문, 우유 등을 챙긴다. 자기 방은 자기 손으로 스스로 정리한다.

9~10세: 가구를 깨끗이 닦는다. 식탁을 차리고 정리한다. 옷을 세탁한다. 방바닥을 닦는다. 마당 청소를 돕는다.

아이에게 집안일을 시키는 것은 물론 가정형편이 어렵거나 아이를 괴롭히기 위해서가 아니다. 힘든 집안일을 하는 부모를 도우면서 자립심과 인내심을 키우는 동시에 근검절약하는 습관을 들이기 위해서다. 유대인 부모들은 무슨 일을 하든 부지런히 노력하지 않으면 안 된다고 생각한다. 부지런함은 성공을 이루기 위한 가장 중요하고 기본적인 요소이기 때문이다. 우리 부모들도 유대인 부모들의 교육을 본받아 아이에게 일을 즐길 줄 아는 품성을 길러주어야 한다.

그렇게 하기 위해 다음과 같은 방법을 활용해 보자.

첫째, 일을 좋아하는 습관을 길러준다. 유대인 부모들은 자녀가 어리더라도 가족의 다른 구성원과 똑같이 자신의 권리를 누리고 의무 역시 이행해야 한다고 생각한다. 그래서 아이가 쓸 용돈도 심부름이나 집안일을 돕는 것으로 벌게 한다. 아이의 능력으로 할 수 있는 일거리를 주고 이를 잘 수행했을 때 적절한 보상을 줌으로써 아이는 성취감을 만끽할 수 있다. 동시에 독립적으로 생활하는 연습, 노동의 즐거움을 경험할 수가 있다.

둘째, 가사노동을 편식하듯 고르지 않도록 가르쳐야 한다. 본인이 해야 하지만 하기 싫은 일을 시켰을 때, 입을 비죽 내밀고 너무 힘들다느니 혹은 너무 쉬워서 이건 시간 낭비라느니 하는 온갖 핑계를 대는 아이가 있다. 그리고 결국에는 이건 하기 싫고 저건 못하겠다고 어깃장을 놓는 게으름뱅이가 된다. 그럴 때 부모는 단호하게 "안 돼."라고 말하고, 하고 싶은 것만 골라 하려는 아이의 버릇을 뿌리 뽑아야 한다.

셋째, 아이가 할 수 있는 일에는 부모가 게으름을 피운다. 스스로 할 수 있는 일은 아이가 혼자 하게 내버려두는 것이다. 이 방법을 활용하면 아이를 점점 더 부지런하게 만들고, 스스로 해결할 수 있는 자립심과 자기관리능력을 키워줄 수 있다. 때로는 마음과 손을 내려놓고 스스로 성장해 가는 아이를 옆에서 가만히 지켜보는 것도 훌륭한 교육방식이다.

부지런함, 근면, 성실은 성공의 문을 활짝 열어주는 열쇠다. 우리 아이가 그 귀중한 열쇠를 손에 쥔다면, 스스로 굳건하고 강인하게 성장해 나가는 데 별 어려움이 없을 것이다. 그렇기에 아이의 게으르고 귀찮아하는 나쁜 습관은 부모가 말끔하게 씻어내야 한다. 스스로 열심히 애쓰고 노력하여 원하는 바를 혼자 힘으로 이루어냈을 때의 쾌감을 아이가 반드시 알 수 있게 해주자.

04

우리 아이에게 화목한 가정을

화목하고 우애 있는 가정에서 자란 아이일수록
더 쉽게 성공하고 더 큰 보상을 받는다.
- 유대 잠언

유대인들은 가정교육에서 빼놓을 수 없는 요소 중 하나로 집안 분위기를 꼽는다. 이는 아이가 자신의 삶을 사랑하게 만드는 바탕이기도 하다. 서로 다른 성장 환경 속에서 자란 아이들에게서는 서로 다른 영향의 흔적이 나타난다.

유대인들은 떠돌이 생활을 하면서도 자녀들에게 따뜻하고 화목한 집안 분위기를 느끼게 해주려고 노력했다. 부모들은 서로를 존중하고 사랑하며 자녀들 앞에서 다투거나 싸우지 않았다. 가족 구성원들 사이의 돈독함과 우애는 모두 화목한 가정 분위기에서 나오기 때문이다.

이스라엘의 어느 지역에 두 형제가 살았다. 형은 결혼해 아내와 아이가 있었고, 동생은 아직 미혼이었다. 아버지가 돌아가시자, 형제는 아버지의 유산을 나누어 가졌다.

사과와 옥수수가 풍년이 든 어느 해, 형제는 수확한 작물을 공평하게 둘로 나누어 각자의 창고에 쌓아놓았다. 그런데 동생은 문득 이런 생각이 들었다.

'형님은 딸린 가족이 있어 지출이 더 많을 테니 나와 똑같이 나누어 가지면 생활이 어려울 거야. 나는 홀몸이니까 똑같이 나누어서는 안 되지.'

그는 어둠을 틈타 자신의 창고에 있던 곡식을 일부 덜어 형님의 창고에 가져다 두었다. 그런데 형님도 같은 생각이 들었다.

'나는 이미 처자식이 있으니 늙어도 나를 봉양할 사람이 있잖아. 그런데 동생은 아직 혼자 몸이라 결혼도 하고 자식도 낳아야 하니 미래를 대비해 더 많이 모아야 할 거야.'

형님도 밤에 자신의 창고에서 곡식을 빼내어 몰래 동생의 창고에 가져다 두었다.

다음 날, 두 사람은 각자 자신의 창고로 들어갔다가 깜짝 놀랐다. 전날과 비교해 곡식이 전혀 줄어들지 않았기 때문이다. 형제는 이상하다는 생각이 들었지만, 겉으로 내색하지는 않았다.

그날 밤, 그리고 그다음 날 밤, 형제는 첫날 밤과 똑같이 자기 곡식을 서로의 창고에 가져다 두었다.

넷째 날 밤이 되었다. 그날도 역시 곡식을 나르던 형제는 뜻밖에도 중간에서 딱 마주치고 말았다. 서로를 깊이 생각하는 뜨거운 마음에 감동한 형제는 들고 있던 포대 자루를 그 자리에 내려놓고 서로 부둥켜안은 채 흐느껴 울었다.

위 이야기는 서로를 아끼고 사랑하는 형제의 우애를 그린 것이다. 유대인 부모들은 이 이야기를 들려주며 이야기 속 형제처럼 서로 돕고 사랑해야 한다고 자녀를 교육한다. 정답고 의좋은 가족이 되기 위해서 누군가의 희생이 따라야 할 때도 있지만, 당연히 그럴 만한 가치가 있다.

한 여성 랍비가 있었다. 매주 금요일 저녁, 그녀는 예배당에서 교리를 강연했고, 청중은 백 명을 헤아릴 정도였다. 그중에 한 여인은 그녀의 강연에 탄복한 나머지, 연신 절을 하며 바닥에 엎드리기도 했다.

금요일 저녁 그 시간이라면 보통 유대인 여자들은 주방에서 안식일을 보내기 위한 요리를 준비했다. 그러나 랍비에게 푹 빠진 이 여인은 매번 강연을 듣느라 집안일은 뒷전이었다.

어느 금요일 밤, 여인이 강연을 듣고 집으로 돌아가자, 남편이 잔뜩 화가 난 채 집 앞에서 기다리고 있었다. 그녀를 보자 남편은 노발대발하며 소리쳤다.

"내일이 안식일이야. 먹을 것도 준비하지 않고 어딜 갔다 오는 거야?"

그러자 여인이 대답했다.

"예배당에서 랍비의 말씀을 듣다 왔지."

남편이 약이 바짝 올라서 말했다.

"그 랍비 얼굴에 침을 뱉기 전에는 이 집에 다시 들어올 생각도 하지 마."

여인과 남편의 이야기는 랍비의 귀에까지 들어가게 되었다. 랍비는 몹시 걱정되었다. 자신이 강연을 너무 길게 하는 바람에 여인의 가정에 불화가 생겼기 때문이다. 그녀는 자신의 잘못을 자책하면서 여인을 집으로 초대했다. 그리고 일부러 이렇게 이야기했다.

"눈이 너무 따갑고 아픈데 물로 씻으면 나을 것 같군요. 당신이 좀 씻어줘요."

그 말을 들은 여인은 랍비가 자신을 놀린다고 생각해서 화가 났다. 그래서 그녀의 눈에 침을 퉤 뱉고 집으로 돌아갔다.

그 뒤, 제자들이 랍비에게 물었다.

"스승님은 사람들로부터 존경을 받는 랍비가 아닙니까. 그렇게 치욕적인 일을 당하시고도 왜 잠자코 계세요?"

그녀가 대답했다.

"한 가정의 평화를 되찾을 수만 있다면 어떤 희생이든 기꺼이 감수할 수 있어요."

이 여성 랍비는 자신의 존엄을 포기한 대신 한 가정의 평화와 사랑을 구해 냈다. 유대인 부모들은 자녀가 이런 정신을 배우길 바란다.

그래서 훌륭한 성장 환경을 만들기 위해 아래 몇 가지 사항에 중점을 두고 자녀를 교육한다.

1. 도덕성 높은 아이로 키우기

유대인 부모들은 아이의 행동거지에 대해 엄격한 편이다. 그래서 어떤 말을 해야 하고 어떤 행동을 해서는 안 되는지, 어떤 습관을 고쳐야 하는지 등을 아이에게 그 자리에서 지적하고 알려준다. 화목한 가정을 유지하기 위해 가족들을 대할 때 어떻게 처신해야 하는지 그 방법과 도리를 알려주는 것이다.

2. 원칙적, 합리적으로 사랑하기

유대인 부모들에게는 과학적이고 체계적인 교육철학이 있다. 그들은 자신의 교육철학과 이념이 시대에 뒤처지는 것을 용납하지 않지만, 더 못 견디는 것은 바로 자녀를 방임하는 것이다. 영국의 정치가이자 철학자인 베이컨은 이렇게 말했다. "무엇이 아이들을 불행하게 만드는지 아십니까? 아이가 하자는 대로 다 해주는 것이지요." 유대인 부모들은 책임감 있는 부모라면 아이를 사랑하는 동시에 때로는 원칙을 고수하며 엄하게 대해야 한다고 생각한다.

3. 자유롭고 편안한 분위기 만들기

유대인 부모들은 자유롭고 편안한 분위기에서 자녀와 자주 소통하며 최근 아이의 생각이나 심리상태를 파악하고 이해하기 위해 노력한다. 그래야 아이의 심리적인 문제를 제때 해소해줄 수 있기 때문이다. 그들은 가족끼리 평등하고 이성적이고 솔직해야 가정이 화목할 수 있으며, 제멋대로 행동하거나 불만을 감정적으로 발산하는 것은 가정에 불협화음을 가져다준다고 생각한다.

05

실수와 반성도 귀한 경험이다

아이가 아무리 소중해도 부모의 소유물은 아니다.
- 유대 잠언

아이들에게는 잘못을 저지를 권리도 있고, 잘못을 바로잡을 권리도 있다. 아이들의 능력은 나이에 따라 제각각 다르기에 취약한 부분도 있고 잘못이나 실수를 하는 것도 당연하다. 아이들도 성인과 똑같이 존중하는 태도로 대하는 유대인들은 아이가 잘못했을 때에도 그에 합당한 훈육과 교육을 해야 한다고 생각한다.

오래전에 랍비 몇 명이 압송당하는 죄인들과 길에서 마주쳤다.
그들을 인솔하던 사람이 랍비들에게 이야기했다.
"아주 교활하고 잔인한 사람들입니다."
그러자 한 랍비가 말했다.
"그렇다면 차라리 물에 빠뜨려 익사시키는 것이 낫겠군요."
그러자 다른 랍비가 말했다.

“아닙니다. 잘 반성하고 죄를 뉘우치면 개과천선할 수 있을 겁니다. 새로운 사람으로 태어나는 것이지요.”

이에 다른 랍비들도 동의했다.

“그래요. 사람은 누구나 실수를 하는 법이지요. 용감하게 자신의 잘못을 인정하고 마음을 고쳐먹는다면 앞으로는 어디서나 환영받는 사람이 될 수도 있습니다.”

실수를 하는 것은 두려운 일이 아니다. 실수를 하고도 고치려고 하지 않는 것이야말로 두려운 일이다. 이는 많은 부모가 자녀를 교육하면서 힘들어하는 점이기도 하다. 예를 들어 어떤 부모들은 아이 교육을 완전히 놓아버리고 그저 방임으로 일관해서 아이의 소중한 유년기를 낭비해 버리기도 하고, 또 어떤 부모들은 자녀가 잘못했는데도 너무 과잉보호하는 바람에 오히려 아이의 인생을 나락으로 빠뜨리기도 한다.

물론 아이가 실수를 했다고 해서 그렇게까지 몰아붙일 필요는 없다고 생각하는 부모들도 많다. 그들은 차마 자식이 힘들어하는 모습을 볼 수 없어 자신이 아무리 힘들더라도 아이의 일을 대신하는 부류다. 그러나 그런 부모 밑에서 자란 아이는 자기도 모르는 사이에 스스로 할 수 있는 것들이 없게 되고, 결국 아무것도 못하는 무능력한 사람이 되어 더 많은 잘못과 실수를 반복하게 될 것이다. 잘못을 바로잡는 올바른 교육에 대해 인식하고 있는 부모라면 자녀가 자기 일에 스스로 책임을 질 수 있도록 가르치는 데 힘써야 한다.

유대인 부모들은 자녀가 어떤 일을 할 때 잘못을 저지르고 실패하는 데 두려워하지 않도록 가르친다. 아이들에게도 성인과 동일한 권리가 있다. 아이들이 무언가를 잘못하는 것, 또 그 잘못을 고치고 바로잡는 것은 똑같이 소중하고 중요한 경험이다. 부모가 아이의 그런 경험 과정을 지켜보고 스스로 해결방법을 찾도록 응원하면, 아이의 자신감과 독립심은 함께 향상될 수 있다.

각 가정에서 부모는 아이에게 청소나 정리정돈, 설거지 등 집안일을 도와달라고 부탁할 수 있다. 이때 아이가 어른처럼 일을 깔끔하게 마무리하지 못했더라도 혼자 힘으로 이루어낸 성과에 관해 긍정적이고 호의적으로 칭찬과 격려를 해주는 것이 바람직하다.

아이는 호기심이 강해서 무심결에 한 행동이 실수로 연결되는 것이 대부분이다. 그리고 실수를 저질러야 자신의 부족함을 깨닫는다. 예쁜 꽃병이 눈에 띄면 자세히 보고 싶은 마음에 만져보고 건드리다가 실수로 깨뜨린다든지 하는 것처럼 말이다. 그럴 때 아이를 무작정 야단쳐서는 안 된다. 깨진 조각을 아이와 함께 치우면서 꽃병이 왜 깨졌는지를 잘 설명해 준다면, 아이가 다시는 그런 실수를 반복하지 않을 것이다.

아이들은 성장을 위해서 그리고 자신의 능력을 시험하기 위해서 적절한 환경이 필요하다. 그리고 그 환경에서 키운 능력으로 사회에 적응하고 사회의 일원으로 섞여들 것이다. 그렇기에 부모가 자녀를 너무 과잉보호해서는 안 되고, 자녀의 일을 너무 많이 대신해 주어서도 안 된다. 이는 자녀의 능력이 자유롭게 발전하고 성장해 나갈 기회를 박탈하고 스스로 설 수 있는 정신력과 자신감을 빼앗는 것이나 다름없다.

아이들은 좌절을 겪고 실수를 하면서 더 훌륭하게 성장한다. 그리고 사람이 실수하고 빈틈이 생기는 것은 피할 수 없는 일이다. 실수는 두려운 것이 아니다. 자신의 실수가 부끄러운 줄도 모르고, 잘못을 고치고 발전할 마음이 없는 것이야말로 두려워해야 할 태도다.

부모는 아이의 잘못을 기꺼이 받아들여야 한다. 아이가 그 실패와 오류를 개선해 나가도록 돕고 발전적으로 이끄는 것이 바로 부모의 역할이다.

06

나눔을 아는 아이가 행복하다

내가 나 자신을 위하지 않으면 누가 나를 위하겠는가?
내가 나만을 위한다면 나는 또 무엇이 되겠는가?
- 유대 잠언

유대인들은 아주 똑똑하고 현명한 사람들이지만, 평소 주변에서 그런 점을 알아차리지 못할 정도로 티를 내지 않는다. 그렇지만 그들 역시 자신이 가장 아름답고 고귀한 순간에는 이웃이나 친구와 함께 축복을 나누고 즐긴다. 자신의 가장 멋진 순간을 오래도록 기억하고 싶은 마음 때문이다.

골프를 너무나 사랑하는 유대교 장로가 있었다. 안식일이었지만, 그는 골프가 치고 싶어 미칠 것만 같았다. 하지만 유대교에는 안식일에 휴식 외에 어떤 일도 할 수 없다는 율법이 있다. 고민끝에 그는 욕망을 억누르지 못하고 몰래 골프장에 갔다. 안식일에는 다들 집 밖 출입도 거의 하지 않았기에 골프장에는 아무도 없었다. 그래서 장로는 자신이 율법을 어긴 사실을 아무도 모른다고 생각했다.

그런데 장로가 2번 홀에서 공을 치고 있을 때, 천사가 장로를 발견했다. 천사는 화가 나서 신에게 찾아가 아무개 장로가 교리를 어기고 안식일에 골프를 치고 있다고 일러바쳤다. 신은 그 이야기를 듣고 장로에게 벌을 내리겠다고 했다.

3번 홀에 들어서면서부터 장로는 놀라울 정도로 좋은 성적을 냈다. 치는 족족 홀인원이 되는 것이었다. 그가 크게 기뻐하며 7번 홀에 도착했을 때, 천사는 또다시 신에게 달려갔다.

"신이시여, 장로를 벌한다고 하셨잖아요? 그런데 왜 아직도 벌을 내리지 않으시는 겁니까?"

"그에게 이미 벌을 내렸다."

장로는 9번 홀까지 계속해서 홀인원 행진이었다. 그야말로 놀랍고 신기한 일이 아닐 수 없었기에 장로는 신나게 골프를 즐겼다. 천사가 또다시 신을 찾았다.

"도대체 뭐가 벌이란 말입니까?"

신은 빙그레 웃을 뿐, 아무 대답도 하지 않았다.

18번 홀까지 혼자 게임을 마친 장로의 성적은 이 세상 그 어떤 골프 선수보다 월등히 훌륭했다. 장로는 너무나 기뻐서 어쩔 줄 몰랐다. 그러자 천사는 신에게 버럭 화를 냈다.

"이게 장로에게 내린 벌이란 말입니까?"

그러자 신이 대답했다.

"그렇다. 생각해 보아라. 저 장로는 이렇게 골프를 잘 쳤는데 그 성적을 아무한테도 이야기할 수가 없다. 이게 장로에게 제일 큰 벌이 아니겠느냐?"

그렇다. 인생의 즐거움과 행복, 고난과 시련은 누군가와 함께 나누어야만 한다. 아무와도 나누지 않는 삶은 고독하고 고통스러울 뿐이다. 인생은 나누어야 즐거움이 충만해지고, 다른 사람과 함께 다양한 경험을 해야 다채로워진다. 유대인들은 나눔을 통해서만이 삶에 희망과 행복이 충만해진다는 사실을 잘 알고 있다.

옛날에 한 무리의 상인들이 큰 사막을 횡단하고 있었다. 준비를 단단히 했지만, 그들은 불행하게도 중간에 길을 잃고 말았다. 하루, 이틀, 사흘…….

시간이 하루하루 지날수록 굶주림에 시달리다가 힘들어서 쓰러지는 사람이 늘어났다. 갈증으로 목숨을 잃는 사람도 많았다. 마지막으로 두 사람이 남았다. 그들이 가진 것은 물 한 병과 빵 한 조각뿐이었다. 두 사람은 갈증과 배고픔에 시달리면서도 서로 챙기는 것을 잊지 않았고 뿔뿔이 흩어지지도 않았다. 그리고 마지막 빵과 물도 똑같이 나누어 먹었다.

그들은 그렇게 서로가 생명을 유지할 수 있도록 도왔고, 서로에게 의지하며 쉬지 않고 사막의 출구를 찾아 헤맸다. 그리고 결국 그들은 사막을 가로지르던 다른 상인 무리를 만나 목숨을 구할 수 있었다.

이 두 상인이 극한 상황에서도 목숨을 구할 수 있었던 것은 도와줄 사람들을 만났기 때문이라기보다는 서로 구하려 했기 때문이다. 오랜 시간 생존을 위해 사투를 벌이면서도 자기 자신만 생각하지 않고 서로 함께해야 하고 나누어야 함을 실천한 것이다. 절체절명의 순간에 자신의 목숨과 이익만 고려했다면 두 사람 다 일찍 죽었을 수도 있다. 하지만 그들은 함께 공존하고 서로 힘이 되는 쪽을 선택함으로써 끈질기게 살아남을 수 있었다.

요즘에는 외동아들, 외동딸로 자라는 아이들이 아주 많다. 그들은 부모의 사랑을 독차지하기 때문에 자의식이 무척 강하고 주변과 나누고 협력하는 부분에 취약하다. 부모는 아이의 이런 태도를 바꾸기 위해 적극적으로 노력해야 한다. 무엇이든 나누는 것의 중요성을 알게 해야 한다. 나눔이 우리의 삶에 안겨주는 새로운 경험과 즐거움, 행복을 알게 해야 한다. 특히 유대인 부모들은 자녀에게 '나눔'에 대한 의식을 키워주는 데 아주 능숙하다.

먼저 유대인 부모들은 자기 자녀가 대단하고 특별하다고 여기지 않는다. 유대인 가정에서는 부모가 객관적이고 공정한 태도를 유지함으로써 자녀가 모든 것을 '독식'하는 아이로 자라는 것을 사전에 방지한다. 자녀를 교육할 때도, 평소 자기 자신뿐 아니라 다른 사람을 이해하고 배려해야 하며, 사람과 사람 사이의 관계는 서로 동등하다는 전제하에 원만하게 이루어질 수 있는 것이라고 가르친다. 좋은 것은 주변인들과 함께 나누도록 하여 자기중심적으로 생각하는 사람이 되지 않도록 하는 것이다.

또한, 유대인 부모들은 나눔으로써 서로 더 큰 행복과 이익을 누릴 수 있다고 아이에게 가르친다. 그뿐만 아니라 아이가 나눔을 실천할 기회를 적극적으로 찾아준다. 아이가 무언가를 나누기 싫어하는 것은 나눔이 자기 것을 잃거나 빼앗기는 것이라고 느끼기 때문이다. 부모는 나눔을 통해 남에게 관심과 배려, 친절, 아량을 베풀 수 있으며 더 큰 즐거움과 행복, 만족감, 충실감을 느끼게 된다는 것을 아이에게 잘 알려주어야 한다.

06

아이와 함께 일상을 기록하라

계획표를 짜면 아이는 자신의 생활을 잘 계획하고
사소한 일도 적극적으로 수행하게 된다.
– 유대 잠언

유대인 가정에서는 아이가 일정 연령대가 되면 부모가 생활 기록장을 작성하라고 시킨다. 자신의 일상을 기록하고 정리하는 일은 아이가 자신의 생활을 합리적이고 체계적으로 계획하고 사소한 일정을 적극적이고 빠짐없이 수행하도록 하는 데 도움을 주기 때문이다. 사소한 것처럼 보이지만, 생활기록장은 아이의 좋은 생활습관 형성에 아주 중요한 역할을 한다.

록펠러는 자녀들이 어릴 때부터 자립능력을 키워주기 위해 아주 엄하게 교육한 것으로 유명하다. 그는 스스로 재벌이 되었지만, 절대 돈을 허투루 낭비하지 않았다. 스스로 큰 사업가가 되었을 뿐, 소유자가 되지도 않았다. 그의 아들 존 데이비슨 록펠러 주니어 역시 아버지의 뜻을 이어받아 자녀들에게 용돈 기입장을 적게 했고, 이를 가족 사이의 약속이자 전통으로 삼았다. 그는 열네 살 난 아들과 함께 용돈 기입장에 이렇게 적었다.

1. 5월 1일부터, 용돈은 매주 1달러 50센트부터 시작한다.
2. 매주 주말, 용돈 기입장의 기록이 아빠 마음에 들면 그다음 주에 용돈을 10센트 올린다.
3. 매주 주말, 용돈 기입장의 기록이 아빠 마음에 안 들면 그다음 주에 용돈을 10센트 내린다.
4. 그 주에 특별히 기록할 만한 지출이나 수입이 없으면 다음 주 용돈은 이번 주와 같다.
5. 매주 주말, 용돈 기입장의 기록 내용은 맞지만 쓰기와 계산이 아빠 마음에 안 들면 다음 주 용돈은 이번 주와 같다.
6. 용돈 조정을 판단할 수 있는 사람은 오직 아빠뿐이다.
7. 용돈의 20%를 공익사업에 쓰는 것에 동의한다.
8. 용돈의 20%를 저축하는 것에 동의한다.
9. 용돈 기입장의 모든 지출 기록이 정확해야 한다는 것에 동의한다.
10. 아빠와 엄마, 또는 가정교사 선생님의 허락을 얻기 전에 물건을 사거나 돈을 달라고 졸라서는 안 된다는 데 동의한다.
11. 용돈으로 살 수 있는 범위 밖의 물건을 살 때는 반드시 아빠나 엄마, 선생님의 허락을 받아야 한다. 그리고 추가로 돈을 받아 물건을 사고 남은 거스름돈과 영수증을 반드시 그

날 저녁에 제출한다.

12. 선생님이나 아빠의 비서에게 대신 돈을 내달라고 하지 않는 데 동의한다(차비 등은 제외).
13. 은행에 저금하는 용돈이 20%를 넘기면, 아빠가 같은 금액을 추가로 저금해 준다.
14. 이상 용돈에 대한 상세한 규칙은 양쪽이 동의하여 내용을 바꾸기 전까지 유효하다.

가족끼리 생활수칙을 이렇게 세세하게 작성하는 것이 우리에게는 조금 어색해 보일 수도 있다. 하지만 유대인 가정에서는 흔한 일이다. 이런 수칙을 정함으로써 아이는 용돈을 절약하고 합리적이고 꼼꼼하게 관리하는 법을 배울 수 있다.

이런 기록장은 생활 곳곳에서 다양하게 쓰인다. 유대인들은 아무리 똑똑한 사람이라도 날마다 겪는 소소한 일상을 다 기억하지 못한다는 사실을 잘 알고 있다. 그래서 생활수칙, 생활계획 등을 메모로 남기는 것이 꼭 필요하고 효과적이라고 생각한다.

특히 요즘에는 바쁜 생활에 쫓긴 아이들이 중요한 일을 깜빡 잊어버릴 때가 많아 부모들의 염려가 이만저만이 아니다. 그럴 때는 유대인 부모들이 하는 것처럼 아이가 자신의 일상을 스스로 기록하게 하는 것도 좋을 것이다.

용돈 기입장과 같은 생활 기록장은 우리 생활에서 일어나는 모든 일에 대해 아이들의 주체적인 사고를 끌어낸다. 아이들은 간단하게

라도 일상을 기록하고 또 나중에 이를 찾아보는 과정에서 스스로 자신의 일상을 돌아보고 생각해 보게 된다.

또한, 생활 기록장은 아이의 평소 생활을 모니터링하는 작용을 하기도 한다. 아이에게 이런저런 규칙을 정해 주었다면, 생활 기록장을 통해 아이가 그 규칙을 얼마나 지켰는지 확인할 수 있다. 물론 생활 기록장을 확인하고 점검하는 것 역시 아이 스스로 해야 하는 일이다. 아이는 이 과정을 통해 자신의 행동을 돌아보는 동시에 고칠 점, 개선할 점을 발견할 수 있다.

마지막으로 생활 기록장은 아이에게 큰 성취감을 준다. 매일 자신이 한 일을 적은 생활 기록장을 보면, 아이는 아무리 사소하고 자잘한 일이라도 해냈다는 뿌듯함과 성취감을 느낀다. 또한, 자신의 존재에 대한 행복감을 만끽할 수 있다. 이런 성취감과 행복감은 아이가 더 열심히, 더 적극적으로 생활해 나가는 원동력이 된다.

아이가 어느 정도 나이가 되면 일기나 메모 등의 생활 기록을 남기는 습관을 길러주자. 그 과정을 부모가 함께한다면 부모와 자식 간의 관계를 좀 더 친밀하고 특별하게 만드는 것은 물론, 아이에게 많은 것을 일깨워줄 수 있다.

이 책을 읽고 느낀 점

1. 스승을 존경하고 교육을 중시하라

2. 시간을 소중히 하라

3. 지식을 숭상하라

4. 독립심

5. 성격 교육

6. 품성 교육

7. 처세술

8. 건강 교육

9. 금융지수 교육

10. 즐기는 삶

지혜로운 유대인의
자녀교육 10계

초판 1쇄 인쇄 2021년 8월 20일
초판 1쇄 발행 2021년 8월 25일

발행인 박해성
발행처 (주)정진라이프

엮은이 쉬커푸(徐可夫)
옮긴이 박미진

출판등록 2016년 5월 11일
주소 02752 서울특별시 성북구 화랑로 119-8, 3층(하월곡동)
전화 02-917-9900
팩스 02-917-9907
홈페이지 www.jeongjinpub.co.kr

편집 김양미
디자인 프리콤
기획마케팅 박상훈 · 김지윤

ISBN 979-11-90027-05-2 03190